Josef F. Justen

Organspende –
Akt der Nächstenliebe
oder fatale Entscheidung?

Die Modalitäten einer Organ-
transplantation und die *spirituellen*
Folgen für Spender und Empfänger

AF209641

Bibliografische Information der Deutschen Nationalbibliothek:
Die Deutsche Nationalbibliothek verzeichnet diese Publikation
in der Deutschen Nationalbibliografie; detaillierte bibliografische
Daten sind im Internet über dnb.dnb.de abrufbar.

Titelfoto: © Fotos auf pixabay

Verlag: BoD •Books on Demand GmbH, In de
Tarpen 42, 22848 Norderstedt

Druck: Libri Plureos GmbH, Friedensallee 273,
22763 Hamburg

ISBN: 978-3-7597-8411-7

Hab Achtung vor dem Menschenbild,
und denke, dass, wie auch verborgen,
darin für irgendeinen Morgen
der Keim zu allem Höchsten schwillt!

Christian Friedrich Hebbel

Inhaltsverzeichnis

Vorwort

D as Thema »Organspende« geht im eminentesten Sinne alle an! Jeder von uns könnte eines Tages durch einen Unfall oder eine schwere Krankheit, welche zu einem irreversiblen Ausfall der Gehirnfunktionen führen, als sogenannter »*postmortaler*« Organspender in Frage kommen. Somit sollte sich jeder beizeiten entscheiden, ob er dazu bereit ist und es dann durch einen Organspendeausweis oder eine Patientenverfügung dokumentieren – oder aber darauf bewusst verzichten.

Genauso gut könnte jeder von uns irgendwann einmal dringend eines Spenderorgans bedürfen, um dadurch ein lebenswerteres Dasein fristen oder überhaupt am Leben bleiben zu können.

In der öffentlichen Darstellung und in den meisten Publikationen zum Thema »Organspende« kommen in recht einseitiger Weise vorwiegend oder gar ausschließlich die äußeren, also beispielsweise die medizinischen, gesetzlichen – allenfalls noch die psychologischen – Aspekte zur Sprache, die man als Argumente für oder gegen eine Organtransplantation ins Feld führt. Die aus unserer Sicht viel wichtigeren *spirituellen* Gesichtspunkte werden viel zu wenig berücksichtigt.

Wie jemand ein gesellschaftlich wichtiges Thema – wie auch die Organtransplantation eines ist – beurteilt, hängt ganz wesentlich von seinem Weltbild ab. Ein Zeitgenosse, der materialistisch gesinnt ist und somit in dem Menschen lediglich ein reines Körperwesen sieht, dessen Existenz sich nur auf den kurzen Zeitraum zwischen Geburt und Tod erstreckt, wird zu anderen Urteilen tendieren als jemand, der ein spirituelles Weltbild hat. Letzterer weiß, dass der Mensch nicht nur einen Körper, sondern auch eine Seele und einen Geist hat. Er weiß, dass der Mensch ein geistig-seelisches Wesen ist, das ewig existiert und im Zuge seiner unerdenklich langen geistig-seelischen Entwicklung viele Male den irdischen Schauplatz betritt und zwischen zwei aufeinanderfolgenden Erdenleben lange Zeit in der geistigen Welt verbringt (☞ Kapitel 4, S. 104ff.).

Selbstverständlich haben wir die medizinischen und psychologischen Gesichtspunkte auch in unserem Buch nicht ausgespart. Allerdings werden hier die spirituellen Aspekte in den Mittelpunkt gestellt. Wenn man weiß, was der Mensch aus geisteswissenschaftlicher Sicht *wirklich* ist und worin der Sinn seines Daseins besteht, kann man mit ganz anderen Augen auf alles, was mit einer Organtransplantation zusammenhängt, schauen. Erst dann können viele essentielle Fragen eine Antwort finden.

Um ein tragfähiges Fundament für diese spirituellen Aspekte zu haben, werden wir uns hier nicht ausschließlich, aber doch weitgehend an den reichhaltigen Erkenntnissen der »anthroposophisch orientierten Geisteswissenschaft«, kurz »Anthroposophie«, die der große Eingeweihte und Geisteslehrer Dr. *Rudolf Steiner* (1861 bis 1925) der Welt geschenkt hat, orientieren.

Anmerkungen:

»Alle aus unterschiedlichen Quellen entnommenen Zitate in diesem Buch sind in einer anderen Schriftart gedruckt.«

»Die im Text eingebetteten Original-Zitate aus Büchern und Vorträgen Rudolf Steiners sind fett gedruckt, um auf den ersten Blick als solche erkannt zu werden.«

> Erfahrungsberichte, die in unmittelbarem Zusammenhang mit der Organtransplantation stehen, sind eingerückt.

Alle älteren Zitate in diesem Buch sind an die heute gültige Rechtschreibung angepasst.

Einleitung

Wenngleich die Bereitschaft, Organe zu spenden, in den letzten Jahren etwas abgenommen hat, betrachtet die Mehrheit unserer Mitbürger die Organtransplantation als einen Segen der modernen Medizin und steht ihr positiv gegenüber.

Selbstverständlich handelt es sich bei einer Organtransplantation um eine große medizinische Errungenschaft, die Menschen das Leben retten kann. Allerdings haben sich die weitaus meisten nicht hinreichend und umfassend über alles, was damit zusammenhängt, informiert. So haben beispielsweise viele keine Vorstellung davon, was bei einer ›postmortalen‹ Organentnahme auf den Spender und seine Angehörigen wirklich zukommt. Des Weiteren ist den wohl meisten nicht bekannt, dass mit einer Organspende – insbesondere, wenn es um die Verpflanzung des Herzens geht – auch für den Empfänger gewisse Gefahren verbunden sind, die weit über die üblichen medizinischen Risiken hinausgehen.

Gemäß einer Befragung der »*Bundeszentrale für gesundheitliche Aufklärung*« aus dem Jahre 2022 sind 84 Prozent der Deutschen dem Thema Organspende gegenüber positiv und zustimmend eingestellt. 44 Prozent unserer Mitbürger haben ihren Entschluss, im Falle eines Falles Organe zu spenden, in einem Organspendeausweis oder einer Patientenverfügung dokumentiert. Weitere 17 Prozent der Befragten gaben an, zwar auch diese Entscheidung schon getroffen, sie aber bisher noch nicht schriftlich festgelegt zu haben. 36 Prozent haben sich noch nicht endgültig entschieden. Betrachtet man diese Zahlen, so könnte man annehmen, dass es sich bei einer Organspende um einen ausnahmslos guten und sinnvollen Akt handele, der geradezu alternativlos ist.

Wenn man einen Menschen, der sich zu einer ›postmortalen‹ Organspende entschlossen hat, nach seinen Motiven für diese Entscheidung fragt, bekommt man häufig sinngemäß die folgende Antwort: »Wenn ich einmal tot bin, kann mir doch egal sein, was mit meinem Körper geschieht. Das bekomme ich nicht mit, falls ich nach dem Tod überhaupt noch irgendetwas mitbekommen sollte. Bevor meine Organe verbrannt werden oder im Grab verrotten, sollen sie lieber entnommen und einem anderen Menschen, der dadurch weiterleben kann, eingepflanzt werden. Das ist doch eine gute Tat!«

Allerdings dürften den weitaus meisten von ihnen das ganze Ausmaß und die Tragweite ihrer Entscheidung nicht bewusst sein. Sie wiegen sich in dem sicheren Gefühl, dass die Wahrscheinlichkeit, dass es eines Tages ernst werden könnte, verschwindend gering ist.

Diese durchweg positive und bejahende Einstellung zur Organspende ist nicht zuletzt die Folge davon, dass dieses Thema seitens der Politik, der Medizin und der Medien mit einem gewaltigen Werbeetat seit Jahrzehnten stark beworben wird. Man möchte damit erreichen, dass sich möglichst viele Bürger bereiterklären, im Falle eines Falles Organe zu spenden.

Die Werbeslogans sind alles andere als freilassend und zum Teil sehr suggestiv bzw. manipulativ. Wir wollen hier nur einige Beispiele anführen:

- *Träumst Du von Unsterblichkeit? – Dann lass einen Teil von Dir weiterleben!*
- *Wollen Sie nicht noch einmal Ihr Herz verschenken?*
- *Eine neue Niere ist wie ein neues Leben!*
- *Gib alles, was Du geben kannst!*
- *Dem Gesunden fehlt viel, dem Kranken nur eins!*
- *Das trägt man heute: den Organspendeausweis!*

Die *»Deutsche Stiftung Organtransplantation«* warb vor einigen Jahren auf Bahnhöfen in 14 deutschen Städten mit der Botschaft: *»Jede Minute zählt, verschwendete Wartezeit kann für Schwerkranke tödlich sein!«* In Einkaufszentren, Apotheken, Krankenhäusern, Arztpraxen und Behörden wird man mit Werbebroschüren, in denen man um die Spendenbereitschaft gebeten wird, und mit Organspendeausweisen versorgt. Auch die beiden großen Kirchen haben sich wie so oft ganz auf die Seite der Politik und der Wissenschaft geschlagen. Im Jahre 1990 gaben sie eine gemeinsame Erklärung zur Organtransplantation heraus, in der Organspenden als »Akt der Nächstenliebe« befürwortet werden. Kommt Ihnen das vielleicht bekannt vor?

Freilich liegt es in der Natur der Werbung, dass diese nicht objektiv und oftmals auch nicht ganz ehrlich ist, wie man es von der üblichen Produktwerbung gewohnt ist. So wird in vielen Berichten, die im Fernsehen ausgestrahlt werden, insbesondere immer wieder über das Schicksal von Kindern und Jugendlichen berichtet, die nur noch durch den Anschluss an bestimmte Maschinen künstlich am Leben erhalten werden können und bald sterben müssen, wenn sie nicht ein neues Organ bekommen. Es wird die ›Moralkeule‹ ausgepackt und an das Mitleid der Zuschauer appelliert, denen man ein schlechtes Gewissen machen möchte, falls sie sich nicht als Spender zur Verfügung stellen. Einige sprechen sogar von unterlassener Hilfeleistung, wenn sich jemand nicht als potentieller Organspender bereit erklärt. Manipulative Werbung oder solche, die auf die Tränendrüsen drückt, ist völlig ungeeignet, damit jemand eine fundierte, wohlabgewogene und vor allem freie Entscheidung treffen kann.

In der üblichen Arzneimittelwerbung werden in den Spots die Wirksamkeit und die positiven Folgen für den Patienten in schillernden Farben dargestellt. Immerhin wird am Ende noch in einer kurzen Einblendung auf mögliche Risiken und Nebenwirkungen hingewiesen. Bei der Werbung für die Organspende bleibt dieser Hinweis aus.

In einschlägigen Quellen werden Erfahrungsberichte von Menschen, denen ein Spenderorgan eingesetzt wurde, veröffentlicht, die fast immer sehr positiv sind. Um auf Schilderungen negativer Erfahrungen zu stoßen, muss man schon etwas länger suchen. Außerdem werden sich viele Organempfänger auch nicht negativ äußern, weil sie nicht undankbar erscheinen wollen.

In der Öffentlichkeit findet kaum ein ergebnisoffener Diskurs statt. Es kommen vorwiegend die Befürworter aus Politik und Medizin

zu Wort. Das birgt die große Gefahr in sich, dass viele diesen vermeintlichen Autoritäten vertrauen und ihre Narrative für die einzige Wahrheit halten. Kritischen Stimmen wird nur selten eine
Bühne gegeben. Folglich werden nur die zweifellos vorhandenen
positiven Aspekte einer Organtransplantation thematisiert. Die
negativen oder zumindest bedenklichen – wie etwa das höchst
fragwürdige Konzept des Hirntodes (☞ Kapitel 2, S. 32ff.) oder
die Tatsache, dass nicht einmal ganz so wenige Organempfänger
durch die Transplantation lediglich das nackte Überleben, das mit
Lebensqualität nicht viel gemein hat, gewonnen haben – werden
totgeschwiegen. Was in kaum einer Debatte eine Rolle spielt, sind
die *spirituellen*, also etwa die karmischen bzw. schicksalsmäßigen
und nachtodlichen Folgen, die eine Organtransplantation sowohl
für den Spender als auch für den Empfänger nach sich ziehen können. Das ist aber in einer durch und durch materialistisch gesinnten
Gesellschaft gewiss nicht verwunderlich. Wir werden uns mit diesem Thema in den Kapiteln 5 und 6 (☞ S. 123ff.) sehr ausführlich
befassen.

Eine Organspende ist ein ganz außergewöhnliches Ereignis im
Schicksal aller Beteiligten, das von einem klaren Bewusstsein begleitet sein will. Daher bedarf es keiner Werbung, sondern einer
Aufklärung!
   In der Tat handelt es sich hierbei sowohl für den potentiellen
Spender als auch für den Empfänger um eine äußerst schwierige
und folgenschwere Entscheidung, die nur jeder Einzelne nach reiflicher Gewissensprüfung selbst treffen kann und muss. Um sich
aber für das für jeden Menschen *individuell* Richtige entscheiden
zu können, bedarf es zunächst einmal einer Aufklärung mit umfassenden sachlichen Informationen. Eine objektive Aufklärung mit
Beleuchtung *aller* Aspekte schränkt die Freiheit des Menschen
nicht ein. Sie ist nicht nur viel sinnvoller, sondern auch wirksamer
als einseitige Narrative und gesetzliche Verordnungen.

Zu dieser so dringend erforderlichen Aufklärung möchte das vorliegende Buch einen wichtigen Beitrag leisten.

Daher sollte es jeder, der sich bereits zu einer Organspende entschlossen hat oder zu dieser Entscheidung tendiert, lesen.

Möglicherweise wird er dann seinen Entschluss revidieren oder wenigstens noch einmal überdenken. Vielleicht wird er dadurch aber auch in seiner bereits getroffenen Entscheidung bestärkt.

Keiner sollte eines Tages sagen: »Ich habe nichts von den Modalitäten und Konsequenzen einer Organtransplantation gewusst.« In unserem heutigen Informationszeitalter kann sich jeder im Vorfeld umfassend informieren. Informationen sind eine Holschuld!

Es sei nochmals betont: Die Entscheidung, ob sich jemand für oder gegen eine Organspende entscheidet, ist eine freie Tat des freien Menschen, für die nur er selbst die Verantwortung trägt.

Aber auch jeder, der sehnlichst darauf wartet, dass ihm endlich ein Organ eingepflanzt wird, sollte dieses Buch lesen, selbst wenn die Darstellungen seine Hoffnungen etwas trüben könnten.

Kapitel 1

Organtransplantation – Modalitäten, Daten und Fakten

*Das ist der Fluch der Medizin:
Alles, was machbar ist, wird irgendwann gemacht –
es sei denn man verpflichte sich mit dem
französischen Reproduktionsmediziner Jaques Testart
einer »Ethik der Nicht-Forschung«.*

Markus M. Ronner

*I*n diesem Kapitel wollen wir zunächst einen Blick in die Geschichte der Organtransplantation werfen. Dann werden wir die gegenwärtige Situation beleuchten. Insbesondere werden wir die *heute* üblichen Modalitäten, Rahmenbedingungen sowie besondere Aspekte einer ›postmortalen‹ Organverpflanzung erläutern und mit Daten und Fakten, die jeder durch eigene Recherchen selbst nachprüfen kann, belegen.

1.1 Die Geschichte der Organtransplantation

Die Idee, ein Organ oder Körperteil eines Menschen zu verpflanzen ist schon viel älter, als allgemein bekannt sein dürfte.

Gemäß einiger Mythen bzw. Legenden soll das bereits vor mehr als 5.000 Jahren praktiziert worden sein. Die ersten historisch nachweisbaren Transplantationen fanden vor etwa 2.500 Jahren statt. Heiler im alten Indien verpflanzten die Haut und halfen damit Menschen, deren Nasen oder Ohren verstümmelt waren. Berichte über diese Hauttransplantationen erreichten im 16. Jahrhundert auch Europa. Die Methoden wurden insbesondere in Italien weiterentwickelt. So ist beispielsweise überliefert, dass der italienische Chirurg und Anatom *Gasparo Tagliacozzi* (1546 bis 1599) anno 1597 Verletzungen durch Hauttransplantationen behandelte. Aufgrund seiner Nasenrekonstruktionen gilt er als Pionier der plastischen Chirurgie.

Die ersten zarten Anfänge der Transplantationsmedizin finden sich im späten 19. Jahrhundert.

Im Jahre 1883 verpflanzte der Schweizer Chirurg *Theodor Kocher* (1841 bis 1917) einem jungen Patienten, dem zuvor die gesamte Schilddrüse entfernt wurde, Schilddrüsengewebe unter die Haut des Halses. Das Gewebe starb allerdings kurze Zeit später ab.

Das Zeitalter der modernen Transplantationstechnik brach dann im frühen 20. Jahrhundert an. Nachdem um 1900 die Transplantation als grundsätzlich sinnvolles medizinisches Konzept anerkannt wurde, wurden in den folgenden Jahrzehnten verschiedene Versuche durchgeführt.

So demonstrierte im Jahre 1902 der österreichische Chirurg *Emerich Ullmann* (1861 bis 1937) vor der Wiener Gesellschaft für Chirurgie die erste gelungene Nierentransplantation bei einem Hund. Das Organ produzierte mehrere Tage Urin, bis es abstarb.

Im Jahre 1933 wurde erstmals eine ›postmortal‹ gespendete menschliche Niere verpflanzt. Operateur war der ukrainische Chirurg *Jurij Woronyj* (1895 bis 1961). Die Organempfängerin überlebte den Eingriff vier Tage. Das Spenderorgan funktionierte zu keinem Zeitpunkt.

Dem US-amerikanischen Chirurgen *Joseph E. Murray* (1919 bis 2012) gelang im Jahre 1954 erstmals eine erfolgreiche *Lebend*organspende einer Niere bei eineiigen Zwillingen.

Im Jahre 1962 gelang die erste erfolgreiche Transplantation einer Niere bei genetisch nicht verwandten Patienten.

Die erste Verpflanzung einer Lunge fand im Jahre 1963 durch *James D. Hardy* (1918 bis 2003) statt. Der Patient verstarb 18 Tage später an multiplem Organversagen.

Im Jahre 1967 gelang dem US-amerikanischen Chirurgen *Thomas Starzl* (1926 bis 2017) die erste Lebertransplantation.

Als ein Meilenstein in der Geschichte der Organtransplantation gilt zweifellos die erste Herztransplantation, die der südafrikanische

Chirurg *Christiaan Barnard* (1922 bis 2001) am 3. Dezember 1967 in Kapstadt durchführte. In einer fünfstündigen Operation setzte sein aus 31 Ärzten bestehendes Team dem aus Litauen stammenden Gemüsehändler Louis Washkansky das Herz der 25-jährigen Denise Darvall ein.

Der 54-jährige Empfänger hatte mehrere schwere Herzinfarkte erlitten. Die Ärzte prognostizierten, dass sein Herz nicht mehr lange arbeiten werde.

Die Organspenderin wurde am Tag zuvor auf dem Weg zum Bäcker mit ihrer Mutter von einem Auto angefahren. Während die Mutter sofort starb, wurde Denise mit schweren Kopfverletzungen ins *»Groote Schuur Hospital«* gebracht und dort ohne Erfolg behandelt. Noch am selben Tag diagnostizierten die Ärzte ihren Hirntod. Mit Einwilligung ihres Vaters entnahm ein Ärzteteam, das von Christiaan Barnard geleitet wurde, ihr Herz, das dann ein paar Stunden später Louis Washkansky eingepflanzt wurde.

Nachdem der Organempfänger sich zunächst gut von dem Eingriff erholt zu haben schien, verschlechterte sich sein Zustand nach wenigen Tagen. Knapp drei Wochen später starb er an einer Lungenentzündung.

Diese erste Herztransplantation erzielte ein weltweites Aufsehen, das allenfalls eineinhalb Jahre später von der ersten Mondlandung noch übertroffen wurde. Christiaan Barnard erlangte Weltruf und gilt als der Begründer der Herztransplantation.

Professor Barnard hatte die Herzverpflanzung durchgeführt, obwohl ihm klar war, dass einige grundsätzliche Probleme noch nicht gelöst waren. Das Hauptproblem bestand darin, dass man noch nicht genau wusste, wie man einer Abstoßung des Organs vorbeugen konnte. Die Medikamente, die damals zur Verfügung standen, konnten kaum verhindern, dass das körpereigene Abwehrsystem des Empfängers das fremde Organ angriff und zerstörte. Außerdem machten sie den Körper wehrlos gegenüber zahlreichen Krankheitserregern.

Trotz dieses Misserfolges folgten zahlreiche Ärzteteams den Spuren Barnards. Hier sind in erster Linie *Adrian Kantrowitz* (1918 bis

2008) und *Norman E. Shumway* (1923 bis 2006), der schon im Jahre 1956 experimentelle Herzverpflanzungen an Hunden durchführte, zu nennen. Rund einen Monat nach der ersten Herzverpflanzung durch Professor Barnard pflanzte Dr. Shumway dem 54 Jahre alten Stahlarbeiter Mike Kasperak, der seit zehn Jahren eine schwere Myokarditis hatte, ein Spenderherz ein. Der Patient überlebte den Eingriff nur 15 Tage. Er starb an einer Reihe verschiedenster Komplikationen.

Als Pioniere der Herzchirurgie in Deutschland gelten *Werner Klinner* (1923 bis 2013), *Fritz Sebening* (1930 bis 2015) und *Rudolf Zenker* (1903 bis 1984). Unter der Leitung von Zenker führten Klinner und Sebening die ersten beiden Transplantationen im Jahre 1968 am Deutschen Herzzentrum in München durch. Mehrere Kollegen folgten ihrem Beispiel. Die meisten Patienten starben jedoch innerhalb weniger Wochen aufgrund einer schweren Infektion oder weil der Körper das Transplantat abstieß. Bei einer Patientin verlief der Eingriff erfolgreich. Die dreifache Mutter erholte sich so schnell, dass man von einem medizinischen Wunder sprach. Die befürchtete Abstoßung des Organs trat bei ihr nicht auf.

Durch die Verabreichung von Medikamenten, die das Immunsystem unterdrücken, sogenannte Immunsuppressiva, stieg die Chance, dass das eingepflanzte Organ nicht mehr abgestoßen wurde, ganz erheblich.

Im Jahre 1989 erfolgte die weltweit 100.000. Nierentransplantation.

Bis zur Jahrtausendwende wurden auf der gesamten Welt bereits etwa 470.000 Nieren, 74.000 Lebern, 54.000 Herzen und rund 10.000 Lungen transplantiert.

1.2 Wie ist der Stand heute?

H eute können *insbesondere* die vier lebensnotwendigen Organe, also Herz, Leber, Nieren und Lunge, mit recht guten Erfolgsaussichten transplantiert werden. Die Verpflanzung dieser

Organe stellt für ein erfahrenes Ärzteteam längst einen Routine-Eingriff dar.

Selbst die Herztransplantation ist heute Routine. Sie gehört zu den Standard-Operationsverfahren innerhalb der Herzchirurgie. Im Vergleich zu manchen anderen Operationsverfahren ist der technische Aspekt sogar eher einfach. Allerdings ist eine Transplantation der Lunge immer noch recht schwierig.

Weltweit werden Jahr für Jahr weit mehr als 100.000 Organverpflanzungen durchgeführt. Allein in Deutschland wurden nach Angaben der Deutschen Stiftung für Organtransplantation (☞ S. 23) im Jahre 2023 965 Spendern 2.877 Organe ›postmortal‹ entnommen und anschließend transplantiert. Im Durchschnitt wurden also den Spendern 3 Organe explantiert. Am häufigsten wurden Nieren gespendet, gefolgt von Lebern, Herzen und Lungen. Etwa 370 Menschen bekommen in Deutschland jährlich ein Spenderherz.

Nach der ersten Herztransplantation im Jahre 1967 überlebte der Organempfänger nur 18 Tage mit dem neuen Herzen. Heute beträgt die Fünf-Jahres-Überlebensrate annähernd 80 Prozent. Nach zehn Jahren lebt noch etwa die Hälfte der einst schwer herzkranken Patienten. Eine verpflanzte Niere arbeitet im Durchschnitt etwa 15 Jahre im Körper des Empfängers. Dennoch ist nicht zu übersehen, dass die Sterberate innerhalb des ersten Jahres nach der Transplantation nicht gering ist. Bei Herzempfängern beträgt sie knapp 20, bei Lungenempfängern etwa 28, bei Leberempfängern etwa 27 und bei Nierenempfängern rund 15 Prozent.

Dann ist auch heute die Gefahr, dass es zu einer langsamen und allmählichen Abstoßung des transplantierten Organs kommen kann, immer noch sehr groß – insbesondere wenn das Gewebe von Spender und Empfänger nicht hinreichend übereinstimmen. Der Grund für dieses Abstoßen liegt aus medizinischer Sicht in der eigenen Immunabwehr des Körpers. Das Immunsystem erkennt das neue Organ als einen Fremdkörper, das es ja de facto auch ist, und versucht es abzuwehren. Diese Reaktion ist durchaus nachvollziehbar, da das fremde Organ nichts mit der originären Leibesorganisation des Empfängers zu tun hat. Um diesen Abwehr-prozess zu verhindern, werden dem Patienten Immunsuppressiva, also Medikamente, die das Immunsystem unterdrücken, verab-reicht. Da diese Medikamente im Laufe der letzten Jahre und Jahr-zehnte immer wirksamer geworden sind, ist auch die Chance, dass das fremde Organ nicht – oder wenigstens nicht so schnell – abgestoßen wird, deutlich gestiegen. Auf die spirituellen Hinter-gründe einer Abstoßung werden wir in Kapitel 6 (☞ S. 183ff.) zu sprechen kommen.

Allerdings darf nicht übersehen werden, dass das Immunsystem durch diese Medikation erheblich geschwächt wird, so dass der Organempfänger einer deutlich größeren Infektionsgefahr als alle anderen Menschen ausgesetzt ist. Das Immunsystem kann Viren, Bakterien und Pilze nicht mehr so effektiv abwehren wie zuvor. Insbesondere in der ersten Zeit, wenn die Immunsuppressiva noch hochdosiert verabreicht werden müssen, gibt es weitere Risiken wie etwa eine erhöhte Anfälligkeit für Tumore, Schädigung des Knochenmarks, Osteoporose, Bluthochdruck und Magen-Darm-Beschwerden.

Des Weiteren besteht immer die Gefahr, dass das implantierte Organ abstirbt, so dass eine weitere Transplantation erforderlich werden könnte.

1.3 Wer kommt als Organspender, wer als Organempfänger in Frage?

J ede Organtransplantation bedarf eines Organspenders und eines Organempfängers.

Wer kommt als Organspender in Frage?

Als Spender kommt grundsätzlich jeder Mensch in Frage, bei dem der sogenannte »Hirntod«, über den wir in Kapitel 2 (☞ S. 31ff.) noch ausführlich schreiben werden, festgestellt wurde. Frei-lich dürfen nur einem solchen Menschen Organe entnommen wer-den, der seine Bereitschaft dazu beizeiten ausdrücklich erklärt hat. Das kann er – sofern er nach *derzeitiger* Rechtslage mindestens 16

Jahre alt ist – beispielsweise in einer Patientenverfügung festlegen oder durch einen Organspendeausweis dokumentieren. Hat der Betreffende sich nicht erklärt, können die Angehörigen nach dem »mutmaßlichen Willen« des Verstorbenen entscheiden.

Das ist im Übrigen juristisch doch eine äußerst sonderbare Formulierung. Schließlich darf man auch für ein verstorbenes Familienmitglied kein Testament nach dessen mutmaßlichen Willen verfassen. Die überwiegende Mehrheit der Organtransplantationen erfolgt übrigens durch eine Einverständniserklärung der Angehörigen, weil der Spender sich zu Lebzeiten dazu nicht erklärt hat. Oftmals werden sie von den Ärzten dazu gedrängt oder wenigstens ›ermuntert‹.

In Deutschland wurde am 18. März 2024 ein Organspende-Register eingerichtet. Dieses zentrale elektronische Verzeichnis ermöglicht es den Bürgern, ihre Entscheidung für oder gegen eine Organspende festzuhalten. Das Ziel ist es, dass Krankenhäuser diese Erklärung zeitnah abrufen können.

Wer eignet sich als Organspender?

Für eine Organspende gibt es keine Altersbegrenzung. Was zählt, ist die jeweilige Funktionsfähigkeit der Organe. Diese hängt nur bedingt vom jeweiligen Lebensalter ab. Ob ein Organ transplantiert werden kann, entscheiden medizinische Voruntersuchungen und der Arzt zum Zeitpunkt der Entnahme. Es gibt nur wenige Krankheiten, die eine ›postmortale‹ Organspende ausschließen. Das ist im Grunde nur dann der Fall, wenn beim Hirntoten eine akute maligne Tumorerkrankung oder ein positiver HIV-Befund vorliegen. Bei allen anderen Erkrankungen entscheiden die Ärzte nach den vorliegenden Befunden, ob bzw. welche Organe für eine Entnahme in Frage kommen. So kann es beispielsweise sein, dass ein Typ-1-Diabetiker zwar seine Bauchspeicheldrüse nicht spenden kann, aber möglicherweise andere Organe.

Es liegt auf der Hand, dass junge und gesunde Menschen besonders geeignete Spender sind. So sind die meisten Organspender zwischen 16 und 55 Jahren alt. Patienten über 65 Jahren machten

2021 immerhin noch rund ein Viertel aller Spender in Deutschland aus. Die bisher älteste Organspenderin Deutschlands war 98 Jahre alt. Ihre Leber konnte erfolgreich transplantiert werden.

Wer kommt als Organempfänger in Frage?

Laut der *»Bundeszentrale für gesundheitliche Aufklärung«*, kurz BzgA, gibt es drei Kriterien, die ein potentieller Organempfänger erfüllen muss, um auf die Warteliste zu gelangen: eine lebensbedrohliche Erkrankung eines Organs, das Versagen konservativer Therapien und eine durch die Transplantation erwartbare deutlich höhere Lebensqualität. Wenn eine Erkrankung so schwerwiegend ist, dass nur noch eine Organtransplantation helfen kann, wird der Patient von seinem Arzt an ein *»Transplantationszentrum«* überwiesen. Dort wird untersucht, ob eine Organverpflanzung notwendig ist und ob der Patient als Empfänger eines Organs geeignet ist. Des Weiteren werden medizinische Daten erhoben, die für die Vermittlung von Organen relevant sind. Sofern die Ärzte nach Abschluss aller Untersuchungen zu dem Resultat gelangen, dass eine Transplantation notwendig und möglich ist, werden alle Daten an die Stiftung *»Eurotransplant«* übermittelt, die in acht europäischen Ländern (Belgien, Deutschland, Kroatien, Niederlande, Luxemburg, Österreich, Slowenien und Ungarn) als Service-Organisation vertreten und für die Zuteilung der Spenderorgane zuständig ist. Das hat für den Patienten zur Folge, dass er auf die dort geführte Warteliste für das benötigte Organ gesetzt wird. Patienten, die auf der Warteliste stehen, leben mit der Hoffnung, bald ein gesundes Organ implantiert zu bekommen, das ihnen ein Weiterleben ermöglicht oder ihre Lebensqualität erheblich erhöht.

Zu den häufigsten Gründen dafür, dass ein Patient als Empfänger eines gespendeten Herzens in Betracht kommt, zählen die koronare Herzerkrankung und die dilatative Kardiomyopathie, also die Erkrankung des Herzmuskels mit einer erheblich verminderten Leistungsfähigkeit, sofern die medikamentöse Therapie ausgereizt ist und chirurgische Eingriffe wie Herzklappen- oder Bypass-Operationen keinen Erfolg versprechen.

Bei der Vergabe der verfügbaren Organe müssen einige wichtige Kriterien berücksichtigt werden. Das wichtigste Kriterium ist, dass die Blutgruppen von Organspender und -empfänger kompatibel sind. Bei einigen Organen ist die Übereinstimmung bestimmter Zellmerkmale von Bedeutung. Je besser diese bei beiden übereinstimmen, desto größer ist die Wahrscheinlichkeit, dass das neue Organ vom Empfänger angenommen wird. Damit das implantierte Organ seine Funktion im Organismus gut erfüllen kann, sollten Körpergröße und Gewicht von Spender und Empfänger nicht zu stark differieren.

Es ist in jedem Einzelfall eine äußerst schwierige Entscheidung, welchem Patienten ein verfügbares Organ zugeteilt und letztlich eingepflanzt wird. Der Platz auf der Warteliste ist nicht das entscheidende Kriterium. Es geht vielmehr um die Dringlichkeit. Aber diese Beurteilung ist nach ethischen Gesichtspunkten nur sehr schwer zu treffen. Nehmen wir an, es gibt zwei Patienten, die dringend ein neues Herz benötigen. Bei dem einen handelt es sich beispielsweise um einen 17-jährigen jungen Mann, dem ohne ein neues Herz eine Restlebenszeit von nur noch wenigen Wochen prognostiziert wird. Der andere ist eine 40-jährige Frau, deren Lebenserwartung noch auf ein halbes Jahr geschätzt wird. Während der junge Mann noch andere gesundheitliche Einschränkungen aufweist, ist die Frau von ihrem nicht mehr richtig funktionierenden Herzen abgesehen kerngesund. Nun steht aber gerade nur ein einziges explantiertes Herz zur Verfügung. Welchem der beiden Patienten soll man nun dieses einpflanzen, sofern beide gleich gut geeignete Empfänger wären?!

Gibt es genügend Spender bzw. Spenderorgane?
Die Frage muss eindeutig verneint werden. Allein in Deutschland stehen derzeit rund 9.000 Menschen auf der Warteliste für eine Organtransplantation. Im Jahre 2023 sind über 4.000 neue Patienten auf die Warteliste gekommen. Die weitaus meisten von ihnen benötigen eine Niere. Organe, die nur ›postmortal‹ entnommen werden können, sind noch weniger verfügbar, wie man sich

leicht klarmachen kann. In Deutschland liegt die jährliche Sterberate bei etwa einer Million. Unter diesen befinden sich nur rund 4.000, die als hirntot diagnostiziert werden. Und von diesen kommen die weitaus meisten nicht für eine Organtransplantation in Frage, sei es, weil sie keine Erlaubnis gegeben haben, sei es aus medizinischen Gründen.

Es gibt also deutlich mehr potentielle Organempfänger als Spender. Oftmals warten die Patienten, die auf der Warteliste geführt werden, monate- oder gar jahrelang, bis sie an der Reihe sind. Nicht selten sterben sie vor der Zuteilung des benötigten Organs.

Das Missverhältnis, das zwischen der Anzahl der potentiellen Spender und Empfänger besteht, führt nicht selten dazu, dass Ärzte die Angehörigen eines hirntoten Patienten, welcher im Vorfeld keine Entscheidung in dieser Frage getroffen hat, regelrecht nötigen, das Einverständnis zur Explantation zu geben, was diese unter einen gewaltigen psychischen Druck setzt.

1.4 Modalitäten und Ablauf einer ›postmortalen‹ Organtransplantation

N ach dem Transplantationsgesetz ist die *»Deutsche Stiftung Organtransplantation«*, kurz DSO, die beauftragte Koordinierungsstelle für die Organspende in Deutschland.

Die DSO begleitet den gesamten Ablauf einer ›postmortalen‹ Organtransplantation. Sie arbeitet eng mit den Krankenhäusern, welche die Organentnahme der Spender vornehmen, zusammen und ist direkter Ansprechpartner für die Transplantationszentren, welche die Organe dem Empfänger implantieren und diesen versorgen. Des Weiteren organisiert sie alle nötigen Schritte, etwa die Veranlassung aller medizinischen Untersuchungen des Organspenders, die Entnahmeoperation, die Übermittlung der relevanten Spenderdaten an Eurotransplant sowie die Konservierung und den Transport der Organe zu dem jeweils verantwortlichen Transplantationszentrum.

Bei einer ›postmortalen‹ Organspende sind zwei operative Eingriffe zu unterscheiden, die meistens *nicht* in derselben Klinik durchgeführt werden.

1.4.1 Organexplantation

Zunächst einmal müssen dem Organspender die Organe, die er zu spenden bereit war, entnommen werden. Zu dieser Organexplantation ist nicht jedes Krankenhaus berechtigt. Die Kliniken, in denen Organe entnommen werden dürfen, bezeichnet man als »*Entnahmekrankenhäuser*«. Diese müssen aufgrund ihrer räumlichen und personellen Ausstattung in der Lage sein, Organentnahmen durchzuführen. In Deutschland gibt es derzeit rund 1.200 solcher Einrichtungen. Entnahmekrankenhäuser sind gesetzlich zur Zusammenarbeit mit der Koordinierungsstelle und den Transplantationszentren verpflichtet.

Kommen wir nun auf den eigentlichen Vorgang einer ›postmortalen‹ Organexplantation zu sprechen, der von vielen Befürwortern der modernen Transplantationsmedizin gern verschwiegen oder verdrängt wird. In der Tat handelt es sich hierbei um einen recht martialischen und menschenunwürdigen Prozess, der nichts für zartbesaitete Gemüter ist. Er stellt selbst für die Ärzte, bei denen es sich um Chirurgen mit einer speziellen Qualifikation handelt, sowie für das ganze Transplantationsteam – sofern sie nicht durch Routine schon abgestumpft sind – immer wieder eine gewaltige psychische Belastung dar.

Nachdem der Hirntod des Spenders festgestellt wurde, beginnt die sogenannte »Spender-Konditionierung«. Darunter versteht man, dass dafür Sorge getragen wird, dass Kreislauf und Blutdruck so stabil erhalten werden, dass die Organe nicht absterben. Über bestimmte Katheter-Systeme wird eine 4° C kalte – also geradezu eiskalte – Lösung mit einem Druck von ungefähr 160 mmHg in den Körper geleitet. Man spricht hier von »Kalt-Perfusion«. Dann werden die großen Venen geöffnet, so dass das Blut herauslaufen kann, das anschließend durch die Kühlflüssigkeit ersetzt wird. Da die Organe dadurch von innen und von außen gekühlt werden, bleiben sie länger funktionsfähig. Durch diesen Prozess kommt es zum Kreislaufstillstand des Patienten, der in dieser Phase erwünscht ist.[1] Dann können aus der durch die vorausgegangene Auftrennung der Vorderseite des Körpers – vom Hals bis zur Schambeinfuge – entstandenen ›Wanne‹ die brauchbaren Organe explantiert werden. Eine sachgemäße Organentnahme, die sehr zügig, aber doch mit größter Sorgfalt durchgeführt werden muss, ist ein schwieriger Vorgang, der vom Explanteur viel Können und Geschick verlangt. Somit kann nicht jeder Chirurg jedes beliebige Organ explantieren. Folglich kommen oftmals in Abhängigkeit von den zur Transplantation vorgesehenen Organen spezialisierte Entnahme-Teams zum Einsatz. Nach der erfolgten Explantation aller brauchbaren Organe werden die Operationswunden sachgerecht verschlossen.[2]

Der Prozess des Explantierens ähnelt dem des Ausweidens eines Tieres. Allerdings sind die Tiere schon vor dem Ausgeschlachtetwerden definitiv tot.

1.4.2 Organimplantation

Zur Implantation von ›postmortal‹ gespendeten Organen sind nur die bereits erwähnten Transplantationszentren legitimiert. Derzeit gibt es in Deutschland 45 solcher Zentren.

Zunächst einmal müssen die im Entnahmekrankenhaus explantierten Organe zu dem bisweilen mehrere Hundert Kilometer entfernten Transplantationszentrum, in dem sie dem Patienten eingepflanzt werden sollen, transportiert werden. Sie müssen schnellstmöglich dort ankommen, wo der Empfänger schon auf die Implantation vorbereitet wird. Sobald ein gespendetes Organ entnommen wurde, ist es von der Durchblutung und Sauerstoffversorgung abgeschnitten. Die Zeitspanne zwischen Explantation und Implantation wird als *»Ischämiezeit«* bezeichnet. Diese Zeit ist für das entnommene Organ sehr kritisch, da es durch die fehlende Durchblutung geschädigt werden kann. Die Ischämiezeit muss also so kurz wie eben möglich gehalten werden. Die Organe werden während dieser Zeit konserviert und kontinuierlich gekühlt. Die Implantation findet unmittelbar nach Eintreffen des Organs im Transplantationszentrum statt.

Die eigentliche Implantation ist viel unproblematischer als die Explantation. Es ist heute – wie bereits erwähnt – eine Routineoperation, selbst wenn es sich um die Verpflanzung eines Herzens handelt. Das kranke Herz des Empfängers wird an den Vorhofgrenzen herausgeschnitten und das dann eingepflanzte Herz des Spenders mit den Vorhöfen im Körper des Empfängers vernäht. Anschließend werden die großen Arterien miteinander verbunden. In dieser Zeit übernimmt eine Herz-Lungen-Maschine die Funktion des Herzens.

Die Erfolgsquote bei Organtransplantationen ist mittlerweile sehr hoch. Dank der meist lebenslang verabreichten Immunsuppressiva nehmen die weitaus meisten Empfänger das Organ mehr oder weniger gut an und können so noch geraume Zeit ihr Leben mit einer meistens akzeptablen Lebensqualität fortsetzen. Allerdings dürfen die bereits erörterten Nebenwirkungen der Medikamente und die daraus resultierenden Komplikationen nicht unterschätzt werden.

1.5 Cui bono? – Wer sind die Profiteure der Organtransplantation?

Wie bei allen medizinischen oder technologischen Errungenschaften muss man sich auch im Zusammenhang mit der Organtransplantation die Frage stellen, wem sie nützen.

Nun könnte jemand sagen: »Das ist doch offensichtlich! Sie nützen dem Organempfänger, der durch die Organspende weiter leben kann!«

Das ist natürlich richtig. Aber man sollte nicht so naiv sein zu glauben, dass Organtransplantationen von Seiten der Politik, der Medizin und auch der Pharmaindustrie so stark beworben würden, weil man nur das Wohl der Organempfänger im Sinn hätte. Wie bei so vielen anderen Dingen muss man auch hier der Spur des Geldes folgen. Wer verdient sich also mit Transplantationen eine ›goldene Nase‹?

Hier sind zunächst einmal die Transplantationszentren zu erwähnen. Für sie ist eine Organtransplantation finanziell sehr lukrativ. Mit jedem Patienten steigt der Umsatz ganz beträchtlich. In Deutschland übernehmen die Krankenkassen der Organempfänger die Kosten für den operativen Eingriff. Sie zahlen je nach konkretem Fall einen festen Satz an das Krankenhaus. Also gehen die Kosten letztlich zu Lasten der viel beschworenen Solidargemeinschaft, sprich der Mitglieder der jeweiligen Kassen, die es mit der Beiträgen finanzieren. *Richard Viehbahn*, Chefarzt am Bochumer Universitätsklinikum und Vorsitzender der Ethikkommission der Deutschen Transplantationsgesellschaft, sagt: »Ein gut funktionierendes Transplantationsprogramm ist gut für jede transplantierende Klinik.«[3] Weiter sagt er, dass beispielsweise eine Lebertransplantation *mit Vor- und Nachbehandlung* bis zu 200.000 € kosten könne. Die Transplantation einer Niere koste immerhin noch mindestens 50.000 €. Um eine Relation zu den Kosten anderer operativer Eingriffe herzustellen, sei erwähnt, dass etwa eine Bypass-Operation ungefähr 18.000 € kostet. Transplantationen gehören zu den teuersten Operationen, also zu denen, die den meisten Gewinn abwerfen.

Die Vergütungspauschale, die das Transplantationszentrum erhält, liegt natürlich deutlich unter den oben angeführten Kosten. Selbstverständlich erhält auch das Entnahmekrankenhaus einen erklecklichen Batzen. Zudem fallen Transportkosten für das entnommene Organ an. Hinzu kommen noch die Kosten für die Untersuchungen, die im Vorfeld stattfinden, sowie die unterschiedlichsten Verwaltungskosten. Dennoch sind Transplantationen für die Klinik, die das gespendete Organ einpflanzt, finanziell immer noch sehr attraktiv. Daher streben weitere Kliniken an, als Transplantationszentrum zugelassen zu werden. Somit herrscht schon heute ein Konkurrenzkampf unter den Kliniken. Der Grund ist, dass für jedes Zentrum eine Mindestanzahl an Transplantationen pro Jahr gesetzlich vorgeschrieben ist. Dazu gehören 25 Nieren- und 20 Lebertransplantationen. Einer Klinik, die diese Anzahl nicht erfüllt, droht die Aberkennung.

Dann sind es natürlich die Pharmaunternehmen, die dank der Medikamente, namentlich der Immunsuppressiva, welche die Organempfänger oftmals bis an ihr Lebensende einnehmen müssen, gigantische Einnahmen verbuchen können. Beispielsweise liegen die Folgekosten für einen Nierenpatienten im Jahr bei etwa 14.000 Euro. Die Pharmaunternehmen erwirtschaften jährlich Milliarden Euro mit dem Verkauf ihrer Präparate. Das Schweizer Unternehmen *»Novartis«* etwa soll im vergangenen Jahr mit nur einem Medikament 900 Millionen Dollar erwirtschaftet haben.

Dass jemand, der an Organtransplantationen viel verdienen kann, dafür wirbt, dass viele – am besten alle – Menschen sich bereiterklären, im Falle eines Falles ihre Organe zu spenden, um so die Aussicht auf möglichst viel ›Ware‹ zu haben, liegt auf der Hand.

1.6   Kriminelle Machenschaften

Wann immer auf irgendeinem Gebiet viel Geld verdient werden kann, sind natürlich auch Kriminelle nicht weit, die auf illegale und oftmals schändliche Art profitieren wollen.

So gibt es längst einen illegalen Organhandel, der häufig von Netzwerken mit mafia-ähnlichen Strukturen betrieben wird. In diesem Zuge werden lebenden oder toten Menschen Gewebe oder Organe entnommen. Dieser Organhandel findet nicht nur, aber vorwiegend in den sogenannten Entwicklungsländern statt.

Der illegale Handel mit menschlichen Organen stellt eine große Bedrohung für die öffentliche Gesundheit dar. Weltweit nehmen die Fälle des sogenannten »Transplantations-Tourismus« zu. Hierunter versteht man, dass die Käufer von Organen in das Land der Verkäufer reisen. Der Austausch der Organe kann freilich auch im Land des Käufers oder einem anderen Land stattfinden.

Es ist schwierig, den Organhandel genau zu beziffern. Tatsache ist dass auf diversen Internetseiten Organe zum Verkauf angeboten werden, meistens zu einem sehr hohen Preis. Die Weltgesundheitsorganisation schätzt, dass Jahr für Jahr etwa 10.000 illegale Transplantationen durchgeführt werden.

Dann hört man immer wieder von Korruptionen und Skandalen. Trotz aller vermeintlichen Verteilungsgerechtigkeit werden Organe einem Empfänger gegen entsprechende Bezahlung zugeteilt, der gemäß Warteliste noch gar nicht an der Reihe war. So wurde in den letzten Jahren häufig von solchen Skandalen in deutschen Kliniken berichtet, in denen Mediziner die Krankenakten gefälscht hatten, um so Patienten gegen entsprechende Bezahlung bevorzugt mit Spenderorganen zu versorgen.[4]

1.6.1 Unfassbare Verbrechen

Die soeben beschriebenen Machenschaften sind eigentlich schon schlimm genug. Sie stellen aber nur die Spitze des Eisbergs dar. In einigen Ländern werden geradezu unfassbare Verbrechen verübt. So werden zumeist völlig unschuldige Menschen getötet, um ihnen die so begehrten Organe entnehmen zu können.

Absolut generalstabsmäßig wird das in China betrieben. Es wird damit geworben, dass man jedes Organ innerhalb kürzester Zeit liefern könne. Doch wo kommen die dazu benötigten Zigtausende von Organspendern her?

Da die Anzahl der Strafgefangenen allein nicht ausreicht, fokussiert man sich auf die Anhänger der sogenannten »Falun Gong-« oder »Falun Dafa-Bewegung«, der nach Schätzungen etwa bis zu 100 Millionen Menschen angehören. Falun Gong möchte den Praktizierenden ermöglichen, durch moralische Rechtschaffenheit sowie spezieller Übungen und Meditation spirituell aufzusteigen. Die drei Grundpfeiler ihres Glaubens sind Wahrhaftigkeit, Barmherzigkeit und Nachsicht.

Die Falun Gong-Praktizierenden sind dem kommunistischen Regime in China nicht zuletzt deswegen ein Dorn im Auge, weil sie sich – wie es ja in unserer heutigen Zeit von entscheidender Bedeutung ist – als individuelle und freie Wesen auffassen, die ihre Entscheidungen auf Basis ihres Gewissens treffen und sich nicht von staatlich vorgegebenen Doktrinen leiten lassen. Schon seit Jahrzehnten werden sie vom chinesischen Staat massiv verfolgt. Sie dienen in sehr großer Zahl als Organlieferanten. Sie werden gefangengenommen und inhaftiert. Je nach Wunsch eines Menschen, der irgendwo in der Welt lebt und ein Spenderorgan benötigt, werden sie geschlachtet und ausgeweidet.[5]

Kapitel 2

Wann ist ein Mensch tot? –
Die Crux mit dem Hirntod

*Die Äskulapschlange hat mehr Menschen umgebracht
als alle anderen Schlangenarten zusammen.*

Gerhard Kocher

Wenn man einmal von dem Fall absieht, dass einem *lebenden* Menschen Organe entnommen werden – wie das etwa bei einer der beiden Nieren oder Teilen der Leber möglich ist –, so wird der Spender immer als »Verstorbener« bzw. »Toter« bezeichnet.

Sind eigentlich die Organspender, also diejenigen Menschen, denen beispielsweise ein Herz oder eine Lunge entnommen werden soll, *wirklich* tot?

Möglicherweise wird jetzt jemand, der sich noch nicht näher mit dem Thema der Organentnahme befasst hat, sagen: »Was soll diese Frage? Natürlich sind sie tot!«

Aber ganz so einfach ist es nicht!

Jahrtausendelang galt ein Mensch als »tot«, wenn sein Herz nicht mehr schlug, wenn es also stillstand und wenn seine Atmung aufhörte. Das bezeichnet man heute als *»klinisch tot«*. Bei einem klinisch toten Menschen ist es innerhalb einer kurzen Zeitspanne noch möglich, ihn zu reanimieren.

Vom *»biologischen Tod«* spricht man, wenn alle Organ- und Zellfunktionen irreversibel erloschen sind. Anhand der folgenden Merkmale kann ein Arzt den biologischen Tod feststellen: Die Pupillen sind breit und reagieren nicht auf Licht; es fehlt die Atmung; auf den Hauptarterien ist kein Puls mehr zu spüren; die Körpertemperatur sinkt ab. Des Weiteren entstehen etwa 30 Minuten nach Eintritt des Todes meistens Totenflecken. Wenige Stunden später tritt die Leichenstarre ein, die zwei bis drei Tage anhält. Nach ungefähr 24 Stunden beginnt der Verwesungsprozess. Der biologische Tod ist unumkehrbar.

2.1 Definition des Hirntodes

Der französische Anatom, Physiologe und Chirurg *Marie François Xavier Bichat* (1771 bis 1802), der als Begründer der Histologie und als einer der Begründer der Pathologie gilt, war vermutlich der erste, der den Begriff *»Hirntod«* verwandte, den er vom klinischen Tod abgrenzte.

Die Debatten um dieses Thema nahmen Anfang der 1950er Jahre Fahrt auf, nachdem die Herz-Lungen-Maschine entwickelt wurde. Mit Hilfe dieser Maschine kann ein Mensch vor dem Tode bewahrt oder – wenn man es aus einer anderen Perspektive betrachtet – am Sterben gehindert werden.

Am 5. August 1968 definierte eine »Ad-Hoc-Kommission«, die sich aus Medizinern, Juristen und Theologen der Harvard Universität zusammensetzte, das »Hirntod-Konzept«. Ihr primäres Anliegen war es, das irreversible Koma als neues Todeskriterium zu definieren. Damit wollte man so etwas wie eine Richtschnur dafür haben, wie lange es in bestimmten Fällen Sinn macht, einen komatösen Patienten an lebenserhaltende Maschinen anzuschließen. Außerdem brauchte man ein probates und möglichst niederschwelliges Kriterium, wann man einem Menschen Organe entnehmen darf. Ein »bleibendes Koma« wurde fortan als »Tod« bezeichnet. Der Tod wurde also neu definiert und ›vorverlegt‹, was die Möglichkeit eröffnete, Organe ›toter‹ Patienten für die Transplantation zu gewinnen.[1]

Die Definition des Hirntodes ist international nicht ganz einheitlich. In manchen Ländern ist man etwas schneller bei der Hand, einen Menschen für hirntot zu erklären, als etwa in Deutschland. Schon diese Tatsache zeigt deutlich, wie problematisch und fragwürdig das Hirntod-Konzept ist. Ein grundsätzliches und allgemeingültiges Kriterium für den Hirntod ist ein – angeblich – unumkehrbarer Ausfall der Gehirnfunktionen. Der Patient verliert das Bewusstsein und fällt in ein tiefes Koma. Im Elektroenzephalogramm sind keine Hirnströme mehr messbar. Gleichzeitig kann allerdings das Rückenmark, das ebenfalls ein Teil des zentralen Nervensystems ist, noch – zumindest eingeschränkt – funktionieren. Der hirntote Mensch hat noch einen messbaren Puls und einen messbaren Blutdruck. Der Körper ist noch in der Lage, verschiedene Körperfunktionen im Gleichgewicht zu halten, was allerdings nur mit der Unterstützung eines Beatmungsgerätes möglich ist. Ein entscheidendes Kriterium ist, dass der Patient nicht mehr selbständig atmen kann. Um das zu überprüfen, wird ein sogenannter »Apnoe-Test« vorgenommen, das heißt, der Patient wird von der Beatmung genommen und man registriert, ab wann die Kohlendioxid-Spannung im Blut einen Wert über 60 mmHg erreicht. Spätestens dann würde jeder Gesunde von selbst zu atmen beginnen. Tut der Patient das nicht, gilt er als hirntot. Dieser Apnoe-Test wird nach 12, 24 und in gewissen Fällen noch einmal nach 72 Stunden wiederholt. Wenn das Ergebnis negativ bleibt, wird der Totenschauschein ausgestellt.

Der Patient muss anschließend bis zur erfolgten Organentnahme weiter künstlich beatmet werden, weil ansonsten auch das Herz und der Kreislauf zum Stillstand kämen. Die Diagnose, dass ein Mensch hirntot ist, muss von zwei Ärzten unabhängig voneinander gestellt werden.

Der Hirntod wird oft als sicheres inneres Todeszeichen oder als »Äquivalent des menschlichen Todes« angesehen. Somit dürfen also einem hirntoten Menschen Organe entnommen werden, sofern er im Vorfeld sein Einverständnis gegeben hat. Auch der Deutsche Ethikrat einigte sich im Jahre 2015 darauf, dass der Hirntod eine hinreichende Voraussetzung für die Entnahme von Organen sei. Allerdings sahen immerhin 7 der 25 Mitglieder den Hirntod als keine hinreichende Bedingung für den Tod eines Menschen an.

2.2 Voreilige oder irrtümliche Feststellung des Hirntodes

N un besteht zunächst einmal die nicht zu unterschätzende Gefahr, dass ein Mensch voreilig oder *irrtümlich* für hirntot erklärt wird. Im Internet findet man verbürgte Berichte zahlreicher Fälle, in denen das passiert ist. Von einem solchen konkreten Fall berichtete *»Bild online«* im Jahre 2012. Eine 19-jährige Dänin wurde irrtümlicherweise als hirntot diagnostiziert.

Eigentlich sollte Carina (19) heute tot sein. Eigentlich sollten alle ihre Organe das Leben anderer Menschen gerettet haben. Aber die Dänin ist quicklebendig und geht auf Partys – wie jede andere junge Frau auch!

Die dänische Zeitung »Ekstra Bladet« hat am Dienstag von der erschütternden Geschichte, wie Carina als angeblich hirntote Patientin wieder zurück ins Leben fand, berichtet.

Am 16. Oktober 2011 war die junge Frau bei einem Autounfall auf Djursland (Dänemark) schwer verletzt worden. Sie wurde in der Uni-Klinik von Aarhus operiert, kam anschließend in ein künstliches Koma.

Oberärztin Dr. Benedicte Dahlerup musste einige Tage später den Eltern klar machen, wie die Zukunft von Carina aussehen wird. »Sie hat eine sehr schwere Hirnverletzung. Falls sie überlebt, dann mit so schweren Behinderungen, dass sie für immer ein schwerer Pflegefall sein wird.« Die Ärztin erklärte, dass es zwei Möglichkeiten gibt. Man könne Carina an der Herz-Lungen-Maschine behalten, damit ihr Hirn ganz stirbt, aber ihre Organe weiterleben. Dann könnten ihre Organe gespendet werden. Oder man könnte auch die Herz-Lungen-Maschine ausschalten – dann wäre sie sofort ganz tot.

Die Mutter fragte verzweifelt: »Gibt es wirklich überhaupt keine Hirnaktivität?« Die Ärztin antwortete mit einem überzeugenden Nein. Aber der Vater wollte so schnell die Hoffnung nicht aufgeben und bohrte weiter: »Aber vielleicht gibt es ja ein kleines Wunder?« Die Ärztin wiegelte ab: »Nein, das kann es nicht geben. Es schaut schlimm aus, und für ihre Tochter kann ich nur hoffen, dass sie nicht überlebt.«

Carinas Eltern wollten, dass ihre Tochter Organspenderin wird. Sie blieb deshalb an der Maschine hängen. Zu diesem Zeitpunkt vermuteten die Ärzte plötzlich, dass mit Carinas Hirn doch noch etwas anderes los sein könnte. Sie machten deshalb – gegen den Wunsch der Eltern – die Maschine aus. Eigentlich hätte sie nun sterben müssen, eine Organspende wäre dann auch nicht mehr in Frage gekommen.

Aber Carina atmete selbstständig weiter. Und es passierte noch mehr! Nach einigen Stunden begann sie vor Schmerzen zu jammern, da sie als »Hirntote« keine Behandlung mehr bekam.

Ein Arzt schritt ein, machte eine neue Untersuchung und stellte fest, dass ein ungewöhnlicher Bruch im Schädelboden dafür gesorgt hatte, dass der Druck im Hirn ausgeglichen wurde und kein Hirntod eintreten konnte. Carina wurde sofort wieder operiert. Wenig später konnte sie das Krankenhaus verlassen!

Ein Blick in den Kalender zeigt den dramatischen Verlauf:
Am 16. Oktober hatte Carina den Unfall.
Am 20. Oktober bitten die Ärzte darum, Carina als Organspenderin freizugeben
Am 25. Oktober machte man die Maschinen aus.
Am 26. Oktober wurde erneut operiert.
Am 7. November konnte Carina das Krankenhaus verlassen.

Der ganze Fall ist ungewöhnlich gut dokumentiert, da die Eltern eingewilligt hatten, an einer Dokumentarsendung des dänischen Fernsehens »DR« über Organspende teilzunehmen. Jedes Gespräch mit den Ärzten wurde deshalb gefilmt. Trotzdem wurde der Film bisher noch nicht ausgestrahlt, da eine Sendung über mehrere Organspender geplant war. Nun soll der zukünftige Film ausschließlich von Carina und ihrem Weg zurück ins Leben handeln.

Wenn es so weit ist, wird man dramatische Sätze hören. So erklärt die Mutter vor den Kameras: »Die Ärzte wollten nur ihre

Organe, und zwar so schnell wie möglich.«

Oberärztin Dahlerup will bisher nichts zu Carinas Fall sagen, allerdings äußerte sich ihr Chef, Chefarzt Dr. Carsten Kock-Jensen. Gegenüber »Ekstra Bladet« meinte er: »Die Eltern haben nicht richtig zugehört, sonst hätten sie verstanden, dass sie noch nicht ganz hirntot war. Wir gingen davon aus, dass sie es bald sein wird. Ich möchte jetzt nichts entschuldigen, aber im Frühjahr haben wir aufgrund dieses Falls die Richtlinien geändert. In Zukunft dürfen die Angehörigen erst zu einem späteren Zeitpunkt befragt werden. Ich habe noch nie von einem solchen Fall gehört. Es braucht deshalb niemand Angst zu haben, dass das gleiche auch in seiner Familie passieren könnte.«

Die Eltern haben eine Klage gegen das Krankenhaus eingereicht.

Carina hat sich nach dem Unfall fast vollständig erholt. Zwar muss sie immer noch regelmäßig eine Reha-Klinik besuchen, aber inzwischen geht sie wieder auf Partys und genießt das Leben.[2]

Von einem weiteren Fall lesen wir bei *»Spiegel Panorama«*. Im kalifornischen Fresno erklärten Ärzte einen Mann verfrüht für hirntot, weil sie seine Organe brauchten.

Sie haben wie die Geier darauf gewartet, dass einer stirbt, damit sie an seine Organe ran können. Fassungslos berichtet die 26-jährige Melanie Sanchez in der »Los Angeles Times« vom Schicksal ihres Vaters John Forster.

Der 47-Jährige war am 18. Februar mit einem Hirnschlag in ein Krankenhaus im kalifornischen Fresno eingeliefert worden. Die Diagnose war denkbar schlecht: Der Automechaniker hatte eine sogenannte pontine Blutung im Hirnstamm erlitten, Hoffnung auf eine Verbesserung seines Zustands bestand keine. Forsters Familie stimmte zu, ihn als Organspender registrieren zu lassen.

Seine Tochter Melanie erhielt daraufhin mindestens zwei Mal am Tag Anrufe der Organspende-Organisation. »Wir brauchen die

Organe innerhalb einer bestimmten Zeit. Ihr Vater könnte jemand anderem das Leben retten. Wie geht's ihm heute? Besser oder schlechter?«

Am 21. Februar schien Forsters Leben zu Ende. Ein Arzt erklärte ihn für hirntot. Stunden später stimmte ein zweiter Mediziner, ein Notfall-Arzt, zu, nachdem er mit einer Lampe einen Pupillen-Reflextest gemacht hatte. Das Krankenhaus schreibt nicht vor, wie lange eine Untersuchung zu dauern hat oder welche Tests ein Arzt anordnen muss, um den Hirntod festzustellen. Nach kalifornischem Recht war Forster damit tot.

Seine Tochter wollte das so nicht hinnehmen, verlangte eine dritte Meinung. Der zweite Arzt war, so ihr Empfinden, deutlich in Eile gewesen: Er kam rein, warf meinem Vater die Papiere auf die Beine und sagte: »Wir haben zwei Unterschriften. Jetzt ist Schluss.« Eine Krankenschwester hatte Forster ebenfalls untersucht, stellte dabei einen starken Würge- und Hustenreflex fest. Außerdem bewegte Forster seinen Kopf – Beobachtungen, die nicht zur Diagnose »hirntot« passen.

Ein Neurochirurg stellte schließlich fest, dass Forster nicht hirntot war und unterstützte die Forderung der Tochter, den Kranken nicht von den lebenserhaltenden Apparaten zu nehmen.

Forster starb acht Tage später. Die Geschäftsführerin der Organspende-Organisation »California Transplant Donor Network«, Phyllis Weber, hat sich mittlerweile bei John Forsters Tochter entschuldigt. Es tue ihr leid, wenn sich Melanie Sanchez unter Druck gesetzt gefühlt habe. Dies sei nicht Usus in ihrem Unternehmen: »Wir geben den Familien viel Zeit.«[3]

Betrachten wir noch einen weiteren Fall, über den das österreichische Magazin *»Heute«* 2022 berichtete:

Ein 37-Jähriger wurde für hirntot erklärt und seine Organe sollten gespendet werden. In letzter Sekunde bemerkt die Familie seine Bewegungen.

Zwei Wochen verbrachte der dreifache Vater und Pastor, Ruan Marlow, im örtlichen Spital in North Carolina. Er litt an Listerien – einer durch Bakterien verursachten Infektion. Standardmäßig wird bei einer solchen Infektion mit Antibiotika behandelt. Bei schweren Verläufen kann es zu Blutvergiftungen und Gehirn- und Gehirnhautentzündungen kommen. Leider sollte Marlows Erkrankung zu einer Schwellung seines Gehirns führen, so dass die Ärzte ihn am 27. August nur noch für hirntot erklären konnten.

Marlow wurde für die Entnahme seiner Organe und die Suche nach potenziellen [Empfängern] am Leben erhalten, da er als Organspender gelistet war. Drei Tage später, am 30. August, machte sich die Familie auf den Weg zum Krankenhaus, um sich von ihm zu verabschieden.

Als die Ehefrau, Megan, im Krankenhaus ankam, sagte ihre Nichte jedoch, dass sich Ryans Füße auf unerklärliche Weise zu bewegen begonnen hatten, als man ihm Videos seiner Kinder zeigte. Das ließ die Ehefrau sofort reagieren.

Ehefrau Megan begleitet die Krankheit ihres Mannes in Facebook-Livestreams. So erzählt sie in einem Video über diese positive Wendung: »Das Team stand buchstäblich da und wartete darauf, ihn mitzunehmen.« Ich sagte der Krankenschwester: »Halten Sie sofort alles an. Ich will, dass Tests gemacht werden, um zu sehen, ob er hirntot ist. Ich will, dass sofort Tests gemacht werden.« Ein CT-Scan habe infolge gezeigt, dass sein Gehirn noch durchblutet war, was bedeutet, dass er sich in einem »tiefen Koma« befinde. Im Video sagt Megan: »Ich kann mir das nicht ausdenken. Ich kann das nicht erfinden. Er ist nicht hirntot, meine Freunde. Er ist nicht hirntot. Gott hat ihn hier behalten.«

Die Ärzte räumen ein, einen Fehler gemacht zu haben, indem sie den Mann fälschlicherweise für tot erklärt hatten.

Laut Megan sei ihr Mann zwar nicht tot, habe aber dennoch eine traumatische Verletzung des Hirnstamms erlitten und liege weiterhin in einem kritischen Zustand im Koma. Dennoch gäbe es ermutigende Anzeichen, darunter einen Anstieg der Herzfrequenz und gelegentliche Bewegungen.

Seitdem sie ihre Geschichte auf Facebook geteilt hat, wird Megan mit Unterstützungsnachrichten und Glückwünschen für ihren Mann überschwemmt. Seit dieser Untersuchung zeigt der Mann Anzeichen eines erhöhten Herzschlags und zuckt weiter. Nichtsdestotrotz sei sein Zustand immer noch kritisch. Derzeit versucht Marlow, ihren Mann in ein anderes Krankenhaus zu verlegen, weil im örtlichen Spital alle medizinischen Möglichkeiten ausgeschöpft seien. Der Umzug gestaltet sich jedoch schwierig, weil das gewünschte Spital momentan keine freien Betten hat.[4]

In den meisten Fällen, in denen ein Patient fälschlicherweise bzw. voreilig für hirntot erklärt wird, kann man gewiss von einem menschlichen Versagen der Ärzte ausgehen, das möglicherweise auf die hohe Arbeitsbelastung, die Mediziner in vielen Kliniken oftmals bis an die Grenzen ihrer Belastbarkeit bringt, zurückzuführen ist. Es soll ihnen also nicht der Vorwurf gemacht werden, sie hätten leichtfertig oder gar unmoralisch gehandelt. Dennoch kann die Möglichkeit, dass Patienten zu früh als hirntot diagnostiziert werden, weil der Erfolgs- und Kostendruck in vielen Einrichtungen sehr hoch und mit Organentnahmen viel Geld zu verdienen ist, nicht gänzlich ausgeschlossen werden.

2.3   Der Hirntod darf *nicht* mit dem biologischen Tod gleichgesetzt werden

E inem Menschen, der im obigen Sinne als hirntot diagnostiziert wird, können also Organe entnommen werden, die einem anderen Menschen gespendet werden können. Das macht ja schon deutlich, dass ein hirntoter Mensch *nicht* biologisch, also endgültig und unwiderruflich tot ist. Schließlich könnte man keine toten Organe transplantieren. Dann könnte man genauso gut eine Organattrappe einpflanzen. Außerdem wäre es, wenn der Mensch wirklich tot wäre, sinnlos, die Organentnahme unter Vollnarkose durchzuführen, was in vielen Ländern eine absolut übliche Praxis ist.

Man darf also den Hirntod *nicht* mit dem biologischen, also definitiven und unumkehrbaren Tod gleichsetzen, wie das üblicherweise gehandhabt wird. Wenn bei einem Menschen der Hirntod festgestellt wird, so ist dieser nicht wirklich tot, denn seine Organe funktionieren weiter. Sein Herz pumpt Blut, sein Magen und sein Darmtrakt verdauen usw. Bestimmte Organe bzw. Zellkomplexe können noch eine Weile überleben. Darüber hinaus können die meisten Organfunktionen durch Anschluss an ein Beatmungsgerät sogar noch sehr lange aufrechterhalten werden. In manchen Fällen kann der Patient sogar reanimiert werden.

Ein Mensch gilt somit in diesem Sinne bereits als tot, wenn er seine Gehirnfunktionen vollständig verloren hat, obwohl er physisch noch lebendig erscheint, weil sein Herz – das in gewissem Sinne wichtigste Organ des Menschen – nach wie vor arbeitet. Menschen, deren Hirntod festgestellt wurde, gelten somit als tot, obwohl sie noch lebendig sind. Der allgemeine Tenor lautet, dass man einem Hirntoten kein Leid mehr antun könne, dass man ihn keiner Zukunft mehr berauben könne, so dass es ethisch berechtigt sei, ihm Organe zu entnehmen, wovon der Organempfänger erheblich profitieren könne.

Es wäre also völlig falsch zu behaupten, dass in einem Menschen, der als hirntot diagnostiziert wird, kein Leben mehr wäre! So ist es viele Male vorgekommen, dass eine Frau, die als hirntot galt, noch ein gesundes Baby zur Welt gebracht hat! Diese Frauen wurden trotz der Hirntoddiagnose über Wochen, manchmal über Monate beatmet, medikamentös versorgt und intravenös ernährt, bis sie ein lebendiges Kind ausgetragen hatten. Kann eine Leiche ein lebendiges Kind gebären?![5] Wir wollen hier nur einen Fall erwähnen.

Im Jahre 2019 berichtete das Magazin *»Spiegel«* über die Portugiesin Catarina Sequeira. Die 26-jährige Frau war im fünften Monat schwanger, als sie einen ungewöhnlich schweren Asthmaanfall erlitt. Im Krankenhaus wurde sie in ein künstliches Koma versetzt. Doch ihr Zustand verschlechterte sich derart, dass sie von den Ärzten als hirntot erklärt wurde. Um das ungeborene Kind zu retten, entschloss sich die Familie, Catarina weiterhin künstlich zu beatmen. Ihr Söhnchen Salvador kam in der 31. Schwangerschaftswoche zur Welt und wog bei der Geburt 1,7 Kilogramm.

Wenn man berücksichtigt, dass das menschliche Gehirn etwa 3 Prozent des Körpergewichts ausmacht, muss man sehen, dass 97 Prozent des Körpers eines für hirntot erklärten Menschen noch lebendig sind und durch künstliche Beatmung am Leben gehalten werden können. Der Patient sieht auch nicht wie ein Toter, sondern wie ein Schlafender aus. Er hat eine normale Hautfarbe und fühlt sich noch warm an. Ein hirntoter Mensch ist also kein Leichnam. Er ist nicht tot, sondern ein mit hoher Wahrscheinlichkeit Sterbender, der auf dem Operationstisch durch Zutun der Ärzte – nämlich durch die Organentnahme – stirbt. Somit ist auch der übliche Ausdruck »*postmortale* Organspende« nicht korrekt und irreführend.

Verschiedene Mediziner und Wissenschaftler üben Kritik an der üblichen Praxis, einen hirntoten Menschen als tot zu bezeichnen. *Wolfram Höfling*, Direktor des Instituts für Staatsrecht der Universität zu Köln, Leiter der Forschungsstelle für das Recht des Gesundheitswesens und Mitglied des Deutschen Ethikrates sagt: »Ein Mensch, dessen Herz und Lunge, dessen Leber und Pankreas, dessen Nieren und Dünndarm als vitale Organe auf einen anderen Menschen übertragen werden können – ein solcher Mensch ist keine Leiche, auch wenn seine Hirnfunktionen irreversibel ausgefallen sind. Der letztgenannte Umstand allein liefert kein tragfähiges Kriterium dafür, ihn als tot zu qualifizieren. Zwar wäre er ohne medizinische Unterstützung zweifelsohne tot, aber unter Beatmung ist ein solcher Mensch in der Lage, unterschiedliche Organsysteme zu einem funktionellen Ganzen zu integrieren. Kurzum: Sogenannte hirntote Menschen sind Lebende!«[6]

Dr. med. *Paolo Bavastro* hält den Begriff »Hirntod« sogar für eine arglistige Täuschung, da ein Mensch mit Hirnversagen zwar ein Mensch sei, dessen Gehirn einen erheblichen Schaden habe, und der somit ein schwerstkranker, sterbender Mensch sei, aber eben noch kein Toter. Ärzte könnten bei hirntoten Menschen einen Herzschlag wahrnehmen, sie würden ihre Körpertemperatur selbst regulieren, Urin und Stuhl ausscheiden, sie könnten schwitzen und sogar Antikörper bilden. Männer könnten Erektionen bekommen und Frauen gesunde Kinder gebären. Die Vorstellung, dass nur die Hirnaktivität den Menschen zum Menschen mache und der Tod des Hirns auch den Tod des Menschen bedeute, sei überholt.[7]

Die erschlagende Mehrheit der Bevölkerung – namentlich die Experten aus Wissenschaft und Politik – vertritt die Auffassung, dass ein hirntoter Mensch zwangsläufig früher oder später auch den biologischen Tod erleide und dass eine Rückkehr ins Leben *völlig ausgeschlossen* sei. Es ist ja heute zu einer ›beliebten‹ Gepflogenheit geworden, dass Bürger, die bei gesellschafts-politischen Fragen eine Meinung vertreten, die dem politischen Narrativ widerspricht, als »Wissenschaftsleugner«, »Verschwörungstheoretiker« oder »Querdenker« diffamiert werden. Einem, der obige These anzweifelt oder gar bestreitet, ergeht es nicht anders.

Wir wollen hier keinem böse Absichten oder Hintergedanken unterstellen, aber eines ist klar: Diese Leute ignorieren die Tatsachen! So ist allein in den letzten zwei Jahrzehnten in den Printmedien sowie in Funk und Fernsehen immer wieder von Fällen berichtet worden, in denen ein Mensch, der gemäß der oben angeführten Kriterien für hirntot erklärt wurde und im Gegensatz zu den bereits beschriebenen Fällen auch *definitiv* hirntot war, wieder aus dem Koma erwacht ist. Diese Beispiele kann heute noch jeder im Internet nachlesen. Wir wollen hier nur einige anführen. Beginnen wir mit einem Fall aus dem Jahre 2018, über den neben anderen die *»Welt«* berichtete:

> Er wird bereits als »Wunderjunge« gefeiert: Trenton McKinley aus den USA. Der 13-Jährige galt nach einem Unfall als hirntot. Doch einen Tag nachdem seine Eltern einer Organspende zustimmten, wachte er wieder auf.
>
> Trenton McKinley gilt als Junge, der von den Toten zurückgekehrt ist. Gott habe in seinem Fall seine Hand im Spiel gehabt, glaubt seine Mutter Jennifer Nicole Reindl, als sie auf ihrer Face-

bookseite seine Geschichte veröffentlicht. Seitdem nimmt die ganze Welt Anteil an dem Schicksal des Teenagers.

Trenton war dem Tod wirklich extrem nah, berichtet unter anderem die Sendung »Fox 10«. Die Ärzte hatten bei dem 13-Jährigen aus Mobile im US-Bundesstaat Alabama den Hirntod diagnostiziert. Beim Spielen mit einem Freund hatte er eine schwere Schädelfraktur erlitten, als sich sein Anhänger auf einer Sanddüne überschlug. Der Junge kam sofort ins Krankenhaus.

Als er dort eintraf, galt er bereits 15 Minuten als tot. Die Ärzte konnten Trenton zwar reanimieren, doch sein Zustand blieb kritisch. Vier weitere Male musste er wiederbelebt werden. Die Ärzte bereiteten die Mutter deshalb auf das Schlimmste vor. Selbst wenn Trenton aus dem Koma erwachen würde, so die Prognose, sollte er extreme Hirnschäden zurückbehalten. »Beim nächsten Mal, wenn sein Herz aussetzt, werden wir ihn sterben lassen«, sagten die Ärzte Trentons Mutter.

Trentons Eltern entschieden sich deshalb, seine Organe spenden zu wollen. Der 13-Jährige hätte durch seinen Tod fünf anderen das Leben retten können. Reindl war sich sicher: Ihr Sohn würde nicht lange zögern, anderen zu helfen. Deshalb unterschrieb sie die Einwilligung, und Trenton wurde an lebenserhaltende Maschinen angeschlossen, damit die Transplantationen vorbereitet werden konnten.

Nur einen Tag bevor die Organe entnommen werden sollten, erhielt Trentons Mutter allerdings einen dringenden Anruf aus dem Krankenhaus: Die Ärzte hatten noch einmal Trentons Gehirnströme überprüft, dabei habe Trenton plötzlich die Hand bewegt und auch einen Fuß. »Sie schauten in seine Augen, und sie waren wieder da«, berichtet Reindl und beschreibt, dass diese zuvor schwarz, trocken und tot ausgesehen hatten. Vor dem Unfall habe er blaue Augen gehabt. »Jetzt waren sie grün mit weißen Sprenkeln. Es heißt, wenn man Gott sieht, ändern sich die Pigmente. Und mein Baby war einen ganzen Tag im Himmel. Er ist ein Wunder«, zitiert auch das »People-Magazin« die Mutter.

In den darauffolgenden Tagen kommt Trenton langsam wieder zu Bewusstsein und kämpft sich seitdem zurück ins Leben. Irgendwann sagte er zum Erstaunen aller ganze Sätze und fragte, wo er sich befinde und ob er bald nach Hause dürfe. In einem Video, das seine Mutter postete, hat er bereits erste Körbe mit einem Basketball geworfen, allerdings bereitet ihm das Laufen noch immer Schwierigkeiten.

Trentons Genesung wird noch lange dauern, seine Mutter bittet deshalb um Spenden, um ihrem Sohn weitere Behandlungen zu ermöglichen. Der Teenager hat mehr als zehn Kilogramm abgenommen, seine Nieren wurden durch den Sauerstoffmangel geschädigt. Außerdem hat er häufig Schmerzen, drei Mal wurde er bereits am Kopf operiert. Bis heute fehlt ihm ein Stück seines Schädels, das ihm erst später wieder eingesetzt werden soll.

Für Trenton übrigens ein Anlass, um aus seiner Situation das Beste zu machen: Er könne seinen Kopf ja jetzt schief legen und das Loch als Schüssel für Chips und Salsa benutzen, witzelte er in dem Interview mit Fox: »Kein Geschirrabwasch mehr für mich!«

An den Unfall selbst erinnert sich der 13-Jährige nicht mehr genau, nur dass er mit dem Kopf auf Beton aufschlug und der Anhänger des Buggys ihn dann traf. Was er während seiner Bewusstlosigkeit erlebte, weiß er dafür noch ganz genau. »Ich bin geradeaus über ein weites Feld gelaufen. Es gibt keine andere Erklärung dafür, Gott war dort. Sogar die Ärzte sagen das.«[8]

Von einem weiteren Fall, in dem ein definitiv als hirntot erklärter Mensch wieder erwachte, wurde 2018 in der »*Frankfurter Rundschau*« berichtet:

Der 17-jährige Brite Steven Thorpe erleidet lebensgefährliche Verletzungen. Seine Ärzte erklären ihn für hirntot und fragen seine Eltern auf mögliche Organspenden an.

Heute, vier Jahre später, studiert Steven Thorpe, weil der Vater dem Arzt nicht glaubte.

Es war vor vier Jahren, als der 17-jährige Steven Thorpe aus der englischen Stadt Kenilworth mit seinem Wagen einen Unfall mit zwei anderen Autos hatte, verursacht durch ein frei laufendes Pferd. Steven erlitt lebensgefährliche Verletzungen. Die Ärzte der Universitätsklinik in Coventry versetzten ihn in ein künstliches Koma und öffneten seine Schädeldecke, um Schwellungen im Hirn einzudämmen. Bereits zwei Tage später erklärten sie ihn für hirntot und sprachen die Eltern auf mögliche Organspenden an.

Heute studiert der mittlerweile 21-Jährige an einem College in Coventry das Fach »Accountancy«, Rechnungswesen. Er überlebte nur, weil sein Vater den Ärzten der Uni-Klinik in Coventry nicht glaubte. Er hatte ein Zucken am Körper seines Sohnes entdeckt und zog eine Privatärztin zu Rate. Steven wurde weiterbehandelt und konnte nach sieben Wochen die Klinik verlassen. Er bekommt Physiotherapie, weil sein linker Arm noch taub ist. Ansonsten führt der ehemals »Hirntote« ein weitgehend normales Leben.

Die Klinik in Coventry sah sich jetzt zu einer Erklärung gezwungen. Sie betonte, es handle sich um einen ›Einzelfall‹ und es sei »extrem selten«‹ dass ein Patient, der ein so schweres Hirntrauma erlitten habe, überlebe. Die Verletzung in Stevens Hirn sei »extrem kritisch« gewesen, mehrere Computertomografie-Bilder hätten irreversible Schäden gezeigt.[9]

Auf diesen konkreten Fall angesprochen beschwichtigen deutsche Experten und sagen, dass so etwas in Deutschland nicht möglich sei. Sie verweisen darauf, dass der Begriff »hirntot« zwar weltweit akzeptiert werde, dass es aber je nach Land Unterschiede in den diagnostischen Kriterien gebe. Während hierzulande das Gesamthirn tot sein müsse, reiche in England bereits der endgültige Ausfall des Hirnstamms zur Todesdiagnose aus. So könne es vorkommen, dass einzelne Teilfunktionen der Großhirnrinde und damit Reste von Wahrnehmung nicht ausgeschlossen werden können.

Prof. Dr. *Günter Kirste*, ehemaliger Vorstand der DSO erklärte gemäß obigem Bericht: »In England kann es also vorkommen, dass

Patienten mit Locked-in-Syndrom, bei denen der Hirnstamm zwar tot, das Großhirn aber noch intakt ist, Organe entnommen werden.«

Warum die englischen Ärzte bei Steven Thorpe bereits nach zwei Tagen eine endgültige Prognose gestellt haben, kann auch der Dresdner Neurologe *Heinz Reichmann* nicht begreifen. Die kritische Zeit für das Überleben schwerer Schädelhirn-Traumata sei die Zeit zwischen Tag zwei und Tag sechs, sagte er. Angesichts der positiv verlaufenen Patientengeschichte sei anzunehmen, dass die abschwellenden Maßnahmen dann doch griffen. Eine längere Wartezeit könne für potentielle Organspender also – anders als für den Organempfänger – lebensrettend sein.

Mit einem gewissen Sarkasmus könnte man sich die Frage stellen, ob man das Adjektiv »hirntot« steigern könne, etwa so: hirntot, hirntoter, am hirntotesten…

Es gibt allerdings sehr wohl auch Mediziner, die nicht ausschließen, dass es in Deutschland ebenfalls zu fehlerhaften Hirntoddiagnosen kommen könne. Als einen Grund verweisen sie darauf, dass in deutschen Kliniken nur wenige Tausend Male der Hirntod diagnostiziert werde. Das sei selbst für große Kliniken, in denen es kaum mehr als zehn Fälle pro Jahr gebe, ein eher seltenes Ereignis. Folglich hätten nur wenige Ärzte eine gewisse Routine entwickelt, so dass Fehler passieren könnten. Allein Anfang 2014 seien mehrere Fälle bekannt geworden, bei denen Mitarbeiter der DSO eine fehlerhafte Hirntoddiagnose entdeckten.[10]

Der deutsche Neurologe Prof. Dr. *Rudolf W. C. Janzen* (1940 bis 2019) räumte auch die Gefahr ein, dass heute bisweilen der Hirntod zu schnell festgestellt werde: »Die Gefahr besteht grundsätzlich, insbesondere bei seltenen Koma-Syndromen. Wenn Neurologen oder Neurochirurgen mit langjähriger Erfahrung in der Intensivmedizin verpflichtend im Verfahren beteiligt sind, ist das Risiko aber sicher geringer, weil die meisten Erkrankungen, die einem Hirntod vorausgehen, in der Regel von diesen Ärzten ja auch selbst intensivmedizinisch behandelt werden.«[11]

Schauen wir auf einen anderen Fall, der von der 13-jährigen Jahi McMath handelt, die am 12. Dezember 2013 für hirntot erklärt wurde.

> Ihre Mutter widersprach der Hirntoddiagnose und hielt Jahi viereinhalb Jahre lang an lebenserhaltenden Maßnahmen.
>
> Jahi reagierte auf Anweisungen, wie Krankenschwestern und Ärzte bezeugten. Später wurden bei einem Elektroenzephalogramm (EEG) Gehirnwellen gemessen. Eine hirntote Person sollte jedoch keinerlei EEG-Aktivität aufweisen.
>
> Obwohl Jahi nicht sprechen konnte und das volle Bewusstsein nie wiedererlangte, sagten zwei Neurologen aus, dass sie in ihren letzten Tagen in einem »minimal bewussten Zustand« war.
>
> »Jahi McMath ist das beste Beispiel für jemanden, der korrekt als hirntot diagnostiziert wurde und anschließend dokumentierte Gehirnfunktionen wiedererlangte«, schreibt Dr. *Heidi Klessig*, Anästhesistin und Autorin des Buches »The Brain Death Fallacy« (Deutsch etwa: Der Hirntodtrugschluss).
>
> »Das Mädchen wurde nach den damaligen Richtlinien zweifelsfrei als hirntot diagnostiziert und würde auch nach den heutigen Richtlinien als solche diagnostiziert werden«, fügte sie hinzu.[12]

Von einem weiteren Fall berichtete 2020 das »*RedaktionsNetzwerk Deutschland*«:

> Im September 2018 galt Kertisha Brabson als hirntot. Die Ärzte rieten der Familie, die Maschinen abstellen zu lassen.
>
> Die Familie aber glaubte noch an die junge Mutter – und behielt Recht. Nach sieben Monaten im Koma wachte die Amerikanerin wieder auf, erzählt ihre Mutter gegenüber »CBS Chicago«.
>
> Alles fing vor etwas mehr als einem Jahr an, als Kertisha Brabson, Mutter zweier Kinder, anfing, sich merkwürdig zu verhalten. Sie wollte nach Dingen greifen, die nicht da waren, und begann plötzlich zu tanzen als sei sie auf einem Konzert.
>
> Ihre Mutter Kertease Williams brachte sie ins Krankenhaus,

wo die 31-Jährige kurz darauf ins Koma fiel. Sie litt an einer Entzündung des Gehirns, bei der die Gehirnzellen durch den eigenen Körper bekämpft und zerstört werden.

»Die Ärzte sagten mir, sie sei hirntot und wir wollten die Maschinen abstellen und all diese Dinge«, berichtet die Mutter. Da sie selbst aber keinen medizinischen Hintergrund habe, wollte sie sich doppelt vergewissern und ließ ihre Tochter nach drei Monaten im Koma ins Ohio State University Wexner Medical Center in Columbus verlegen.

Dort passierte schließlich das kleine Wunder, das auch die Ärzte dort überraschte: Am 7. April 2019 öffnete Kertisha Brabson ihre Augen – nach sieben Monaten im Koma.

»Wir haben nur herum geschrien, sind auf und ab gesprungen. In dieser Nacht hat niemand geschlafen«, sagt die überglückliche Mutter der Patientin.

Auch der Zustand von Kertisha Brabson war erstaunlich gut: Sie öffnete nicht nur ihre Augen, sie konnte auch einfachen Kommandos folgen. »Die Krankenschwester sagte mir, dass ich sieben Monate geschlafen hätte. Ich antwortete mit der Frage, ob meine Mutter das wisse« sagt sie im Interview.

Ein Arzt sagte gegenüber »CBS Chicago«, dass er zuversichtlich sei, dass der Fall gut ausgehe und seine Patientin irgendwann wieder ein normales Leben führen könne. Inzwischen geht es der Frau besser. 2019 konnte sie Weihnachten wieder zusammen mit ihrer Mutter und ihren beiden Kindern Diamonique und Perez feiern.[13]

Über einen sehr aktuellen Fall aus dem Jahr 2024 schrieb die österreichische *»Kronen-Zeitung«* am 26. Mai:

Am Dienstag verunglückte der kleine Levi (3) beim Spielen. Es gab wenig Hoffnung, dass der Bub aus dem Koma erwacht. Drei Tage später geschah dann ein schieres Wunder.

Am Dienstag gegen 18 Uhr war Levi Wright mit seinem Spielzeugtraktor in einen Fluss bei der Ortschaft Milford im US-Bundesstaat Utah gestürzt. Ein Retter holte ihn aus dem Wasser und leitete mit den alarmierten Ersthelfern sofort lebensrettende Maßnahmen ein. Fast eine Stunde verbrachte das Team damit, Levi wiederzubeleben. Rettungskräfte brachten den Sohn des in den USA bekannten Rodeostars Spencer Wright umgehend in ein Spital in Salt Lake City.

Doch nach mehreren Untersuchungen erklärten ihn die Ärzte dort für hirntot – zu lange soll sein Gehirn ohne Sauerstoff gewesen sein.

»Es gibt nun kein Zurück mehr«, teilte seine Mutter Kallie Wright am Mittwoch auf Social Media mit. »Wir können nicht egoistisch sein und das tagelang hinauszögern, das hat er nicht verdient. In Kürze werden wir die lebenserhaltenden Maßnahmen abbrechen und ihn bis zu seinem letzten Atemzug auf Erden festhalten.«

Auf Anraten eines jungen Doktors warteten die Eltern dann aber doch noch. Der Grund: Auf dem Monitor, der Levis Hirnströme registrierte, hatte der Arzt Aktivität erkannt. »Es passierte, als wir ihm die Dinosauriergeräusche aus einem seiner Lieblingsbücher vorspielten«, verrät ein Freund der Familie, »und dann noch einmal, als seine Mama ihn küsste. «

Also entschieden Eltern und Arzt, Levi mehr Zeit zu geben. Und da geschah das Wunder: Der Dreijährige wachte auf. »Er wurde etwas wild, also mussten wir ihn wieder beruhigen«, sagte die Mutter außer sich vor Freude.

Levi zeigt weiterhin Anzeichen von Verbesserung, bleibt aber unter intensiver Überwachung, da die Ärzte seine langfristige Genesung noch nicht abschätzen können.[14]

Es gibt weltweit einige Patienten, die für hirntot erklärt wurden und dann noch jahrelang in einem tiefen Koma durch Anbindung an lebenserhaltende Maschinen am Leben blieben. Inwieweit es – sowohl aus weltlicher als auch aus spiritueller Sicht – sinnvoll ist, einen Menschen so lange zwischen den Welten gefangen zu halten, sei zunächst einmal dahingestellt. Wir werden darauf in Kapitel 5 näher eingehen (☞ S. 153f.).

2.3.1 Ergebnisse der Nahtod-Forschung

Die folgenden Fälle sind vielleicht einem Leser bekannt, der sich schon ein wenig mit der Nahtod-Forschung beschäftigt hat. In der Tat gibt es mittlerweile *unzählige* bestens verbürgte Fälle, in denen Menschen, die zumeist klinisch tot waren, in der kurzen Zeit, in der sie schon ganz nah an der Schwelle des Todes standen, höchst erstaunliche Wahrnehmungen, Eindrücke, Erlebnisse und Bewusstseinserfahrungen hatten, über die sie später, nachdem sie wieder durch eine Reanimation, also Wiederbelebung, wie sie erst seit 1967 möglich ist, ins Leben zurückgekehrt waren, berichteten. Man spricht bei diesen Wahrnehmungen von *»Nahtod-Erfahrungen«*, *»Nahtod-Erlebnissen«* oder *»Todesnähe-Erfahrungen«*. Es gibt auch Menschen, die hirntot waren oder wenigstens als hirntot galten, die solche Erlebnisse hatten!

Diese Berichte widerlegen eindeutig und unzweifelhaft die heute als wissenschaftlich fundierte Erkenntnis geltende These, dass das menschliche Bewusstsein auf ein funktionierendes Gehirn angewiesen sei, dass es kein vom Gehirn unabhängiges Bewusstsein geben könne. Mit diesem Totschlagargument werden auch von vielen Wissenschaftlern die Erlebnisse der Menschen, die klinisch tot oder gar hirntot waren und in diesem Zustand Todesnähe-Erfahrungen hatten, als Phantasien oder Halluzinationen abgetan.

Man muss endlich einsehen und anerkennen, dass es nicht möglich ist, das Bewusstsein auf neuronale Prozesse zu reduzieren, wie es von den heutigen Neurowissenschaftlern verstanden wird. Vielmehr gibt es – wie auch diese Nahtod-Berichte belegen – ein erweitertes oder höheres Bewusstsein, das außerhalb des Körpers erfahren werden kann. Unser Gehirn hat keine produzierende, sondern eine vermittelnde Funktion.

Der amerikanische Neurochirurg und Harvard-Dozent Dr. *Eben Alexander*, der sich in seiner wissenschaftlichen Praxis viele Jahre mit der Erforschung des menschlichen Gehirns und seiner Funktionen beschäftigt hatte, war, *bevor* ihn seine eigenen Nahtod-Erfahrungen eines Besseren belehrt haben, ebenfalls davon überzeugt, dass das Bewusstsein an das Gehirn gebunden sei und dass es kein Bewusstsein geben könne, wenn das Gehirn nicht mehr funktioniert. Das, was er dazu in seinem 2016 erstmals erschienenen Buch *»Blick in die Ewigkeit – Die faszinierende Nahtoderfahrung eines Neurochirurgen«* schreibt, ist heute noch Konsens unter den Gehirnforschern:

»Wenn man kein funktionierendes Gehirn hat, kann man nicht bewusst sein. Das liegt daran, dass das Gehirn die Maschine ist, die das Bewusstsein überhaupt erst erzeugt. Wenn diese Maschine ihre Funktion einstellt, kommt auch das Bewusstsein zum Erliegen. So ungemein kompliziert und mysteriös die tatsächliche Mechanik der im Gehirn ablaufenden Prozesse auch sein mag, im Prinzip ist es einfach: Wenn man den Stecker zieht, geht der Fernseher aus. Die Vorstellung ist zu Ende, wie sehr sie Ihnen auch gefallen haben mag. So oder ähnlich hätte ich es Ihnen erklärt, bevor mein eigenes Gehirn abstürzte.«[15]

Wie so viele Mitmenschen der Gegenwart schlug sich Eben Alexander ganz auf die Seite der Wissenschaft, so dass er seinen Glauben an etwas Höheres, an etwas Göttlich-Geistiges immer mehr verlor.

»Auch wenn ich von meiner Erziehung her gern an Gott, den Himmel und ein Leben nach dem Tode glauben wollte, so war die Existenz dieser Dinge durch meine Jahrzehnte in der rein rationalen Welt der wissenschaftlichen Neurochirurgie zutiefst infrage gestellt worden. Die moderne Neurowissenschaft gestattet keinen Zweifel daran, dass das Gehirn das Bewusstsein hervorbringt – den Verstand, die Seele, den Geist oder wie immer Sie diesen unsichtbaren, immateriellen Teil von uns nennen wollen, der uns wirklich zu dem macht, was wir sind –, und ich war fest davon überzeugt, dass diese Lehrmeinung stimmte. [...] Wie das Meer, das den Strand permanent auswäscht, hatte mein wissenschaftliches Weltbild im Laufe der Zeit langsam, aber sicher meine Fähigkeit untergraben, an etwas Größeres zu glauben. Das beständige Bombardement an wissenschaftlichen Beweisen erweckte zunehmend den Eindruck, dass unsere Bedeutung im Universum gegen Null ging. Glaube wäre schön gewesen. Aber die Wissenschaft beschäftigt sich nicht mit dem, was schön wäre. [...]

Ich respektierte, dass sie [die Wissenschaft] keinen Raum für Phantasie oder nachlässiges Denken ließ. Wenn sich eine Tatsache als greifbar und vertrauenswürdig erwies, wurde sie akzeptiert. Wenn nicht, wurde sie abgelehnt. Dieser Ansatz ließ sehr wenig Raum für die Seele und den Geist sowie für das Weiterexistieren einer Persönlichkeit, nachdem das Gehirn, das diese unterstützte, seine Arbeit eingestellt hatte. Und noch weniger Raum ließ er für das, wovon ich in der Kirche immer und immer wieder gehört hatte: für das ›ewige Leben‹.«[16]

Eben Alexander war jemand, der ein völlig materialistisches Weltbild hatte und alles Geistige für einen Unsinn hielt. Nahtod-Erfahrungen bezeichnete er als Phantasien, die durch bio-chemische Prozesse im Gehirn ausgelöst würden.

Im November 2008 erkrankte er an einer sehr seltenen Form einer bakteriellen Hirnhautentzündung und fiel für sieben Tage ins Koma. Er wurde als hirntot diagnostiziert. Sein Gehirn war – wie er schreibt – komplett ›abgestürzt‹. Während dieser Zeit hatte er ganz außergewöhnliche Nahtod-Erlebnisse, über die er in seinem bereits erwähnten Buch berichtet. Dann wachte er wie durch ein Wunder auf und kann längst wieder ein normales Leben führen und sogar weiterhin als Wissenschaftler arbeiten. Er, der vorher ein Leben nach dem Tod für Unfug gehalten hat, ist heute von der Existenz einer geistigen Welt und einem Leben nach dem Tod überzeugt. Er wurde gewissermaßen vom Saulus zum Paulus. Es gibt im Übrigen nicht wenige Menschen, die als hirntot galten und dann Nahtod-Erfahrungen machten, bevor sie wieder ins Leben zurückgeholt wurden.

Etliche Komapatienten hatten zwar im Gegensatz zu Eben Alexander keine Nahtod-Erlebnisse, bekamen aber alles mit, was die Menschen, die an ihrem Bett standen, sprachen. So ist der Fall einer Frau überliefert, die in einem tiefen Koma lag und für hirntot erklärt wurde. Trotz ihres komatösen Zustands konnte sie ein Gespräch, das ihr Ehemann mit dem Arzt führte, ›hören‹:

»Während sie offensichtlich in tiefem Koma lag und keine Gehirn-aktivität mehr zu erkennen war, führten der zuständige Facharzt und ihr Ehemann an ihrem Bett ein Gespräch. Der Facharzt prognos-tizierte seiner Patientin ein Leben wie eine »Treibhauspflanze« und schlug ihrem Mann vor, in Betracht zu ziehen, sie von den lebens-erhaltenden Geräten zu trennen. Ihr Mann hatte noch Hoffnung, dass sich ihr Zustand bessern würde, daher blieb sie an den Geräten angeschlossen.

Trotz der düsteren Prognose erwachte die Frau nach einigen Mo-naten aus dem Koma. Da trat zutage, dass sie fast die ganze Zeit ihres Komas alles wie gewohnt gehört hatte, auch das Gespräch zwischen dem Arzt und ihrem Mann über die passive Sterbehilfe! Sie erzählte, wie schrecklich das gewesen sei. Während sie herausschre-en wollte, dass sie noch da ist, dass sie leben möchte, dass sie bei ihrem Mann und ihren Kindern sein möchte, wurde über ihr mögli-ches Sterben gesprochen.«[17]

Ein ganz besonders gut überprüftes und sorgfältig dokumentiertes Nahtod-Erlebnis, das dem Buch »*Endloses Bewusstsein: Neue medizinische Fakten zur Nahtoderfahrung*« von *Pim van Lommel* entnommen ist, kann auch im Internet nachgelesen werden.

Bei der Amerikanerin Pam Reynolds wurde ein sehr großes Aneurysma in einer Hirnschlagader diagnostiziert. Da die Gefahr, dass dieses platzen könnte, was unweigerlich zu starken Gehirn-blutungen und dadurch zum Tod geführt hätte, sehr groß war, unterzog sich die damals 35-jährige Sängerin im Jahre 1991 einer langwierigen und höchst risikoreichen Gehirnoperation. Trotz der ungünstigen Prognose entschloss sich der Neurochirurg Dr. Robert Spetzler zu diesem schwierigen und riskanten operativen Eingriff. Während der Operation wurde die Körpertemperatur der Patientin auf ca. 10 Grad abgesenkt. Da es bei einer derartigen Unterküh-lung zu einem Ausfall der Herztätigkeit kommt, wurde sie an eine Herz-Lungen-Maschine angeschlossen. Das Blut war vollständig aus ihrem Gehirn gewichen. Die Aktivitäten der Hirnrinde und des Hirnstammes wurden während der Operation fortlaufend regis-triert. Beide waren komplett ausgefallen. Ihr Gehirn war völlig stillgelegt. Es lagen keine messbaren Aktivitäten mehr vor. Ihr Zustand entsprach allen heutigen Hirntodkriterien: Ihr EEC war flach, der Hirnstamm zeigte keine Reaktion und das Gehirn wurde nicht durchblutet. Außerdem lag sie in tiefer Narkose.

Pam Reynolds hat ihre Erlebnisse, die sie in diesen circa 60 Minuten hatte, in denen sie im Koma lag und dem Tod sehr nahe war, schriftlich niedergelegt und auch in der BBC-Sendung *»The day I died«* davon erzählt.

Über ihre Wahrnehmungen berichtete sie:
»Ich kann mich an keinen Operationssaal erinnern. Ich kann mich nicht erinnern, dass ich Dr. Spetzler gesehen habe. Ein Assistent begleitete mich, es war einer von Spetzlers Assistenten, der bei mir war. Und dann ... nichts. Absolut nichts. Bis zu diesem Geräusch. Und dieses Geräusch war ... unangenehm. Eine Art Kehllaut, als säße ich beim Zahnarzt. Und ich erinnere mich, dass es auf meinem Kopf anfing zu kribbeln und ich irgendwie aus meinem Kopf herausrutschte. Je mehr ich mich aus meinem Körper entfernte, desto deutlicher wurde das Geräusch.

Und als ich nach unten sah, konnte ich nach und nach verschiedene Dinge im Operationssaal erkennen. Nie im Leben hatte ich etwas so klar wahrgenommen. Und dann schaute ich auf meinen Körper hinab, und dabei wusste ich, dass es mein Körper war. Aber das kümmerte mich nicht. Ich dachte nur, seltsam, wie sie mir den Kopf rasiert haben. Ich hatte erwartet, sie würden mich kahl scheren, aber das hatten sie nicht getan ...

Meine Position, von der aus ich alles beobachtete, lag ungefähr auf Schulterhöhe des Chirurgen. Es war keine normale Wahrnehmung, sie war klarer, gezielter und schärfer als übliches Sehen. Im Operationssaal gab es viele Dinge, die ich nicht kannte, und eine ganze Menge Leute. Ich erinnere mich an das Instrument in der Hand des Chirurgen, es sah aus wie der Griff meiner elektrischen Zahnbürste. Ich dachte, sie würden meinen Schädel mit einer Säge öffnen. Ich hörte, dass sie von einer Säge sprachen, aber was ich sah, glich eher einem Bohrer. In einem Kästchen lagen sogar alle möglichen Ersatzbohrer. Es glich dem Kästchen, in dem mein Vater seine Steckschlüssel aufbewahrte, als ich noch ein Kind war. Ich sah den Griff dieses Bohrers, aber ich sah nicht, wie sie damit in meinem Kopf arbeiteten. Aber ich hörte es, einen hohen, surrenden Ton. Und ich erinnere mich an die Herz-Lungen-Maschine. Ich mochte dieses Beatmungsgerät nicht. Ich erinnere mich an jede Menge Instrumente, die ich nicht kannte.

Und ich hörte ganz deutlich, wie eine Frauenstimme sagte: ›Wir haben ein Problem. Ihre Arterien sind zu eng.‹ Und dann eine Männerstimme, die erwiderte: ›Versuch es an der anderen Seite‹. Diese Stimme kam offenbar eher vom unteren Teil des Operationstischs. Ich erinnere mich deutlich, dass ich mich fragte, was sie da zu suchen hätten, denn schließlich fand hier doch eine Gehirnoperation statt! Sie öffneten gerade Blutgefäße in meiner Leiste, um mir so Blut abnehmen zu können. Aber das kapierte ich nicht.«[18]

In einem Interview in der BBC-Sendung sagte Dr. Spetzler:

»Ich glaube nicht, dass ihre Wahrnehmungen auf dem beruhten, was sie gesehen hatte, als sie in den Operationssaal kam. Ich fand, dass Pamelas Beobachtungen während ihrer Operation ganz genau dem entsprachen, was damals geschehen war. Sie hatte die Knochensäge, mit der wir ihren Schädel öffneten, gesehen. Sie hat wirklich Ähnlichkeit mit einer elektrischen Zahnbürste. Das hatte sie einfach nicht sehen können! Auch den Bohrer nicht, die Instrumente, all diese Dinge waren abgedeckt. Sie waren nicht sichtbar, sie waren noch verpackt. Man packt sie erst aus, wenn der Patient vollkommen anästhesiert ist; so gewährleistet man möglichst lange eine sterile Umgebung. Und dass sie das Gespräch zwischen mir und der Gefäßchirurgin so genau gehört hat ... Unbegreiflich ... In dieser Phase der Operation kann kein Patient etwas sehen oder hören. Und ... ich kann mir nicht vorstellen, dass ein normales Gehör etwas wahrgenommen hat, schon wegen der Impulsgeneratoren, die in ihren Ohren steckten. Es gab überhaupt keine Möglichkeit, über die normalen Hörkanäle etwas zu registrieren. ...

Ich kann es mir nicht erklären. Wenn ich mir ihren damaligen Zustand vor Augen führe, weiß ich nicht, wie so etwas möglich ist. Doch ich habe schon so viele Dinge gesehen, die ich mir nicht erklären kann, dass ich nicht so arrogant sein möchte, weiterhin zu behaupten, es könnte nicht irgendwie möglich sein.«[18]

Es scheint also durchaus so zu sein, dass Menschen, deren Gehirn komplett ›abgestürzt‹ ist, das Treiben um sie herum sehr wohl wahrnehmen und mitbekommen können. Oftmals reagieren sie durch eine sprunghaft erhöhte Pulsfrequenz, ansteigenden Blutdruck oder durch Bewegungen der Augen oder Glieder auf ganz bestimmte Wahrnehmungen oder Reize. Bei dem kleinen Levi, über den wir berichtet haben, geschah das, als ihm die Dinosauriergeräusche aus einem seiner Lieblingsbücher vorgespielt wurden (☞ Zitat S. 48f.). Bei Ryan Marlow kam es dazu, als man ihm Videos seiner Kinder zeigte (☞ Zitat S. 37ff.). Bisweilen führt das sogar dazu, dass es zu einem beginnenden Erwachen kommt.

Halten wir noch einmal fest: Ein hirntoter Mensch ist nicht biologisch tot. Er ist keine Leiche. Schließlich könnte man von einer Gewebespende abgesehen, einem Leichnam keine Organe für eine Transplantation entnehmen. Die Definition des Hirntodes legt das Sein eines Menschen allein auf sein funktionierendes Gehirn fest. Der Herzchirurg und Transplantationsmediziner Prof. Dr. *Kurd Stapenhorst* (1923 bis 2007) sagte:»Im Hirntodkonzept steckt eine unzulässige Überbewertung des Gehirns. Die Aufspaltung des menschlichen Organismus in einen dienstbaren Körper und ein übergeordnetes, steuerndes, die menschliche Person verkörperndes Gehirn ist medizinisch-biologisch falsch.«[19]

Der Theologe Professor *Klaus-Peter Jörns* (1939 bis 2024) gab zu bedenken:»Der Mensch ist die komplementäre Ganzheit aus Leib und Seele samt allen Gliedern und Organen. Er ist Individuum und kein Dividuum. Diese Einheit kann zwar verletzt werden, ist aber auch verletzt noch Einheit.«[19]

In der Tat ist die Funktion des Herzens viel entscheidender als die des Gehirns, da seine Funktion die Organe am Leben hält und sie für eine etwaige nachfolgende Transplantation verfügbar macht.

Bei einem Patienten, der beizeiten seine Einwilligung zur Organspende gegeben hat, erübrigen sich im Falle seines Hirntodes alle lebenserhaltenden Maßnahmen. Seine Organe werden so schnell wie möglich entnommen. Es ist falsch, von einer *nach Eintritt des Todes* stattfindenden Entnahme zu sprechen, da der Tod erst durch die Explantation eintritt. Somit ist der Hirntod eher ein Todesurteil als eine Diagnose. Durch die Entnahme seiner Organe wird der Patient ins ›Jenseits‹ katapultiert.

Wir wollen hier ganz gewiss nicht die These aufstellen, dass *jeder* Patient, der nach strengsten Standards und somit korrekterweise für hirntot erklärt wurde, eines Tages wieder aufwachen könnte Schließlich ist jeder Mensch ein Individuum, das sein ganz bestimmtes Schicksal mit ins Leben gebracht hat. Auch sein gesamter Organismus trägt dieses individuelle Gepräge. Es kann keinen Zweifel daran geben, dass die ganz überwiegende Mehrheit der Hirntoten nicht die Möglichkeit hat, wieder ins Leben zurückzukehren. Aber selbst wenn es nur eine verschwindende Minderheit ist, die einen Hirntod überlebt, so zeigt es doch, dass der Hirntod nicht grundsätzlich unumkehrbar ist.

2.4 Höchst bedenkliche Praktiken und Bestrebungen

Z um Abschluss dieses Kapitels wollen wir noch kurz einige sehr fragwürdige und bedenkliche Bestrebungen anreißen, die schon in einigen Ländern Praxis geworden sind.

2.4.1 Herztote als Organspender

Wie bereits geschildert wurde ist bei einem komatösen Patienten, der als hirntot diagnostiziert wurde, das Herz noch voll intakt. Wie verhält es sich nun bei einem Herztoten?

Nach dem deutschen Transplantationsgesetz dürfen einem solchen nur dann Organe entnommen werden, wenn seit dem Herzstillstand mindestens drei Stunden vergangen sind und der Hirntod eindeutig festgestellt wurde. Während dieser Zeitspanne wird der Patient durch Anschluss an eine Herz-Lungen-Maschine am Leben gehalten.

Um den chronischen Mangel an Spenderorganen einzudämmen, wird von einigen Transplantationsmedizinern empfohlen, den Zeitpunkt, ab dem ein Organ entnommen werden kann, deutlich vorzuverlegen. In einigen Ländern – zum Beispiel in den USA, Österreich, Schweiz, Spanien, Belgien, Niederlande – wird das schon so gehandhabt. Dort kann mit der Organexplantation bereits zehn Minuten nach Feststellung des Herztodes begonnen werden, ohne dass vorab der Hirntod festgestellt werden muss. Man klassifiziert hier diese Spender als »Non-Heart-Beating-Donors« (»Organspender ohne schlagendes Herz«).

Als Spender kommen beispielsweise Menschen, die sich nach einem Schlaganfall, Herzinfarkt oder Unfall in einem komatösen Zustand befinden, in Frage.[20]

Der bereits erwähnte Professor Janzen gab auf die Frage, was er von diesem Konzept halte, zur Antwort: »Damit hätte ich große Probleme. Wenn die Schweizer sagen – und für Spanien gilt das auch –, dass der Hirntod zehn Minuten nach dem unter bestimmten Bedingungen eingetretenen Herzstillstand diagnostiziert wird, dann muss man sich fragen: Welcher Hirntod? Wie wird der geprüft? Da betreten wir Neuland, darauf haben wir keine hinreichend qualifizierten Antworten.«[21]

Wenn man ein wenig weiterdenkt, so können auch hospitalisierte Schwerstkranke, die zwar noch keine Sterbenden sind, aber ihre Lebensqualität nicht mehr erträglich finden, als Organspender in Betracht kommen. Voraussetzung für die planmäßige Organspende ist, dass sie oder ihre Angehörigen dem Verzicht auf lebenserhaltende Maßnahmen ausdrücklich zustimmen. Dann könnte ihr Herztod ›provoziert‹ werden.[20]

Die Tendenz, dass sich die Transplantationsmediziner immer mehr zu Herren über Leben und Tod machen wollen, ist nicht zu übersehen. Das ist aber etwas, was keinem *Menschen* zusteht! Auch muss man sich die Frage »Cui bono?« stellen und vermutlich wieder der Spur des Geldes folgen.

Noch ist es in Deutschland nicht erlaubt, einem Herztoten wenige Minuten nach Eintritt des Herztodes Organe zu entnehmen. Wenn aber jemand in einem Land, in dem das schon übliche Praxis ist, unterwegs ist und dann mit Herzstillstand in ein dortiges Krankenhaus eingeliefert wird, so gelten die dortigen Regeln!

2.4.2 Justified Killing

Man muss es noch einmal in aller Deutlichkeit sagen: Bei den potentiellen Organspendern handelt es sich nicht um verstorbene, sondern um *sterbende* Menschen. Ihre Seele und ihr Geist (☞ Kapitel 4) sind noch nicht vollständig aus dem Körper ausgetreten; sie sind noch auf das Engste mit ihm verbunden.

Interessanterweise rückte man vor ein paar Jahren gerade an der US-amerikanischen Universität, an der 1968 – vermutlich im Interesse der Transplantationsmedizin und ihrer Profiteure – das fragwürdige Hirntodkonzept verabredet wurde, von der Fortschreibung dieses Irrtums ab. Prof. *Robert D. Truog* prägte den Begriff *»Justified Killing«*, also *»Gerechtfertigtes Töten.«* Das Hirntodkonzept wurde also umfirmiert. Damit will man bezwecken, dass eine Organentnahme nicht mehr als freiwillige Spende oder Geschenk eines Menschen betrachtet wird, sondern dass es in bestimmten Fällen als gerechtfertigt anzusehen sei, einem Menschen Organe zu explantieren. So auch etwa dann, wenn er klinisch tot ist und mit hoher Wahrscheinlichkeit noch reanimiert werden könnte. Immerhin ist dieser Terminus ehrlich, da man zugibt, dass es sich bei einer Organentnahme um ein Töten handelt. Allerdings gibt es keinen einzigen Grund, der ein Töten rechtfertigen könnte!

Wenn man diesen fürchterlichen Ansatz zu Ende denkt, ist man nicht mehr weit von Euthanasie entfernt.[22]

Um dieses Thema abzuschließen, sei noch erwähnt, dass in einigen Ländern, in denen die aktive Sterbehilfe bereits legalisiert wurde, diese Praxis mit einer anschließenden Organentnahme verknüpft wird. Eine 2022 in den USA veröffentlichte Studie lieferte konkrete Zahlen zu dieser höchst umstrittenen Vorgehensweise. Demnach ist Kanada weltweit führend, was die Organentnahme im Zusammenhang mit der Sterbehilfe angeht.[23]

Kapitel 3

Wenn zwei Herzen in einer Brust schlagen...

> *Die Menschheit hat bisher alle Katastrophen überlebt.*
> *Sie wird auch die moderne Medizin überleben.*
>
> **Gerhard Kocher**

Wir wollen nun einmal den Blick darauf richten, wie sich das weitere Leben eines Menschen gestaltet, nachdem ihm ein neues Organ eingepflanzt wurde.

In Abhängigkeit seiner physiologischen Konstitution – und natürlich auch seines Karmas (☞ Kapitel 4, S. 92ff.) – ist die Wahrscheinlichkeit, dass ein Organempfänger nach einer Phase der Rekonvaleszenz wieder ein *weitgehend* unbeschwertes und *einigermaßen* normales Leben führen kann, recht hoch. Wie in Kapitel 1 bereits erwähnt wurde, besteht aber immer die Gefahr, dass das fremde Organ abgestoßen werden könnte. Daher muss er in den meisten Fällen lebenslang Immunsuppressiva einnehmen, die viele Risiken und Nebenwirkungen mit sich bringen.

Im Folgenden soll es uns darum gehen, wie sich die Organtransplantation auf seine Seele auswirken *kann*. Die Patienten müssen sich ja nicht nur körperlich an ihr neues Organ gewöhnen, sondern darüber hinaus müssen sie auch psychisch mit diesem zurechtkommen. Die Ethnologin *Vera Kalitzkus* von der Universität Witten-Herdecke, die Dutzende Patienten nach Transplantationen befragt hatte, sagte dazu gegenüber der *»Süddeutschen Zeitung«*: »Sie bekommen lediglich ein neues Organ eingepflanzt – und doch haben sie das Gefühl, als sei ihnen mehr übertragen worden.«[1]

3.1 Auffällige Wesensveränderungen

Es gibt zahlreiche Studien und Berichte, die zeigen, dass Organempfänger nach der Transplantation – zum Teil sogar sehr deutliche – Wesensveränderungen aufzeigten. Insbesondere diejenigen Patienten, denen ein Spenderherz eingepflanzt wurde, hatten plötzlich gänzlich andere Neigungen, Vorlieben, Gewohnheiten, Interessen und dergleichen. Diese ›übernahmen‹ sie quasi von dem Organspender. Bei einigen kam es sogar zu einer Veränderung des Charakters. Manche Organspender nahmen das als nicht besonders schlimm, bisweilen sogar in gewisser Weise als angenehm wahr. Andere empfanden das jedoch als bedrückend und sehr verstörend.

Wissenschaftliche Forschungen zu diesem Phänomen wurden insbesondere von *Paul Pearsall, Gary E. R. Schwartz* und *Linda G. S. Russek* durchgeführt und im Jahre 2002 unter dem Titel *»Changes in Heart Transplant Recipients That Parallel the Personalities of Their Donors«* (deutsch: *»Veränderungen bei Empfängern von Herztransplantaten, die der Persönlichkeit ihrer Spender entsprechen«* im Journal of Near Death Experience (20(3): 191-206) veröffentlicht.

Bevor wir hier zwei der von diesen Wissenschaftlern erforschten Fälle zitieren, sei noch erwähnt, dass in den meisten Ländern gemäß dem jeweiligen Transplantationsgesetz einem Organempfänger nicht offengelegt werden darf, wer der Spender war. Spender und Empfänger sowie deren Familien müssen anonym bleiben. Dennoch ist nachvollziehbar, dass viele Empfänger wissen möchten, wer ihr ›Lebensretter‹ war und sich bei der Familie bedanken möchten. Auch den Angehörigen des Spenders mag es ein Bedürfnis sein zu erfahren, welcher konkrete Mensch das Organ ihres lieben Verstorbenen jetzt in sich trägt. In eher wenigen Fällen gelingt es den Empfängern, sofern sie findig und beharrlich sind, dann doch, den Spender zu ermitteln und Kontakt zu den Angehörigen aufzunehmen, um Näheres über ihn zu erfahren. Nur dadurch kann ja festgestellt werden, dass die Wesensveränderung etwas mit dem Wesen des Spenders zu tun hat.

Ein 47 Jahre alter Mann erhält das Herz eines 14-jährigen Mädchens.

Seine Frau berichtet davon, dass ihr Mann sich nach der Transplantation wie ein Teenager verhalte. Beim Bowling springe er wie ein Kind in der Gegend herum, er habe nach der Transplantation eine Disposition entwickelt, sich nach fast jedem Essen zu übergeben, wie ein essgestörter Teenager und das Schlimmste an ihm sei, dass er sich ein kindisches Kichern angewöhnt habe, das sie ärgerlich mache.

Die Mutter des Mädchens, von dem das Spenderherz stammt, berichtet davon, dass ihre Tochter eine talentierte Turnerin gewesen sei, die zeitweise Probleme mit Anorexia gehabt habe, also mit Magersucht und sich häufig nach dem Essen übergeben habe. Was ihre Tochter besonders ausgezeichnet habe: ein albernes Kichern.[2]

Ein 47-jähriger Metallarbeiter wird nach einer Herztransplantation zu einem Liebhaber klassischer Musik. Nicht nur das, der weiße Arbeiter befreundet eine Vielzahl Schwarzer und wird zum Favoriten seiner schwarzen Arbeitskollegen.

Seine Frau berichtet, dass er sich plötzlich ausgesprochen wohl unter seinen schwarzen Arbeitskollegen fühlt, sie nach Hause einlädt und sie mit seiner neuen Vorliebe für klassische Musik, er, der noch vor seiner Transplantation nicht gewusst habe, dass es klassische Musik überhaupt gebe, zum Wahnsinn treibe.

Der Metallarbeiter hat das Herz eines 17-Jährigen schwarzen Jungen erhalten, der auf offener Straße von Unbekannten erschossen wurde und dem eine große Karriere als Musiker vorhergesagt wurde: Er wird als Liebhaber klassischer Musik und großes Talent auf der Violine beschrieben.[2]

Auch in anderen Quellen kann man von solchen Wesensveränderungen bei Empfängern eines Spenderherzens lesen:

Claire Sylvia erhielt durch eine Organtransplantation ein Herz und eine Lunge. Wie die meisten Organempfänger weiß sie nicht, von wem die Organe stammen. Aber nach der Implantation fühlt sie sich auf seltsame Weise verändert. Manchmal hat sie das Gefühl, dass »noch jemand anders« in ihr ist, dass ihr bisheriges »Ich-Bewusstsein« durch eine »zusätzliche Präsenz« überlagert wird. Einige Zeit nach der Implantation träumt sie von einem Jungen namens Tim, dem sie sich in Liebe verbunden fühlt.

Später stellt sich heraus, dass der Organspender tatsächlich Tim hieß und dass dieser Junge bei einem Motorradunfall ums Leben kam.

Als ein Bekannter sie eines Abends mit dem Motorrad mitnimmt und sie mit hoher Geschwindigkeit über das Land fährt, durchströmt sie ein Glücksgefühl...[3]

Nach vielen Irrwegen gelang es der damals 48-jährigen *Claire Sylvia*, Kontakt mit Tims Angehörigen aufzunehmen. Wie sie in ihrem Buch *»Herzensfremd«* schreibt, gestaltete sich die Annäherung für beide Seiten einerseits als schmerzlich und kompliziert, andererseits aber auch sehr herzlich – im wahrsten Sinne des Wortes.

So erfuhr sie Näheres über ihren Spender. Dadurch stellte sich heraus, dass alle Veränderungen, die sie an sich selbst wahrnahm, dem Persönlichkeitsprofil ihres Spenders entsprachen – bis hin zu den geschmacklichen Vorlieben. So fand sie auch die Erklärung dafür, dass sie jetzt häufig einen ihr unerklärlichen Heißhunger auf Chicken Nuggets verspürte, obwohl sie vor der Transplantation Fastfood immer verabscheut hatte. Chicken Nuggets waren Tims Lieblingsspeise!

Diese schier unfassbare Erkenntnis war für sie von großer Bedeutung, da sie seit der Transplantation immer das Gefühl hatte, ihr neues Herz fühle sich in ihrem wesentlich älteren Körper fremd und eingesperrt.

Es dauerte noch geraume Zeit, bis sie sich im Einklang mit ihrem Körper und ihrem veränderten Selbst fühlte.

Werner Hanne bringt in seinem Buch *»Organwahn – Heilung durch Fremdorgane? – Ein fataler Irrtum!«* ein weiteres Beispiel:

> Susan bekam ein fremdes Herz.
>
> Über den Spender sagte sie: »Ich fühle mich an ihn gebunden wie an einen Zwillingsbruder. Er begleitet mich ständig. Wir sind einander verpflichtet. Manchmal habe ich das Gefühl, als hörte ich ihn atmen. Oder wenn ich unter einem Baum sitze, hängt er oben im Geäst.«
>
> Als nach zwei Jahren das Herz wieder ausgetauscht werden sollte, sagte sie: »Jetzt sterben wir zusammen, ich werde ihn nicht verlassen.«[4]

Wir wollen noch einige weitere Fälle kurz anreißen:

- ☛ Ein Mann zeigte vor der Transplantation überhaupt kein Interesse für Kunst. Nachdem ihm das Herz eines jungen Mannes eingepflanzt wurde, der sehr gern gezeichnet hatte begann er plötzlich ebenfalls zu zeichnen und zu malen.[5]

- ☛ Eine Frau machte neuerdings von einem Tag auf den anderen gerne Kampfsport.[5]

- ☛ Eine andere Frau las nach der Transplantation plötzlich gerne klassische Literatur.[5]

- ☛ Eine wiederum andere Frau, begann mit dem Klettersport, obwohl sie vor ihrer Operation Höhenangst hatte.[5]

- ☛ Eine vierte Frau, der das Herz eines Mannes eingepflanzt wurde, sagte bzw. fragte sich: »Kann ich das Herz eines bösen, kalten Menschen bekommen haben? Ich fühle nichts mehr; ich schäme mich permanent und weiß nicht, warum; mein bisheriges Ich hat sich in ein Wir verwandelt; kann ich mit einem Männerherz noch wie eine Frau lieben?«[6]

Man könnte annehmen, dass solche Wesensveränderungen nur sehr selten auftreten. Eine aktuelle Studie eines Forschungsteams der *»University of Colorado School of Medicine«* kommt allerdings zu einem anderen Ergebnis. Von den knapp 50 Organempfängern, die an dieser Studie teilnahmen, gaben 89 Prozent an, dass sie nach der Transplantation zum Teil gravierende Unterschiede in bestimmten Charaktereigenschaften und Gewohnheiten bei sich wahrnehmen konnten. Bei diesen Teilnehmern handelte es sich nicht nur um solche, die ein neues Herz bekommen hatten. Auch diejenigen, denen ein anderes Organ eingepflanzt wurde, stellten Wesensveränderungen bei sich fest.

Die meisten Veränderungen wurden als positiv oder neutral eingestuft. Einige waren jedoch tiefgreifend und wirkten sich auf den emotionalen Zustand, auf das soziale Verhalten und sogar auf die spirituellen Überzeugungen aus. Manche wurden sogar als sehr kritisch und verstörend bezeichnet. So klagte fast die Hälfte derer, denen ein neues Herz eingesetzt wurde, über Depressionen, Angstzustände und Psychosen.

Bisweilen ist es so, dass die Organempfänger die seelischen Veränderungen selbst gar nicht wahrnehmen, sondern dass diese nur von ihren Familienmitgliedern beobachtet werden. So erzählen sie häufig, dass ihr Angehöriger nach der Transplantation plötzlich beispielsweise zorniger oder aggressiver geworden sei. Etliche Beziehungen sind daran zerbrochen.

3.2 Merkwürdige Erinnerungen

Besonders erstaunlich ist, dass bei manchen Organempfängern nicht nur Wesensveränderungen auftraten, sondern dass bei ihnen plötzlich Erinnerungsfetzen oder gar mehr oder weniger konkrete Erinnerungen auftauchten, die nicht aus ihrem eigenen Leben stammen, die also nichts mit ihren eigenen Erfahrungen zu tun hatten. In einigen Fällen konnte gezeigt werden, dass sie sich an bestimmte Erfahrungen aus dem Leben des Spenders erinnerten. Bisweilen spricht man bei diesem Phänomen von »Gedächtnis-Transplantation«.

Wie »*Focus online*« berichtete, befasste sich das oben erwähnte Forschungsteam in der Studie beispielsweise mit einem Jungen, der das Herz eines jüngeren Knaben erhalten hatte. Er wurde aber weder über das Alter noch über die Todesursache seines Spenders informiert. Nach der Organtransplantation gab der kleine Junge in der Studie jedoch eine lebhafte Beschreibung seines Spenders:

> Er ist ein kleines Kind. Er ist ein kleiner Bruder, ungefähr halb so alt wie ich. Er hat sich schwer verletzt, als er hinfiel. Ich glaube, er mag die »Power Rangers« sehr, so wie ich früher. Ich mag sie aber nicht mehr.[6]

Ein weiterer Bericht zeigt auch wieder Unglaubliches:

> Ein 56 Jahre alter Professor, der das Herz eines 34 Jahre alten Polizeibeamten erhalten hat, fängt nach der erfolgreichen Transplantation zu träumen an. Er sieht Lichtblitze, sein Gesicht wird warm und ihm erscheint eine Person, die er als »Jesus« beschreibt.
> Die Frau des Polizeibeamten, dem posthum sein Herz entnommen wurde, erzählt, dass ihr Mann im Dienst erschossen wurde. Direkt ins Gesicht ihres Mannes habe der Mörder geschossen. Das Letzte, was ihr Mann gesehen haben müsse, sei ein Lichtblitz. Bei der Polizei habe man eine Vermutung darüber, wer der Täter sei, könne aber nichts beweisen. Der Täter sei langhaarig und habe tiefe dunkle Augen, er sehe auf entsprechenden Darstellungen fast aus wie Jesus.[2]

Im Schweizer Magazin »*Beobachter*« erzählt eine 22-jährige Schweizerin, der ein Spenderherz eingepflanzt wurde, dass sie sich nach der Transplantation immer, wenn sie nach Österreich gefahren sei, dort heimisch gefühlt habe:

> Ich habe meine Entscheidung nie bereut – mit dem neuen Herzen stehen mir wieder Türen offen. Und man erlebt so vieles auf andere Art. Zwar ist ein Herz medizinisch gesehen eine Pumpe, doch es ist mehr als das. Das ist sehr schwer zu beschreiben, wenn man es nicht selber fühlt.

Sie glauben das nicht? Als ich nach ein paar Monaten mit meiner Familie nach Österreich fuhr, sagte ich gleich nach der Grenze: »Hier fühle ich mich zu Hause.« Und auch der Dialekt kam mir sehr vertraut vor.

Mittlerweile gehen meine Familie und ich oft nach Österreich, und dieses Gefühl der Vertrautheit kommt jedes Mal.

Zwar wird streng auf die Anonymität der Spenderfamilie geachtet, doch bin ich überzeugt, dass der Spender Österreicher war. Das ist doch witzig. Wenn ich mit anderen Herztransplantierten zusammen bin, etwa an den jährlichen Treffen, erzählen sie von ähnlichen Erfahrungen. Für mich ist das eine Bereicherung.[7]

Ein weiterer Bericht handelt von einem Neunjährigen, der vor der Transplantation sehr gerne schwimmen ging. Anschließend fürchtete er sich plötzlich vor Wasser. Der Dreijährige, dessen Herz er erhalten hatte, war ertrunken.[5]

Während die bereits erwähnte Studie der *»University of Colorado School of Medicine«* herausfand, dass die Wesensveränderungen bei den Probanden weitgehend unabhängig von dem gespendeten Organ war, traten die unbekannten Erinnerungen vorwiegend bei denen auf, die ein Herz eingepflanzt bekamen.

Die meisten Organempfänger, bei denen anschließend Erinnerungen aus dem Leben des Spenders auftauchten, konnten diese allerdings als *fremde* Erinnerungen identifizieren. Ihnen war also klar, dass diese nichts mit ihrer Biografie zu tun haben. Es besteht jedoch die Gefahr, dass eine solche Abgrenzung im Laufe der Jahre nicht mehr ganz so leicht möglich ist, so dass sich die fremden mit den eigenen Erinnerungen vermischen könnten.

Gemäß einer Studie aus Israel, die Probanden mit einem Spenderherz befragte, gaben über 40 Prozent an, bestimmte Erfahrungen gemacht zu haben, die sie mit dem Schicksal des Spenders verbinden.[8]

In Kapitel 6 werden wir versuchen, diese Phänomene zu erklären.

* * * * * * * * * * *

Freilich könnte jemand aufgrund unserer bisherigen Schilderungen, die sich vorwiegend auf den äußerlichen Prozess einer Organtransplantation bezogen haben, schon zu einer Entscheidung für oder gegen eine Organspende oder auch für oder gegen den Empfang eines Organs tendieren.

Ein potentieller Organspender könnte sich etwa sagen: »Das kommt für mich nicht in Frage. Ich werde mich nicht wie eine Weihnachtsgans ausschlachten lassen, obwohl ich noch gar nicht wirklich tot bin! Möglicherweise würde man mich sogar voreilig für hirntot erklären, so dass ich der Möglichkeit, doch wieder aufzuwachen und womöglich sogar gesund zu werden, beraubt würde!« Vielleicht argumentiert er aber auch: »Ich werde nach meinem Tod meine Organe auf jeden Fall zur Verfügung stellen. Schließlich können diese einem anderen Menschen das Leben retten!«

Jemand, der schon oder in naher Zukunft eines Spenderorgans bedarf, könnte beispielsweise sagen: »Sollte für mich ein neues Organ verfügbar sein, werde ich es mir natürlich einpflanzen lassen, da ich ansonsten bald sterben würde oder zumindest mit großen gesundheitlichen Einschränkungen leben müsste!« Vielleicht entscheidet er sich aber auch mit dem folgenden Argument dagegen: »Ich werde mir kein neues Organ implantieren lassen. Durch die Risiken und Nebenwirkungen, welche die Immunsuppressiva, die ich vermutlich für den Rest meines Lebens einnehmen muss, mit sich bringen, wäre mein Leben nicht mehr sehr lebenswert. Möglicherweise bekäme ich viele Krankheiten. Auch ist mir die Möglichkeit, dass sich Eigenschaften des Spenders auf mich übertragen könnten, sehr unangenehm. Wer weiß, ob ich dann überhaupt noch der Mensch wäre, der ich heute bin!«

Um eine wirklich profunde Entscheidung für oder gegen die Spende oder den Empfang eines Organs treffen zu können, müssen unbedingt die vielschichtigen *spirituellen* Aspekte, die mit der Organtransplantation zusammenhängen, betrachtet werden. Dank dieser Erkenntnisse können auch einem Menschen, der sich für die Implantation eines Spenderorgans entscheidet, konkrete Empfehlungen gegeben werden. Leider ist es heute so, dass die spirituellen Erkenntnisse entweder gar nicht bekannt sind oder nicht ernst genommen werden.

Mit diesen Aspekten und Hintergründen werden wir uns in den Kapiteln 5 und 6 ausführlich befassen.

Um diese verstehen zu können, müssen im nächsten Kapitel im Rahmen eines Exkurses zunächst einige spirituelle bzw. geisteswissenschaftliche Grundlagen geschaffen werden. Wir müssen uns insbesondere damit befassen, was der Mensch eigentlich ist und worin der Sinn bzw. das Ziel seines Daseins besteht.

Das Wesen und das Ziel des Menschen aus Sicht der anthroposophisch orientierten Geisteswissenschaft

(Exkurs)

*Die Medizin begann ihre Erfolge zu feiern,
als sie den ganzen Menschen aus dem Auge verlor.*

Br. Paulus Terwitte

Wir leben heute seit knapp 200 Jahren im Zeitalter des sogenannten *»Materialismus«*. Menschen, die sich dieser Ideologie verschrieben haben, also Materialisten, halten nur dasjenige für existent, was sie mit ihren Sinnen in der äußeren Welt wahrnehmen, beobachten und studieren können. Alles, was geistiger Natur ist und sich somit der *üblichen* Wahrnehmung entzieht, also geistige Welten und Wesen, halten sie für einen alten längst überwundenen Aberglauben. Damit gleichen sie einem Blindgeborenen, der Licht und Farben für eine Illusion hält, oder einem Menschen, der eine blühende Wiese erklären möchte, ohne den Samen zu berücksichtigen.

Auch unsere heutigen Wissenschaften sind mittlerweile durch und durch materialistisch geworden. So ist es wissenschaftlicher Konsens, dass der Mensch ein Wesen sei, das durch die elterliche Zeugung auf rein biologischem Wege mehr oder weniger zufällig entstanden und nach dem Tod nicht mehr existent, also quasi ausgelöscht sei. Ein Leben nach dem Tod oder gar die Reinkarnation halten Materialisten für Wunschdenken oder Wahnvorstellungen.

Es ist nicht zu übersehen, dass sich in den letzten Jahren und Jahrzehnten immer mehr Zeitgenossen – sei es bewusst, halbbewusst oder unbewusst – der Autorität der Wissenschaftler unterworfen haben und deren Ansichten teilen. Folglich klammern sie sich ganz an ihr Erdenleben und verdrängen jeden Gedanken an den Tod, den sie über alle Maßen fürchten, da er sie vermeintlich in einen Abgrund des Nichts werfe. Dabei ist der Tod ein großes Geschenk der geistigen Welt, unserer wahren Heimat. Würden wir niemals oder erst nach Jahrhunderten sterben, so würden wir uns immer mehr von allem Göttlich-Geistigen entfremden.

Wir möchten einen Leser, der sich bisher noch nicht näher mit spirituellen Themen befasst hat, ermutigen, den Darstellungen in diesem Kapitel, die ausnahmslos auf seriösen geisteswissenschaftlichen Forschungen basieren, die an Exaktheit und Präzision den naturwissenschaftlichen in nichts nachstehen, unvoreingenommen und vorurteilsfrei zu folgen. Diese Darstellungen sind für das Verständnis dessen, was in den folgenden Kapiteln erörtert wird, absolut notwendig.

4.1 Das Wesen des Menschen

I n diesem Abschnitt wollen wir die Frage klären, was der Mensch wirklich ist, was ihn in seiner *gesamten Wesenheit* ausmacht.

In den ersten nachchristlichen Jahrhunderten galt es noch als eine allgemein anerkannte Selbstverständlichkeit, dass der Mensch ein *dreigliedriges* Wesen ist, das aus *Körper*, *Seele* und *Geist* besteht. Das 8. allgemeine Konzil, das im Jahre 869 in Konstantinopel stattfand, hat die Voraussetzungen dafür geschaffen, dass diese Dreigliederung immer mehr aufgeweicht wurde, indem der Geist verleugnet wurde.[1] Durch diese ›Abschaffung‹ des Geistes wurde von der Kirche – vermutlich ohne sich dessen bewusst zu sein – eine höchst fatale Entscheidung getroffen, die den Boden bereitete, auf dem Jahrhunderte später der Materialismus gedeihen konnte.

Nach Auffassung des konfessionellen Christentums besteht der Mensch also lediglich aus Körper und Seele, der allerdings einige geistige Eigenschaften zugestanden werden. Daher wird diese manchmal auch als »Geistseele« bezeichnet. Alles, was die großen christlichen Kirchen, aber auch Psychologen und Psychoanalytiker zum Verständnis der Seele beitragen können, ist mehr als dürftig und zum Teil stark materialistisch gefärbt.

Nachdem die Kirche schon im Mittelalter den Geist abgeschafft hatte, ist mittlerweile durch die Wissenschaft auch die Seele abgeschafft worden. Die Naturwissenschaftler sehen in dem Menschen ein reines Körperwesen, das sie zur Gänze verstanden zu haben glauben, wenn sie alle Organe und Funktionen des menschlichen *Körpers* erforscht haben. Für eine »Seele« oder gar für einen »Geist« ist in diesen Lehren kein Platz mehr. Auch diejenigen geistig-seelischen Tätigkeiten des Menschen wie Denken, Fühlen, Wollen, Vorstellen und Erinnern, die derzeit noch nicht hinreichend erklärt werden können, glaubt man, früher oder später auf heute noch nicht bekannte physiologische Wirkfaktoren und Funktionen zurückführen zu können. Im Zweifelsfall müssen das Gehirn oder das Nervensystem herhalten, wenn es darum geht, die Urheber und die Auslöser für solche Tätigkeiten zu suchen. Der Mensch wird also quasi mit seinem Gehirn gleichgesetzt. Aus dieser verworrenen Sicht ist es natürlich verständlich, dass ein Mensch, dessen Gehirn nicht mehr funktionsfähig ist, als tot bezeichnet wird.

Dass auch unsere Schulmedizin als absolut einseitig bezeichnet werden muss, ist eine zwangsläufige Folge davon, dass man ein völlig falsches Menschenbild hat. Im Grunde betrachten und untersuchen die wohl weitaus meisten Mediziner lediglich den Körper des Patienten. Zwar faseln einige von »seelischen« bzw. »psychischen« Faktoren, die das Wohlergehen des Menschen beeinflussen können. An die Existenz einer Seele als eigenständiges Glied im Wesensgefüge des Menschen, also an übersinnliche Wesensglieder glauben sie allerdings nicht ernsthaft.

Der Mensch wird von der materialistisch tingierten Naturwissenschaft als ein Wesen aufgefasst, das letztlich durch einen Millionen Jahre langen Evolutionsprozess aus dem Affen hervorgegangen sei. Was die Erforschung des Menschen mit seinen körperlichen Funktionen und seinen seelischen Eigenschaften angeht, so kommen in unserer Zeit viele Wissenschaftler nicht darüber hinaus, in diesem nichts anderes als eine komplizierte ›Maschine‹, als einen komplizierten ›biologischen, emotionsbegabten Roboter‹, der von einer anderen, nicht ganz so komplizierten ›Maschine‹, dem Affen, abstamme, zu sehen. Dass diese Ansicht sich schon zumindest ins Unterbewusstsein vieler Menschen eingenistet hat, sieht man an zahlreichen Formulierungen, die sich in unsere Umgangssprache eingeschlichen haben. Wenn sich jemand etwas sonderbar verhält oder eine seltsame Entscheidung trifft, so sagt man: »Du hast wohl eine Schraube locker!« oder »Du tickst nicht mehr richtig!« Wenn ein Mensch plötzlich ermüdet, hört man oft: »Mein Akku ist leer!« oder »Mir hat jemand den Stecker gezogen«. In Sportreportagen heißt es häufig: »Der Spieler oder die Mannschaft muss jetzt mehr Gas geben.« Wenn ein Sportler als »Maschine« bezeichnet wird, so gilt das sogar als ein großes Kompliment. Man möchte damit lobend zum Ausdruck bringen, dass er über eine große Kampfkraft sowie eine derart außergewöhnliche Ausdauer verfügt, dass er niemals müde wird.

So ist es auch fast schon folgerichtig, dass man einem nicht mehr lebensfähigen Menschen Organe entnimmt, die man dann in einen noch lebensfähigen Menschen einpflanzt. Ähnlich verfährt man ja schließlich auch beispielsweise bei einem kaputten Auto, bei dem sich eine Reparatur nicht mehr lohnt. Man schlachtet es aus, um die noch brauchbaren Teile in ein anderes Auto, das dadurch wieder funktionsfähig wird, einzubauen. Die Kunsthistorikerin mit Schwerpunkt Medizingeschichte Prof. Dr. *Anna Bergmann* hat in einem Interview des Fernsehsenders *»3Sat«* auf diesen Aspekt aufmerksam gemacht: »Eine Medizin, die ihre eigenen Patienten unter dem Aspekt der Verwertbarkeit sieht, die verbietet sich eigentlich ethisch! Es wird ein Konkurrenzverhältnis aufgemacht zwischen zwei Patienten, der eine wird instrumentalisiert für das Leben des anderen. Das Menschenbild geht von einem Körper aus, der reparabel ist, wie eine Maschine. Der menschliche Leib wird zerteilt in verschiedene autonome Organe, die beliebig ein- und auspflanzbar sind. [...] Es wird mit Begriffen hantiert, wie ›Herz-Lungen-Paket‹ [...]

Es findet damit eine entmenschlichte Perspektive auf einen Patienten statt, der zum Lieferanten von Rohstoffen bzw. Organen wird...«[2]

Um nun *wirklich* erfahren zu können, was ein Mensch ist, was ihn in seiner Wesenheit auszeichnet, müssen wir ihn – plakativ gesprochen – von einem geistigen Seher ›sezieren‹ lassen. Nur ein solcher ist in der Lage zu erkennen, aus welchen verschiedenen »Wesensgliedern« er besteht, was ihn also in seiner Gesamtheit ausmacht.

In den meisten okkulten und spirituellen Gruppierungen ist zu diesem Thema ein großes Wissen vorhanden. Der Grundtenor der verschiedenen Lehren ist *einigermaßen* einheitlich. Allerdings werden gleiche ›Dinge‹ häufig mit unterschiedlichen Namen bezeichnet. Einerseits mögen die Bezeichnungen nicht so wichtig sein, andererseits benötigt man aber ein Begriffssystem, um sich verständigen zu können.

Wir wollen uns hier an die Terminologie halten, die Rudolf Steiner gewählt hat.

4.1.1 Der physische Leib

Der Mensch, so wie er heute auf der Erde lebt, besitzt zunächst einmal seinen *»physischen Leib«*, den man auch *»stofflich-mineralischen Leib«* nennen könnte. Das ist derjenige Körper, den wir mit unseren Sinnen wahrnehmen können und den die Wissenschaft bereits in einem hohen Maße erforscht hat und erklären kann. Dieses Wesensglied ist das einzige, das sich der sinnlichen Anschauung unverhüllt zeigt. Einen solchen materiellen Leib haben auch die Tiere, die Pflanzen und die Mineralien, wenngleich sich diese Leiber in vielerlei Hinsicht voneinander unterscheiden. Wie man am Beispiel der Menschen, Tiere und Pflanzen sieht, kann ein solcher Leib *belebt* sein. Sobald aus einem solchen Leib das Leben weicht, ist dieser dazu verurteilt, zu verfallen. Die physischen Leiber von verstorbenen Menschen oder Tieren verlieren ihre charakteristische Form und zerfallen wieder in diejenigen Stoffe, aus denen sie gebildet worden sind; sie verwesen. Das gleiche Schicksal ereilt auch eine abgestorbene Pflanze, die nach einiger Zeit verrottet. Nur Mineralien kann man weitestgehend kennen, indem man nur das Physische beobachtet und studiert.

Zeitgenossen, die der materialistischen Weltanschauung anheimgefallen sind, identifizieren ihr Wesen ganz mit ihrem Körper, ihrem physischen Leib. Diesen betrachten sie als ihr einziges Wesensglied. So ist es auch immer noch wissenschaftlicher Konsens, dass das menschliche Bewusstsein durch das Gehirn hervorgebracht werde und dass es ohne dieses gar kein Bewusstsein geben könne.

Dieser physische Leib des Menschen ist fürwahr ein absolut großartiges Wunderwerk. Wenn man etwa an den vollkommenen Bau sowie die wunderbaren Funktionen des Herzens oder des Gehirns denkt, wird keiner bestreiten, dass es sich hierbei um ganz außergewöhnlich vollkommene und verehrungswürdige Organe handelt. Schon diese Tatsache zeigt, wie – und das ist ganz wörtlich gemeint – *krank* jemand sein muss, der glaubt, dass dieses Wunderwerk durch einen blinden evolutionären Prozess entstanden sei, ohne dass es dazu göttlich-geistiger Schöpfermächte bedurft hätte.

Dennoch ist dieser wunderbare Leib – wie jeder weiß – sterblich. Nach dem Tode löst er sich durch Verbrennung oder Verwesung wieder in der Erdenwelt auf. Ein Materialist, der ja der Auffassung ist, dass das menschliche Wesen mit seinem physischen Leib erschöpft sei, denkt somit absolut folgerichtig! Wenn dieser stofflich-mineralische Leib alles *wäre*, was den Menschen ausmacht, wenn er sein *einziges* Wesensglied *wäre*, dann wäre es ein Unsinn, von einem Leben nach dem Tod oder gar von Reinkarnation zu sprechen, da dieser Leib nach dem Tode verwest und letztlich ganz verschwindet! Aber wie wir im Folgenden sehen werden, ist die Annahme, dass das menschliche Wesen mit seinem physischen Leib erschöpft sei, ein gewaltiger Irrtum!

Vom ›wahren‹ Menschen kennt man nur sehr wenig, wenn man ausschließlich seinen physischen Leib untersucht und erforscht, wie das die Naturwissenschaftler machen. Um einen plakativen Vergleich zu wählen, könnte man sagen, dass man, wenn man nur diesen Leib betrachtet, so wenig vom wahren Menschen kennt, wie man von einem Eisberg kennt, wenn man nur die Spitze, die aus dem Meer ragt, betrachtet. Um verstehen zu können, *was* am Menschen unsterblich ist, was also den Tod überdauert und durch die wiederholten Erdenleben (☞ S. 87ff.) schreitet, müssen wir wissen, was den Menschen in seiner *gesamten Wesenheit* wirklich ausmacht. Der Mensch ist nämlich *kein* reines »Körperwesen«; er ist *kein* »*ein*gliedriges« Wesen.

4.1.2   Der Ätherleib

Man kann sich zunächst einmal fragen, warum Menschen, Tiere und Pflanzen im Gegensatz zu den Mineralien *Lebe*wesen sind, warum sie wachsen und zur Fortpflanzung bzw. Vermehrung fähig sind. Die dazu benötigten *ursächlichen* Kräfte sind gewiss nicht in dem physischen Leib zu finden, denn über einen solchen verfügen die Mineralien auch.

Nun besitzt der Mensch neben seinem physischen Leib zunächst noch einen »*Ätherleib*«, den man auch »*Lebensleib*« oder »*Bilde-kräfteleib*« nennt. Der Ätherleib ist das unterste übersinnliche Wesensglied. Ohne diesen ätherischen Leib könnte in dem stofflich-mineralischen Leib kein *Leben* sein. Somit haben nicht nur Menschen, sondern *alle Lebewesen*, also auch Pflanzen und Tiere, einen solchen Leib. Man darf übrigens den Begriff »Äther« weder mit dem vor etwa 100 Jahren von der Physik verworfenen hypothetischen Äther, der ab dem späten 17. Jahrhundert als Medium für die Ausbreitung des Lichts postuliert worden war, noch mit dem, was man in der Chemie darunter versteht, verwechseln.

Der Ätherleib ist gewissermaßen der ›Aufbauer‹ oder der ›Architekt‹ des physischen Leibes, der sich aus dem ätherischen heraus-kristallisiert. Der physische Mensch ist ganz nach Maßgabe seines Ätherleibes gebildet. Dieser Leib enthält die *wirkenden* Kräfte, die jedes Lebewesen bis in seine Zellstruktur beleben und gestalten.

Der Ätherleib regt alle Lebensfunktionen des physischen Leibes an, das heißt, er beschützt die Substanz des physischen Leibes dauernd vor dem Zerfall und regelt den Aufbau dieser Substanz. Er ist der Träger der Wachstums- und Fortpflanzungskräfte und insbesondere auch des Gedächtnisses. Im Laufe der Entwicklung wird dieses ›Gewebe‹ von Erinnerungen und Urteilen zur Grundlage von Temperamenten, Gewohnheiten, Neigungen sowie auch des Charakters und des Gewissens. Wenn jemandem irgendeine Verrichtung so vertraut ist, dass er sie jederzeit aus einer Routine heraus ausführen kann, ohne sich darauf besonders konzentrieren zu müssen, sagt man, diese Tätigkeit sei ihm »in Fleisch und Blut« übergegangen. Diese Verrichtung ist ihm zur *Gewohnheit* geworden. Wie alle Gewohnheiten hat sich diese in den Ätherleib ›eingeschrieben‹. Richtigerweise müsste man also sagen, dass diese Tätigkeit – genauer alle Gedanken und Handgriffe, die dazu erforderlich sind – in den Ätherleib übergegangen ist.

Der menschliche Ätherleib ist wie der physische Leib bis zu einem gewissen Grad den Gesetzen der Vererbung unterworfen. Das Physische am Menschen wird meistens aus der väterlichen, das Ätherisch-Astralische aus der mütterlichen Linie vererbt. Goethe drückte das so aus: »Vom Vater hab ich die Statur, des Lebens ernstes Führen, vom Mütterchen die Frohnatur und Lust zu fabulieren.«

Beim *heutigen* erwachsenen Menschen hat der Ätherleib etwa die gleiche Form wie der physische Leib, den er allerdings an allen Seiten ein wenig überragt. Daher bezeichnete Rudolf Steiner ihn auch als *»Doppelgänger«* des physischen Leibes, in dem die verschiedenen Kraftgestalten des physischen Leibes zu erkennen sind. Der ätherische Leib ist durchaus ähnlich organisiert wie der physische, nur sehr viel komplizierter. Während im physischen Leib voneinander mehr oder weniger abgesonderte Teile vorhanden sind, ist im Ätherleib alles in einem lebendigen Durcheinanderfließen.[3] Der Ätherleib ist nicht nur mit feinen Äderchen und Strömungen durchzogen, sondern er hat auch Organe. Jedem physischen Organ ist ein entsprechendes Ätherorgan zugeordnet, das dieses gestaltet und ständig regeneriert. So kann man etwa von einem »Äthergehirn«, einem »Ätherherzen«, einer »Ätherleber«, einer »Ätherlunge« usw. sprechen. Die menschlichen Organe könnten in der Form, die sie aufweisen, weder überhaupt entstehen noch erhalten werden, wenn in dem ätherischen Leib, der den physischen durchzieht, keine Ätherorgane wären. Der Ätherleib weist auch Gliedmaßen auf, also beispielsweise »Ätherarme«, »Ätherhände«, »Ätherfinger« und so fort. Er zeigt sogar geschlechtsspezifische Unterschiede. Der Ätherleib einer Frau ist männlich, der eines Mannes weiblich.

Dem Blick eines Hellsehers stellt sich der menschliche Ätherleib als ein innerlich leuchtendes, durchscheinendes, aber nicht ganz durchsichtiges »Kraftgebilde« dar. Bei einem gesunden Menschen hat er die Farbe der jungen Pfirsichblüte. Es glänzt und glitzert alles an diesem Lichtleib in den unterschiedlichsten Farbschattierungen und Helligkeitsgraden.

Es ist ja nicht verwunderlich, dass die Wissenschaft so verhältnismäßig wenig über das Gedächtnis weiß, da sie seinen Sitz im *physischen* Gehirn sucht. Dieses Gehirn ist für den Menschen aber nur in der *physischen* Welt – also solange er im Erdenleben weilt – vonnöten, damit etwas Erinnertes, also aus dem ätherischen Gehirn Heraufgeholtes, zum Bewusstseinsinhalt werden kann. Das physische Gehirn ist nicht mehr, aber auch nicht weniger als ein Werkzeug bzw. ein ›Spiegelungsapparat‹. Somit könnte man etwas plakativ, aber durchaus mit Berechtigung sagen, dass bei einem hirntoten Menschen lediglich dieser Spiegelungsapparat defekt ist. Zu Lebzeiten wird der ätherische Leib mit seinen Gedächtniskräften sehr stark vom physischen Leib eingeschränkt. Um etwas Erinnertes freigeben zu können, ist er auf die vermittelnden Dienste des physischen Organismus angewiesen. Die Erinnerungen sind zwar ganz wesentlich im Äthergehirn konzentriert, sie erstrecken sich im Grunde aber auf den gesamten ätherischen Leib, also auch auf die Ätherorgane.

Wenn das physische Gehirn einen Schaden hat – wie das etwa bei einer Demenzerkrankung der Fall ist –, so ist es kein reiner Spiegel mehr, so dass es viele Erinnerungen aus dem Ätherleib nicht mehr spiegeln und somit auch nicht zum Bewusstsein bringen kann. Das, woran sich ein Mensch in seinem Erdenleben – zumindest einigermaßen – zu erinnern vermag, bildet nur eine verschwindend geringe Teilmenge aller im Ätherleib aufbewahrten Erinnerungen. Der ätherische Leib ist ein treuer Bewahrer von *allem*, was der Mensch jemals erlebt hat. Auch solche Ereignisse bzw. Erlebnisse, die nie die Bewusstseinsschwelle überschritten haben, an die sich der Mensch also im Erdenleben niemals erinnern könnte, sind hier einverwoben.

Wenn der Mensch durch die Geburt ins physische Dasein schreitet, so hat sein *neuer* Ätherleib noch die Resultate dessen, wie er in seiner früheren Inkarnation gelebt hat. Da dieser ätherische Leib der Aufbauer der neuen physischen Organisation ist, prägt sich das jetzt alles auch in den physischen Leib ein.

Der Ätherleib bleibt während einer irdischen Inkarnation *immer*, auch im Schlafe, mit dem physischen Leib verbunden. Erst im Augenblick des biologischen, also endgültigen Todes trennt er sich von diesem ab. Man könnte auch sagen, dass der ätherische Leib den physischen *entlässt*. Sofort weicht aus letzterem das Leben, er wird zum Leichnam.

Der niederländische Arzt Dr. *Zoltán Schermann* beschrieb in einem Vortrag am 16. November 2014 in Dornach im Rahmen einer Ärztetagung, wie sich im Augenblick des *natürlichen* Todes der Ätherleib vom physischen Leib trennt. Dank seiner Fähigkeit, hellsichtig wahrnehmen zu können, kann er diesen Vorgang imaginativ schauen. »Wenn ich den Ätherleib anschaue, kann ich wahrnehmen, dass der Ätherleib genauso groß oder vielleicht etwas größer ist als der physische Leib. Physischer Leib und Ätherleib sind in meiner Anschauung fast gleich groß. Das ist während des ganzen Lebens so. Während meiner Arbeit als Hausarzt habe ich etliche Male das Sterben eines Menschen miterleben können, meistens nach einer tödlichen Krankheit. Immer habe ich wahrnehmen können, dass der Ätherleib im Sterbemoment sich auf eine bestimmte Art ändert. In dem Moment, da die Seele den Körper verlässt, ändert sich der Ätherleib. Er dehnt sich einigermaßen, sodass er sich über den physischen Leib ausdehnt, aber die Form des menschlichen Leibes beibehält. Ungefähr auf Nabelhöhe beginnt der Ätherleib sich zusammenzuziehen und gleich einem Faden aufzusteigen, aufzuströmen. Als dünner Faden fließt der Ätherleib hinauf und verschwindet irgendwo in der Höhe.«[4]

Wie wir noch sehen werden, legt der Mensch wenige Tage nach dem Tod auch den weitaus größten Teil des ätherischen Leibes ab. Nur einen eher kleinen Teil nimmt er als unvergängliche Essenz auf seinen weiteren nachtodlichen Weg sowie ins nächste Erdenleben mit.

Im Hinblick auf die Betrachtungen in den beiden folgenden Kapiteln wollen wir noch einmal wiederholen und festhalten:
Der Ätherleib ist insbesondere der Träger der Erinnerungen, aber auch der Gewohnheiten und Neigungen.
Jedes physische Organ besitzt ein zugehöriges Ätherorgan. Die Erinnerungen stecken nicht nur im Äthergehirn, sondern auch in den einzelnen Ätherorganen. Die übrigen ätherischen Eigenschaften bzw. Qualitäten sind ebenfalls im gesamten Ätherleib – und somit auch in den ätherischen Organen – zu finden.

4.1.3 Der Astralleib

Man könnte jetzt weiter fragen, warum Menschen und Tiere im Gegensatz zu Pflanzen oder gar Mineralien Gefühle, Empfindungen, Begierden und Triebe haben. Diese können offensichtlich weder im physischen noch im ätherischen Leib gefunden werden, denn diese beiden Wesensglieder haben die Pflanzen auch.
Der Mensch besitzt über den physischen und ätherischen Leib hinaus noch ein weiteres immaterielles Wesensglied, das die ätherische Hülle umschließt: den sogenannten *»Astralleib«*, *»Empfindungsleib«* oder *»Seelenleib«*, der von manchen Esoterikern auch als *»Emotionalkörper«* bezeichnet wird. Innerhalb dieses Leibes erscheint das *Eigenleben* des Menschen. Es drückt sich dadurch aus, dass dieser Lust oder Unlust, Freude oder Schmerz usw. erlebt.

Der Astralleib ist der Träger von Gefühlen, Begierden, Trieben, Wünschen, Leidenschaften und dergleichen. Durch ihn werden Sympathien und Antipathien erregt. Die Fähigkeit, solche Empfindungen zu erleben, teilt der Mensch nur mit den Tieren, die auch einen solchen übersinnlichen Leib besitzen. Auch hier ist es natürlich wieder so, dass der Mensch, solange er auf der Erde verkörpert ist, des Nervensystems bedarf, damit er etwa Schmerzen empfinden kann.

Der astralische Leib ist auch der Träger des sogenannten Unterbewusstseins, das man auch »astralisches Bewusstsein« nennt und das nicht mit dem Selbstbewusstsein verwechselt werden darf. Das astralische Bewusstsein ist ungleich weiser als unser Tages- oder Oberbewusstsein.

Einem Geistesseher zeigt sich das Bild des astralischen Leibes als eine Art ›Lichtwolke‹, die sogenannte »Aura«, die den physischen und ätherischen Leib umhüllt und den Kopf etwa um zwei bis drei Kopflängen überragt. Diese eiförmige Aura glänzt in den unterschiedlichsten Farben, je nach den jeweiligen Begierden, Trieben usw.

Auch der Astralleib ist im Prinzip ähnlich organisiert wie der physische und der ätherische Leib. Er löst sich im Schlafe aus seiner Organisation mit den beiden übrigen Leibern. Dann gehört es unter anderem zu seinen Aufgaben, den physischen Leib zu erfrischen und Abnutzungserscheinungen auszugleichen.

Der Astralleib ist durch ein feinstoffliches ›Band‹ über den Ätherleib fest mit dem physischen Leib verbunden. Dieses zeigt sich dem Hellseher als feines, silbrig leuchtendes Band, die sogenannte »Silberschnur«, das in der Milzgegend in den physischen Leib einmündet. Solange der Mensch auf der Erde lebt, ist diese Verbindung unzerreißbar. Daher spricht man bisweilen auch vom »Lebensfaden«. Erst im Augenblick des *biologischen*, also endgültigen Todes zerreißt dieses Band. Von der Silberschnur, die man mit der Nabelschnur bei der Geburt vergleichen könnte, ist auch im Alten Testament die Rede. Im Buch »*Der Prediger*« heißt es: »Ehe der silberne Strick zerreißt«[5], womit »ehe der Tod eintritt« gemeint ist.

Das Zerreißen der Silberschnur ist unumkehrbar. Somit gibt es also ein absolut verlässliches Kriterium, um den tatsächlichen und endgültigen Tod eines Menschen festzustellen. Freilich ist das heute noch nicht umsetzbar, da es zum einen in unserem materialistischen Zeitalter als ein haarsträubender Unsinn gilt und da es zum anderen viel zu wenige Hellseher gibt, welche das Zerreißen der Silberschnur wahrnehmen und beurteilen könnten.

Der Mensch verliert nach dem Tod seinen Astralleib zunächst nicht. Im Durchschnittsfall legt er erst einige Jahrzehnte, nachdem er durch die Pforte des Todes gegangen ist, den größten Teil seines astralischen Leibes ab. Nur einen gewissen Extrakt nimmt er als Frucht seines Lebens mit auf seinen weiteren Weg durch die höheren Welten.

Die Frage, was vom Menschen unsterblich ist, was ihm in der gesamten Zeit seines nachtodlichen Lebens von seinem Wesensgefüge bleibt und durch die vielen Erdenleben schreitet, steht immer noch im Raum. Der physische Leib löst sich nach dem Tod völlig in der Erdenwelt auf, und von den beiden anderen Leibern nimmt der Mensch nur einen gewissen Teil als unvergängliche Essenz mit auf seinen weiteren Weg. Hätte der Mensch nur *diese drei* Wesensglieder, so wäre es immer noch unsinnig, wenn man sagen würde, dass er unsterblich sei und ewig existiere.

4.1.4 Das Ich

Nun besitzt aber der Mensch in der Tat noch ein viertes Wesensglied, das ihn *weit* über das Tierreich erhebt: das *»Ich«*. Hätte der Mensch nicht dieses Ich, so hätten die Materialisten recht; dann wäre er nur ein hochentwickelter Affe.

Der Träger dieses Ichs zeigt sich dem hellseherischen Blick in der menschlichen Aura als eine etwas länglich verformte bläuliche Kugel an der Nasenwurzel hinter der Stirne.

Das Ich ist genau wie der Astralleib ein Bewusstseinsträger. Dieses an das Ich gekoppelte Bewusstsein, das *»Ich-Bewusstsein«* oder *»Selbst-Bewusstsein«*, leuchtet im Erdendasein eines Menschen etwa im dritten Lebensjahr erstmals auf. Ab diesem Zeitpunkt kann sich ein Kind seelisch als ein »Ich« bezeichnen. Es wird fähig, dieses Wort richtig zu verwenden. Es wird dann nicht mehr sagen »Keks haben« oder »Maxi möchte einen Keks«, sondern »*Ich* möchte einen Keks«. Die übliche Erinnerung, die ein Mensch in seinem *Erden*leben hat, reicht *höchstens* bis zu diesem Ereignis zurück.

Dieses Ich-Bewusstsein ist – zumindest wenn man von den Phasen, in denen der Mensch wacht, absieht – *völlig unabhängig* vom physischen Leib und somit auch nicht an das Gehirn gebunden. Es ist das entscheidende Bewusstsein, das er in der gesamten Zeit zwischen Tod und neuer Geburt hat.

Das Ich ermöglicht es dem Menschen, sich als eigenständiges und seiner selbst bewusstes Wesen erkennen und von seinen Mitmenschen und seiner Umgebung abgrenzen zu können. Jeder Mensch kann sich selbst als ein »*Ich bin*« wahrnehmen. Das Ich, das man auch als »*Selbst*« bezeichnen könnte, erlaubt ihm, sich über seine bloßen Gefühle und Triebe hinaus selbst zu bestimmen. Dadurch kann er dazu kommen, ordnende Begriffe und Gedanken zu bilden. Das Ich macht es dem Menschen möglich, aus eigenem Antrieb heraus tätig zu werden und moralischen Idealen nachzustreben, anstatt nur blind seinen Trieben zu folgen, wie es bei den Tieren der Normalfall ist. Vermöge seines Ichs ist jeder Mensch in der Lage, sich Ziele zu setzen und eigene Entscheidungen zu treffen, ohne sich von Autoritäten bevormunden zu lassen.

Nicht einmal ein krasser Materialist kann leugnen, dass es im Menschen eine ›Instanz‹ gibt, die über diejenigen Fähigkeiten verfügt, die wir dem Ich zuschreiben müssen. Allerdings wird er heftig bestreiten, dass es sich dabei um etwas Eigenständiges, Immaterielles handele. Vielmehr wird er diese Fähigkeiten auf irgendwelche Gehirnfunktionen zurückführen. Wenn ein solcher ehrlich und konsequent wäre, dürfte er aber auch nicht sagen: »*Ich* denke.« Stattdessen müsste er eigentlich sagen: »*Mein Gehirn* denkt.«

Dieses Ich ist nichts Geringeres als der »geistig-seelische Wesenskern« des Menschen, der als »göttlicher Funke« in ihm lebt.

»Wir müssen uns klar sein, dass wir zunächst in uns haben den geistig-seelischen Wesenskern, den wir zusammenfassen in seinem Mittelpunkt, wenn wir ›Ich‹ oder ›Ich bin‹ sagen. Dieser geistig-seelische Wesenskern ist eingebettet in den Astral-, Äther- und physischen Leib. So wie der Mensch jetzt in der Welt lebt, leben wir eigentlich, wenn wir innerlich leben, in unserem Ich; denn alle Seelentätigkeiten sind bei dem wachen Menschen mit dem Ich in irgendeiner Weise verknüpft, erscheinen gleichsam alle auf dem Hintergrunde des Ich.«[6]

Jeder Mensch hat vermöge seines Ichs die Hoheit und die Macht über sein Seelenreich, über seine unteren Wesensglieder. Es ist von eminenter Bedeutung, dass bei allem, was ein Mensch macht und sagt, sein Ich stets die Herrschaft behält. Dennoch gibt es immer wieder Situationen, in denen das – oftmals nur für wenige Augenblicke – nicht gelingt. Man ist dann für kurze Zeit nicht Herr seiner selbst und hat keine volle Kontrolle über seine Taten und Worte. Unangemessene Reaktionen können die Folge sein. Auslöser dafür sind meistens plötzlich auftretende und völlig unerwartete Begebenheiten, die man als provozierend, bedrohlich, schockierend, aber auch als höchst erfreulich empfindet. In der deutschen Sprache gibt es für dieses Phänomen sehr treffende Formulierungen. So spricht man etwa von »außer sich sein«, »nicht bei sich sein« oder »neben sich stehen.« Damit wird sehr passend zum Ausdruck gebracht, dass das Ich in diesen Momenten nicht richtig in den leiblichen Hüllen steckt, so dass es nicht die notwendige Kontrolle und Herrschaft übernehmen kann.

Im Schlaf löst sich das Ich zusammen mit dem Astralleib vom physischen und ätherischen Leib und erhebt sich in die Astralwelt (☞ S. 104f.), in der es bestimmte Erlebnisse hat, die den weitaus meisten Menschen, die noch nicht über die sogenannte *»Kontinuität des Bewusstseins«* verfügen, freilich nicht bewusst werden.

Das Ich, das die eigentliche menschliche *»Individualität«* repräsentiert, bleibt dem Menschen als einziges *ureigenes* Wesensglied in der gesamten nachtodlichen Zeit *vollständig* erhalten, wenngleich das Bewusstsein seiner selbst, also das Ich-Bewusstsein, phasenweise stark herabgedämpft sein kann und anderer Art ist, als es im Erdenleben der Fall ist. Auch *Goethe* wusste, dass das Ich den Tod überdauert und unauslöschlich ist. »Der Körper wird wie ein Kleid zerreißen, aber ich, das wohlbekannte Ich, ich bin.«[7] In der Zeit der Aufklärung machten sich zahlreiche Philosophen Gedanken über das Wesen des Ichs. *Johann Gottlieb Fichte* charakterisierte es mit den Worten: »Mache Dich selbst ewig, anstatt das Nichts zu erwarten! Das Bild der Ewigkeit ist in Dir. Bring' es heraus! ›Ich‹ ist sein Name. Ich für immer!«

Der Mensch ist also, wenn er auf der Erde verkörpert ist, ein viergliedriges Wesen, das aus dem physischen Leib, dem Ätherleib, dem Astralleib und dem Ich besteht.

Selbstverständlich hat auch die in früheren Zeiten noch bekannte und allgemein anerkannte Dreigliederung des Menschen, nach der er aus Körper, Seele und Geist besteht, ihre volle Gültigkeit.

Zu dem, was man als Körper bezeichnet, gehören der physische Leib und der Ätherleib, die ja im Erdenleben immer fest miteinander verbunden sind. Etwas vereinfacht kann die Seele mit dem Astralleib gleichgesetzt werden. Das Ich befindet sich gewissermaßen im ›Grenzbereich‹ von Seele und Geist. Das Ich ist eigentlich bereits ein geistiges Wesensglied, das sich beim Durchschnittsmenschen seiner geistigen Wesenheit allerdings noch nicht bewusst ist. Der deutsche Arzt und Schriftsteller *Carl Ludwig Schleich* (1859 bis 1922), der als Erfinder der Anästhesie gilt, drückte es folgendermaßen aus: »Bewusstsein ist die Beobachtung des Ichs, das Innewerden dessen, dass ich ein Ich bin. Das Ich ist die kondensierte Seele. Das Ich ist die Brücke vom Geist zur Seele.«[8]

Um den Rahmen dieses Buches nicht zu übersteigen, können die Darstellungen in den restlichen Abschnitten dieses Kapitels nur in einiger Kürze und soweit es für das Verständnis der spirituellen Aspekte einer Organspende, mit denen wir uns in den beiden folgenden Kapiteln auseinandersetzen werden, notwendig ist, gegeben werden. Ein Leser, der zu diesen Themen tiefere Erkenntnisse wünscht, sei auf unser Werk *»Die spirituelle Seite des Todes«* (☞ S. 214) hingewiesen.

4.2 Reinkarnation und Karma

Es ist gerade in unserer Zeit der vielen Krisen, Wirren und Verirrungen von unermesslicher Bedeutung, dass wir Menschen immer mehr ein Verständnis für den *Sinn* unseres Daseins gewinnen. Auch wenn es um die Frage einer Organspende geht, ist es sehr wichtig, diesen Sinn zu kennen oder wenigstens zu erahnen.

Wie bereits erwähnt befinden sich viele unserer Mitmenschen in den Fängen der materialistischen Weltanschauung und gehen davon aus, dass ihre *gesamte Existenz* mit den durchschnittlich 70, 80 Jahren, die ihr Erdenleben umfasst, erschöpft sei. Die meisten religiös orientierten Zeitgenossen glauben mehr oder weniger fest daran, dass ihr Dasein nach dem Tod eine Fortsetzung finde und dass sie letztlich ewig leben. Nach der im konfessionellen Christentum vorherrschenden Lehrmeinung dehnt sich der Begriff »Ewigkeit« allerdings nur in eine Richtung – in die Zukunft hinein – aus. Dass sich auch im Bewusstsein der meisten Menschen ein »ewiges« Leben nur in eine Richtung auszudehnen scheint, sieht man daran, dass es zwar den Begriff »Unsterblichkeit«, nicht aber einen Begriff »Ungeborensein« oder »Ungeborenheit« gibt. Erst wenn man beides versteht, kann man die Ewigkeit verstehen.

Wenn ein Mensch durch die Geburt den irdischen Schauplatz betritt, so vollzieht er diesen Schritt weder zum ersten noch zum letzten Mal. Damit sind wir beim Terminus *»Reinkarnation«*.

Betrachten wir zunächst den Begriff *»Inkarnation«*, der wörtlich übersetzt »Fleischwerdung« bedeutet. Hierunter versteht man, dass eine Menschenseele sich in einem physischen, also fleischlichen bzw. stofflich-mineralischen Leib verkörpert, wie das bei der Geburt bzw. Empfängnis der Fall ist. Das Gegenteil ist die *»Exkarnation«*, also der Augenblick, in dem die drei höheren Wesensglieder den physischen Leib unwiderruflich verlassen, wie das bei Eintritt des biologischen Todes der Fall ist. *»Reinkarnation«* – was man etwa mit »Wieder-Fleischwerdung« oder auch »Wiederverkörperung« übersetzen kann – bezeichnet eine *wiederholte* Inkarnation, also eine wiederholte oder erneute Geburt. Daher wird im Deutschen oftmals der Begriff *»Wiedergeburt«* verwandt. Da der Begriff »Reinkarnation« keine Aussage darüber macht, ob sich ein Mensch *mehrere* Male oder vielleicht nur *ein einziges Mal wieder*verkörpert, sprach Rudolf Steiner meistens von den *»wiederholten Erdenleben«*.

Das Prinzip des Reinkarnationsgesetzes besagt, dass sich jeder Mensch, besser jede menschliche Seele bzw. jedes menschliche Ich, *viele* Male auf der Erde verkörpert. Jeder Mensch hat schon zahlreiche Inkarnationen hinter sich und noch zahlreiche vor sich. Wenn man einen Menschen betrachtet, so muss man zwischen seiner *»Individualität«* und seiner *»Persönlichkeit«* unterscheiden. Jedes Menschenwesen stellt etwas Einzigartiges, Einmaliges und Individuelles dar. Jeder Seele ist es bestimmt, ewig zu existieren. Diese Seele, die durch viele Inkarnationen geht, stellt die menschliche *»Individualität«* dar. Der sichtbare Mensch, der auf der Erde umhergeht, der diese Seele bekleidet und von dieser belebt und durchpulst wird, ist die *»Persönlichkeit«*, die man mit einem konkreten Namen benennen kann. Ein und dieselbe Individualität nimmt also in ihren vielen Inkarnationen eine jeweils andere Persönlichkeit an.

Das, was stirbt und verschwindet, ist die Persönlichkeit. Es stirbt eines Tages der Hans Müller aus München. Aber die Seele, die den Leib dieser Persönlichkeit bewohnt hat, lebt zunächst in den übersinnlichen Welten weiter, um sich dann später wieder in einem anderen menschlichen Leib zu verkörpern. Die Individualität nimmt dann eine andere Persönlichkeit an.

Der Inkarnationskreislauf ist *nicht* endlos. Für den Menschen begann die Notwendigkeit, sich in einem sterblichen Leib in der Erdenwelt zu verkörpern, in fernster Vergangenheit, als er – wie es die *»Schöpfungsgeschichte Mose«*, die *»Genesis«* schildert – der luziferischen Versuchung erlegen ist und aus dem sogenannten »Paradies« vertrieben und auf die Erde geschickt wurde. Das Schicksal des Menschen ist aber nicht für alle Zeiten an den irdischen Plan gekoppelt. In ferner Zukunft wird er schon in einem viel geistigeren Zustand sein, so dass er weiterer Verkörperungen nicht mehr bedarf.

4.2.1 Was ist der Sinn der vielen Erdenleben?

Nun drängt sich eine ganz fundamentale Frage nahezu auf: Was ist eigentlich der Sinn, dass sich jede menschliche Individualität viele Male verkörpert? Welchem Ziel dienen die wiederholten Erdenleben?

Das entscheidende Wort, mit dem wir uns der Antwort nähern, lautet: »Entwicklung«!!! Alles im Kosmos – alle Welten, Planetensysteme und Wesen – befinden sich in einem *permanenten* Entwicklungsprozess, der vor Urzeiten begonnen hat und der im Grunde niemals endet. Alles, was die Entstehung und Entwicklung sämtlicher Welten und Wesen einschließlich des Menschen angeht, unterliegt einem gewaltigen göttlichen Plan, der unermesslich lange Zeiträume einbezieht und unfassbar komplex ist.

Das Ziel, das Ideal, das die Menschen erreichen *können*, ist so unvorstellbar hoch und erhaben, dass wir es hier nur kurz andeuten können.

Mit dem Menschen wollten die Götter kein Wesen den Weltentatsachen eingliedern, das gewissermaßen eine ›Kopie‹ bereits existierender Wesen, etwa der Engelwesen, darstellt. Vielmehr liegt es im göttlichen Plan, mit dem Menschen ein ganz neuartiges und einzigartiges Wesen zu schaffen, ein Wesen, das eines Tages zur *wahren* Freiheit gelangen kann. Die Schöpfermächte wollen mit dem Menschen keine schlichten ›dienstbaren Geister‹ in die Weltenverhältnisse hineinstellen. Sie haben mit dem Menschen ein Wesen ins Weltensein gestellt, das das Göttliche in sich aufnehmen kann. Sie haben ein Wesen geschaffen, dem es in ur-urferner Zukunft, von der die meisten Menschen sich keine Vorstellung zu machen vermögen, möglich, ja geradezu vorbestimmt ist, selbst ein schöpferisches, selbstbewusstes, freies, göttlich-geistiges Wesen werden zu können. Das ist das Geheimnis des Werdens, dass jedes Wesen emporsteigen kann von einem, das nur aus der göttlichen Gnade empfängt, zu einem, das selbst produktiv werden kann, das selbst schöpferisch tätig werden kann. In jedem Menschen schwillt in der Tat verborgen – wie *Christian Friedrich Hebbel* es ausdrückte – »für irgendeinen Morgen der Keim zu allem Höchsten«.

Jedem Menschen ist es in Aussicht gestellt, das kurz skizzierte Entwicklungsziel erreichen zu können. Dazu ist es notwendig, dass er alle Erfahrungsschätze sammelt, die man *nur auf der Erde* sammeln kann. Alles, was unsere materielle Welt an Möglichkeiten bietet, muss von ihm aufgenommen und durchlebt werden. Dazu gehören natürlich auch die sehr unangenehmen Erfahrungen sowie die Gefahr, Fehler zu begehen und sündig zu werden. Die Sünde muss der Mensch eines Tages gänzlich überwinden.

Bedenken Sie, wie unterschiedlich die Erfahrungen waren, die etwa ein Steinzeitmensch machen konnte, von denen, die ein Mensch heute machen kann. Wie verschieden war das, was die Seele eines alten Ägypters durchziehen konnte, von dem, was etwa eine Seele, die im Mittelalter lebte, erleben konnte. Das, was ein heutiger moderner Mensch an Impulsen aufnehmen kann, ist wiederum völlig verschieden von dem, was man im Mittelalter lernen konnte. Selbst das, was ein heutiger Mitteleuropäer erleben und erfahren sowie an Erkenntnissen aufnehmen kann, unterscheidet sich in vielerlei Hinsicht sehr stark von dem, was etwa einem Inder oder Araber möglich ist. Auch vieles von dem, was man als Mann erfahren kann, ist völlig anders, als wenn man sich als Frau inkarniert hätte. Wenn man diesen Gedanken ernst nimmt, wird klar, dass ein oder auch nur wenige Erdenleben niemals ausreichen könnten, um diese notwendigen Erfahrungen sammeln und die unterschiedlichen Lernprozesse durchmachen zu können. Dieses Ziel kann nur erreicht werden, wenn jeder Mensch sich viele, viele Male auf der Erde inkarniert.

Die gesamte Menschheit könnte auch in ihrer kulturellen Entwicklung niemals voranschreiten, wenn nicht jeder einzelne ihrer Repräsentanten viele Male den irdischen Schauplatz beträte und sich dabei jedes Mal neue Kenntnisse und Fertigkeiten erwerben würde. Diesen Entwicklungsgedanken des Menschen und der Menschheit, der den wesentlichen Grund bzw. Sinn der wiederholten Erdenleben darstellt, erkannte bereits *Lessing*. In seinem Werk *»Die Erziehung des Menschengeschlechts«*, das er in seinen reifsten Jahren schrieb, zeigte er auf, dass das ganze menschliche Leben gar keinen Sinn machen würde, dass es gar nicht erklärbar wäre, wenn man *nicht* von den wiederholten Erdenleben ausgehen würde.

In unserem heutigen Zeitalter gehört es im Übrigen auch, vielleicht sogar ganz besonders, zu den Aufgaben der Menschen, sich in der rechten Weise zu der Fülle der Errungenschaften, welche die technologische Entwicklung mit sich gebracht hat, zu stellen. Man denke etwa an die immer rascher voranschreitende Computertechnologie im Allgemeinen und an die Künstliche Intelligenz und die transhumanistischen Bestrebungen im Besonderen. Selbstverständlich gehören hierzu auch die Entwicklungen in der Medizintechnik, wozu auch die Organtransplantation zu rechnen ist. Es ist notwendig, dass sich jeder mit diesen herausfordernden Themen – soweit es ihm möglich ist – befasst und auseinandersetzt, um die jeweils richtige Entscheidung treffen zu können, die nicht durch die Meinung anderer beeinflusst oder gar manipuliert ist.

Die aufeinanderfolgenden Erdenleben könnte man – um ein plakatives und vielleicht etwas banales Beispiel anzuführen – mit aufeinanderfolgenden Schulklassen vergleichen. In jeder Klasse muss der Schüler etwas Neues lernen. Er muss seine Kenntnisse, Fähigkeiten und Erfahrungen erweitern. Das kann er nur dann schaffen, wenn er in der jeweils vorigen Klasse das Ziel erreicht hat. So kann der Schüler, während er die einzelnen Klassenstufen durchläuft, immer reifer und vollkommener werden. Ähnlich ist es auch mit den verschiedenen Erdenleben. In jeder Inkarnation muss der Mensch etwas Neues lernen, neue Erfahrungen sammeln, die ihn reifen lassen. Die menschliche Individualität kann in jedem Erdenleben besser, reifer, vollkommener werden und dadurch immer höher steigen. Sie kann mehr und mehr bemüht sein, moralischen Idealen nachzustreben und den Egoismus zu überwinden.

4.2.2 Karma – das große kosmische Schicksalsgesetz

Die Lehre von den wiederholten Erdenleben, also das Gesetz der Reinkarnation, ist im Grunde nur zu verstehen, wenn man noch das »*Karmagesetz*« berücksichtigt. Reinkarnation und Karma sind in engster Weise miteinander verknüpft. Die Karmalehre könnte man als die ›Zwillingslehre‹ der Reinkarnationslehre bezeichnen.

Auch wenn ein Durchschnittsmensch heute, während er auf der Erde lebt, nichts mehr von seinem letzten Erdenaufenthalt weiß, muss es ja wohl einen gewissen *kausalen Zusammenhang* geben zwischen dem, was er im letzten Leben gemacht hat, und dem, was jetzt auf ihn zukommt, was er jetzt erlebt und erfährt. Wenn man den Gedanken der Entwicklung, die sich über viele Inkarnationen erstreckt, berücksichtigt, ist doch wohl nicht zu erwarten, dass etwas, was wir in einem früheren Leben gemacht oder gedacht haben, so gar keine Auswirkungen auf unser heutiges Leben haben könnte. Goethe wäre nicht der große, berühmte Denker und Dichter geworden, wenn er in seinen früheren Verkörperungen nicht die dazu notwendigen Voraussetzungen geschaffen hätte. Keiner von uns, der gewisse Begabungen, Talente oder Fähigkeiten im Erdenleben zeigt, würde über diese verfügen, wenn er sie nicht aus früheren Inkarnationen mitgebracht hätte, wenn sie nicht dort sowie auch im anschließenden nachtodlichen Leben keimartig veranlagt worden wären. Damit sind wir beim Begriff »Karma«. Ohne das Gesetz vom Karma würden die wiederholten Erdenleben *nicht* zum angedachten Ziel führen können, ja sie wären sogar ziemlich sinnlos.

Doch was versteht man eigentlich unter Karma? Manche setzen dieses Wort mit »Schuld«, andere mit »Schicksal« gleich. »Karma« kommt aus dem Sanskrit und muss wörtlich mit »Machen« oder »Schaffen« übersetzt werden. Wichtig und richtig ist, dass Karma sowohl mit »Schuld« als auch mit »Schicksal« als auch mit »Machen« bzw. »Schaffen« zu tun hat.

Karma ist das große *»kosmische Gesetz von Ursache und Wirkung«* für die geistige Welt, wie die Mechanik das Gesetz von Ursache und Wirkung in der Erdenwelt ist. Es äußert sich in bestimmten Wirkungen, die uns Menschen widerfahren und deren Ursachen in unseren Taten oder Verhaltensweisen aus einem früheren Leben liegen. Lassen wir Rudolf Steiner zu Wort kommen:

»Wenn Sie geistige Erscheinungen haben, müssen Sie ebenso nach den geistigen Ursachen fragen. Und wie nahe liegen uns die geistigen Tatsachen! Der eine ist ein Mensch, den wir einen glücklichen nennen, ein anderer ist sein ganzes Leben hindurch zum Unglück verurteilt. Was wir Menschenschicksal nennen, schließt sich in die Frage ein: Warum ist dieses und jenes? Vor diesem Warum steht die ganze äußere Wissenschaft vollständig ratlos da, weil sie ihr Gesetz von Ursache und Wirkung nicht anzuwenden weiß auf die geistigen Erscheinungen.«[9]

Wenn ein Mensch durch die Geburt ins physische Dasein schreitet, so betritt er den irdischen Schauplatz *nicht* als ein ›unbeschriebenes Blatt‹. Vielmehr bringt er alle seine Erfahrungsschätze, die er in früheren Inkarnationen gesammelt hat, sowie sein ganz individuelles Karma bzw. Schicksal mit. Die Kernaussage des Karmagesetzes ist, dass alles, was ein Mensch in seinem gegenwärtigen Leben kann, macht und erlebt, nicht als ein abgesondertes Wunder zu betrachten ist, sondern als Folge mit der Daseinsform seiner Seele in früheren sowie als Ursache mit folgenden Leben zusammenhängt. Das macht einen ganz wesentlichen Unterschied zwischen Tier und Mensch aus. Einen Menschen kann man in all seinen Eigenarten und Fähigkeiten erst dann verstehen, wenn man seine individuelle Entwicklung berücksichtigt, die sich schon über viele Inkarnationen erstreckt.

Dieses Schicksal, das der Mensch mit in sein Erdenleben bringt, hat er in seinem vorigen Leben selbst zubereitet und in seinem vogeburtlichen Leben in der geistigen Welt weitgehend selbst gewählt! In dieser Zeit war er noch ungleich weiser, als er es im Erdenleben jemals sein könnte. Wenn der Mensch wieder im Erdensein ist, wirkt in seiner Seele der Drang, dieses selbst gewählte Schicksal zu leben bzw. zu erfüllen.

Wann immer wir in unserem Erdenleben etwas erleben, was unter Umständen sehr unangenehm oder gar leidvoll sein kann, so kommt das nicht grundlos auf uns zu. Vielmehr ist es die Wirkung bzw. Folge ganz bestimmter Taten aus unserem früheren Leben. Alles, mit dem wir uns in diesem Leben an unseren Mitmenschen verschulden, müssen wir in einer der folgenden Inkarnationen wieder gutmachen, wieder ausgleichen. Die Tatsache, dass wir in vielen Leben *weitgehend* immer wieder mit denselben menschlichen Individualitäten zusammenkommen, stellt geradezu eine karmische Notwendigkeit dar. In jedem Leben verschulden wir uns in irgendeiner Form an unseren Mitmenschen. Auch unsere Mitmenschen bleiben uns in jedem Leben vieles schuldig. Wer von uns hätte, als ein naher Verwandter oder Freund gestorben ist, nicht schon einmal das Gefühl gehabt, dass zwischen ihm und uns noch etwas Wichtiges unausgesprochen, dass noch eine ›Rechnung‹ offen geblieben wäre! Es muss sich hierbei keineswegs immer um eine gewichtige Verschuldung oder Verfehlung handeln, die jedem sofort als solche deutlich werden müsste. Es kann sich etwa um die Einsicht handeln, dass wir dem anderen nicht genügend Aufmerksamkeit und Zuneigung geschenkt haben oder dass wir ihn nicht genügend unterstützt und gefördert haben. Eine Verschuldung gehen wir nicht nur dadurch ein, dass wir Handlungen *begehen*, die einem anderen schaden, sondern viel häufiger dadurch, dass wir Handlungen *unterlassen*, die einen anderen fördern könnten. Dieses Schuldigwerden erfordert, dass wir in einem nächsten Leben die Möglichkeit bekommen, für einen Ausgleich zu sorgen. Die Verschuldungen, die wir einer Individualität gegenüber aufweisen, können wir auch nur im *irdischen* Zusammenleben mit dieser wieder gutmachen. Je enger wir mit einem Menschen zusammenleben, desto größer sind die Möglichkeiten, ihm gegenüber schuldig zu werden oder ihm seine Schulden ›zurückzuzahlen‹. Somit ist es der absolute Normalfall, dass wir unsere Eltern, Geschwister, Ehepartner, Kinder und guten Freunde bereits aus vielen Leben ›kennen‹ und noch in vielen weiteren Leben treffen werden. Das heißt natürlich nicht, dass wir in früheren oder zukünftigen Leben mit diesen Individualitäten wieder in der gleichen Beziehung stünden. So wäre es etwa möglich, dass diejenige Individualität, die im jetzigen Leben unser Vater ist, in einem folgenden Leben vielleicht unser Ehepartner, unser Freund, unser Arbeitskollege oder unser Nachbar wird.

Mit allen diesen Individualitäten zusammen bilden wir einen ›Schicksalskreis‹. Die Anzahl dieser Seelen ist größer, als man vielleicht vermuten könnte. Die Seelen aller Menschen, die sich recht nahestehen, sind durch feine ›geistige Fäden‹ – man könnte auch von ›karmischen Fäden‹ oder ›Schicksalsfäden‹ sprechen – miteinander verbunden. Diese Verbindung wird im Laufe der Zeiten so unzerreißbar stark, dass sie auch durch den Tod nicht abgerissen wird. Sie wird dann sogar noch viel inniger.

»Menschen werden ja durch das Erdenleben zusammengeführt; dasjenige, was sie im Erdenleben zusammenführt, bindet sie auch karmisch. Sie gehen dann miteinander durch das Leben zwischen Tod und einer neuen Geburt, sie gestalten gerade da mit den höheren Wesenheiten ihr Karma für das nächste Erdenleben aus. Was folgt denn daraus für das Erdenleben des Menschen im großen Ganzen? Im großen Ganzen folgt doch daraus, dass die Menschen, die für ein Erdenleben zusammen sind, weil sich ja gerade da das Karma anspinnt, auch wiederum für das nächste Erdenleben zueinander streben werden. Da werden sie wiederum karmische Zusammenhänge begründen, werden wiederum gehen durch das Leben zwischen Tod und neuer Geburt – aber dieses schmiedet sie ja nun stärker zusammen –, um ein gemeinsames Erdenleben wiederum aufzusuchen.«[10]

Dass bei einer Organtransplantation alle Beteiligten in einem engen Schicksalszusammenhang stehen, liegt auf der Hand. Da ist zunächst an die Verbindung zwischen dem Organspender und den

Ärzten, die die Organe entnehmen, zu denken. Dann gibt es eine zwischen dem oder den Organempfängern und den Ärzten, die sie ihnen einpflanzen. Und selbstverständlich besteht auch ein karmischer Zusammenhang zwischen Spender und Empfängern. Möglicherweise sind alle Beteiligten – oder wenigstens einige von ihnen – bereits aufgrund ihrer Erlebnisse und Taten aus früheren gemeinsamen Erdenleben durch Schicksalsfäden miteinander verknüpft. Wenn das nicht der Fall ist, so werden jetzt neue Fäden gesponnen. Sie werden sich im nachtodlichen Leben treffen. Auch im nächsten Erdenleben werden sich einige der Beteiligten – zum Beispiel der Spender und der Explanteur wieder treffen. Auf diese möglichen karmischen Konsequenzen werden wir an späterer Stelle dieses Buches noch näher eingehen.

Wenn einen Menschen ein sehr schlimmes Schicksal – sagen wir etwa eine schwere Behinderung – ereilt, so muss es sich dabei übrigens nicht unbedingt um die Folge einer wie auch immer gearteten Verschuldung aus einem früheren Leben handeln. Es kann auch möglich sein, dass die Behinderung *keine karmische Wirkung*, die durch irgendein Verhalten in einem vorigen Leben hervorgerufen wurde, darstellt, sondern eine *Ursache*. Diese in gewisser Weise aus freiem Willen entsprungene ›Tat‹ stellt dann karmisch gesehen eine neue, *erste* Ursache dar, die in einem weiteren Leben natürlich eine – im Normalfall positive – karmische Wirkung nach sich ziehen wird.

»Das Karmagesetz wirkt unbedingt überall; aber man darf nicht glauben, dass man überall bloß Wirkungen hat, zu denen die Ursachen in der Vergangenheit liegen; ebenso kann man es mit Ursachen zu tun haben, deren Wirkungen in der Zukunft liegen werden.«[11]

Nun scheint es ein großes Problem zu geben: Ein heutiger Durchschnittsmensch kann sich nicht daran erinnern, dass er schon einmal auf der Erde verkörpert war. Somit hat er auch keine Ahnung davon, was er dort alles getrieben hat. Auch hat er keine bewusste Erinnerung daran, was er sich vor seiner Geburt in der geistigen Welt vorgenommen hat. Insbesondere weiß er nicht, welchen Menschen er wieder begegnen muss. Wie können wir etwas aufgreifen, weiterpflegen, vollenden, das wir in früheren Leben in Angriff genommen haben, wenn wir daran keine Erinnerung mehr haben? Die derzeitigen menschlichen Seelenkräfte sind noch nicht stark genug, um diese Erinnerungen abrufen zu können. Den ›roten Faden‹, der unsere Erfahrungen und Erinnerungen aus früheren Verkörperungen zusammenhält und zu einem sinnvollen Ganzen verbindet, vermögen wir heute noch nicht zu spinnen.

Es wäre jetzt ein Desaster, wenn *niemand* diesen Faden zu spinnen vermöchte. Da haben aber die Weltenlenker Vorsorge getroffen. Im Christentum und vielen anderen Religionen kennt man den Begriff *»Schutzengel«*, den man auch *»persönlicher Schutzgeist«* oder *»Genius«* nennen könnte. Leider wird dieser heute selbst in christlichen Kreisen entweder gar nicht ernst genommen oder sehr stark trivialisiert und verniedlicht. Es ist in der Tat so, dass es insgesamt neun Reiche hoher geistiger Wesen gibt. Je höher das Reich, dem sie angehören, ist, desto weiter sind sie schon in ihrer Entwicklung vorangeschritten, desto mächtiger und weiser sind sie. Diese Geistwesen, die in der Anthroposophie als *»Geistige Wesen der höheren Hierarchien«* bezeichnet werden, sind für den Menschen auch dann – und sogar insbesondere – wenn er sich im Leben zwischen Tod und neuer Geburt in den übersinnlichen Welten befindet, von größter Bedeutung.

Das Engelreich ist das unterste dieser neun Reiche und steht somit eine Stufe über dem Menschenreich, genau wie das Reich der Menschen eine Stufe über dem Tierreich steht. Jeder menschlichen Individualität ist ein Wesen aus dem Reich der Engel zugeordnet. Die Engelwesen leben als Geistwesen in der geistigen Welt und arbeiten am Weltensein mit. Ihre Aufgaben sind sehr vielfältig. Zu diesen gehört, dass sie damit betraut sind, die menschlichen Individualitäten zu führen. Das geschieht natürlich in sehr zarter und subtiler Weise, so dass die meisten Menschen sich dieser Führung nicht bewusst werden. Es ist dieser persönliche Engel, der einer Menschenseele schon bei ihrer allerersten Inkarnation an die

Seite gestellt wurde, der diesen Faden spinnt und somit den Zusammenhang der einzelnen Inkarnationen festhält. Die Engel haben ein inkarnations-übergreifendes Bewusstsein, so dass sie die ihnen anvertrauten menschlichen Individualitäten, über die sie ein ›wachendes Auge‹ haben, von Inkarnation zu Inkarnation leiten können, so dass diese mit den richtigen Menschen zusammenkommen und vor Ungemach, das *nicht* in ihrem Schicksal liegt, bewahrt werden können. *Friedrich Schiller* (1759 bis 1805) kleidete diese Wahrheit in die Worte: »Es führt das Schicksal an verborgnem Band den Menschen auf geheimnisvollen Pfaden. Doch über ihm wacht eine Götterhand, und wunderbar entwirret sich der Faden.«

Unser Engel, der in einem von Rudolf Steiner gegebenen Meditationsspruch mit **»Geist deiner Seele, wirkender Wächter«**[12] angesprochen wird, kennt uns sehr viel besser, als wir uns selbst kennen. Er weiß *alles* über uns. Er kennt auch unser wahres Potential, das wir ausschöpfen können – sei es schon in diesem oder auch erst in einem folgenden Erdenleben.

Wir sollten unseren Engel viel häufiger ins Bewusstsein heben und ihm für seine Führung danken. Es ist für ihn sehr wichtig, wenn er sich von uns angenommen weiß.

✳ ✳ ✳ ✳ ✳ ✳ ✳ ✳ ✳ ✳ ✳

Das Reinkarnations- und Karmagesetz gehören zu den wichtigsten kosmischen Gesetzen, ohne die man viele geistige Tatsachen niemals verstehen könnte. Insbesondere könnte man nicht zu richtigen Vorstellungen über das nachtodliche Leben des Menschen sowie über den ganzen Sinn der menschlichen Existenz gelangen, wenn man diese nicht berücksichtigen würde.

Es dürfte heute in der zivilisierten Welt kaum noch einen Menschen geben, der nicht zumindest eine *grobe* Vorstellung davon hat, was man als »Reinkarnation« bezeichnet. Es hat den Anschein, dass immer mehr Menschen die wiederholten Erdenleben als eine Wahrheit anerkennen. Gemäß *verschiedener* Meinungsumfragen aus den letzten Jahren glauben immerhin 27 bis 43 Prozent der Menschen in der Bundesrepublik Deutschland an die Reinkarnation. Obwohl diese Lehre von der katholischen Kirche immer noch als Irrlehre bezeichnet wird, sind es selbst unter den gläubigen Christen erstaunliche 17 bis 26 Prozent, die eine Wiedergeburt für wahrscheinlich halten.

Die Erkenntnis, dass die Reinkarnation des Menschen eine Welttatsache ist, lässt sich nicht mehr lange verborgen halten. Sie wird immer mehr um sich greifen. Unter den Jugendlichen und jungen Erwachsenen unseres Landes ist es schon heute eine Mehrheit, welche die wiederholten Erdenleben zumindest für wahrscheinlich hält, wenngleich viele damit noch recht phantastische Vorstellungen verknüpfen. Sofern der Materialismus sich nicht noch mehr in die Seelen der Menschen frisst, darf man wohl die Prognose wagen, dass es nicht mehr allzu lange dauern dürfte, bis eine Generation herangewachsen sein wird, welche die heutigen Menschen, die mehrheitlich immer noch nicht an die Reinkarnation glauben, so belächeln wird, wie wir die Menschen früherer Tage belächeln, welche die Erde für eine Scheibe hielten.

4.3 Karma und Krankheit

N ach dieser kurzen Einführung in die Gesetzmäßigkeit des Karmas kann man gewiss schon ahnen, dass auch Krankheiten ganz wesentlich mit diesem großen kosmischen Schicksalsgesetz zu tun haben.

Wenn ein Mensch in die Situation kommt, ein Spenderorgan zu benötigen, so basiert die Schädigung des eigenen und im Zuge der Transplantation auszutauschenden Organs im Normalfall auf einer bestimmten Krankheit.

Daher wollen wir einmal kurz auf das Wesen, die Ursachen und den Sinn von Krankheiten blicken.

Eine Krankheit wird von der heutigen Schulmedizin und auch von den meisten unserer Mitmenschen als ein großes Übel angesehen, das zufällig einen Menschen ereilt und mit aller Macht *bekämpft* werden muss. Dass Krankheiten auch einen guten Sinn haben, werden die meisten Zeitgenossen als Unsinn bezeichnen.

4.3.1 Die *wahren* Ursachen von Krankheiten

Was die *wahren* Ursachen von Krankheiten angeht, die *ausnahmslos* im Geistigen bzw. im Karma des Menschen zu finden sind, so ist ein großer Teil der heutigen, zumeist materialistisch tingierten Medizin nicht sehr viel weiter fortgeschritten als es im Mittelalter der Fall war. Bis vor einigen Jahrhunderten war man noch davon überzeugt, dass Krankheiten entweder eine Strafe Gottes waren oder aber dass es der Teufel sei, der den Menschen die Krankheiten schickt. Heute hält man sich für so aufgeklärt, dass man den Teufel – und zum Teil sogar Gott – ins Reich der Fabeln verweist und Krankheiten, die einen Menschen ereilen, letztlich auf den Zufall schiebt.

Natürlich weiß man über gewisse Risikofaktoren und *äußere* Ursachen sowie eine ererbte Disposition, die das Auftreten einer Krankheit auslösen oder ihren Ausbruch zumindest begünstigen können. Aber dass der *eine* Mensch erkrankt, der *andere nicht*, obwohl er die gleichen Risikofaktoren und die gleiche ererbte Disposition aufweist, kann man sich nicht anders erklären, als auf ein mysteriöses, ›teuflisches‹ Zufallsprinzip zurückzugreifen. An die wirklichen *geistigen* Ursachen einer Krankheit verschwendet man heute keinen Gedanken, da man solche nicht-physischen Gründe schlicht und einfach nicht für möglich hält. Jemand, der die wahren Ursachen ignoriert, gleicht einem, der als Grund dafür, dass ein Mensch weint, nur die Sekretion der Tränendrüsen, nicht aber die Traurigkeit des Menschen berücksichtigt.

Wenn sich bei einem Menschen eine Krankheit geltend macht, so muss man zunächst zwischen *Ursache* und *Auslöser* differenzieren. Das, was allgemein bekannt ist, sind die Auslöser, die zu einer bestimmten Erkrankung führen *können*, also etwa Bakterien, Viren, eine bestimmte ererbte Konstitution, Umweltgifte, bestimmte

Genussmittel, eine ungesunde Lebensweise usw. Das Entscheidende ist aber die Ursache, also der *wahre* Grund dafür, dass genau *dieser* Mensch erkrankt. Nur wenn diese Ursache, die – wie gesagt – geistiger bzw. karmischer Natur ist, vorhanden ist, wird der Mensch erkranken. Ist das nicht der Fall, so wird er es im Allgemeinen nicht, obwohl mögliche Auslöser in Betracht kommen.

Nach Ursachen forscht man heute nur im physischen Leib und betrachtet beispielsweise Viren oder Bakterien als die entscheidenden und womöglich einzigen, die in Frage kommen, wenn eine bestimmte Krankheit auftritt. Rudolf Steiner karikierte diese Tatsache mehrmals mit Vergleichen, von denen hier einer sinngemäß wiedergegeben werden soll:

Ein Mann betritt eine Stube, die voller Fliegen war. Als entscheidenden Grund fand er heraus, dass die Stube sehr schmutzig war und dass dort viele Speisereste lagen. Das ist aber nur die äußere Ursache bzw. der Auslöser. Die wahre und tiefere Ursache ist vielmehr, dass die Hausfrau sehr faul ist und die Stube schon lange nicht mehr aufgeräumt und gereinigt hatte.[13]

Man müsste die *wahren* Ursachen für das Auftreten der meisten Krankheiten im Äther- und Astralleib suchen. Die Krankheiten, deren Ursachen sich schon heute in den übersinnlichen Wesensgliedern des Menschen befinden, zeitigen ihre Wirkung meistens nicht schon recht bald, sondern erst in einer folgenden Inkarnation. Sehr häufig sind es gewisse negative Eigenschaften oder Verirrungen des Ätherleibes aus der vorausgegangenen Inkarnation, also insbesondere schlechte Gewohnheiten oder Charaktereigenschaften wie etwa Egoismus, Lügenhaftigkeit, Missgunst, Habgier und dergleichen, die in der gegenwärtigen zur Krankheit führen. Diese Verirrungen des Ätherleibes wiederum lassen sich auf entsprechende Eigenschaften des Astralleibes in der vorvorigen Verkörperung zurückführen.

Es ist aber nicht der ›Teufel‹, der die Krankheiten schickt, sondern die geistigen Wesen der höheren Hierarchien! Krankheiten sind in der Tat Gaben der *guten Götter*, die sie uns im Hinblick auf einen karmischen Ausgleich oder als Hilfe zu unserem Fortschreiten auf dem geistig-seelischen Felde zusenden. Diese geistigen Wesen der höheren Hierarchien arbeiten die Krankheit in das Netz des Karmas hinein.

Also, die Ursachen dafür, dass uns eine Krankheit ereilt, haben wir in vielen Fällen in einer früheren Verkörperung selbst gelegt. Natürlich kann diese Krankheit, welche eine bestimmte Schwäche ausgleicht und somit für uns sehr förderlich ist, nicht ohne geeignete Auslöser zum Ausbruch kommen. Da wir in unserer vorgeburtlichen Zeit in der geistigen Welt ungleich weiser sind als im Erdenleben, wissen wir, dass uns, wenn wir wieder auf dem physischen Plan erscheinen, eine gewisse Krankheit treffen muss. Während wir zusammen mit den geistigen Wesen der höheren Hierarchien in dieser Zeit unser nächstes Leben in groben Zügen planen, werden wir uns beispielsweise Vorfahren wählen, welche uns die Disposition für diese Krankheit vererben können, oder wir werden uns etwa in einer Gegend inkarnieren, in der wir am ehesten auf die notwendigen Krankheitserreger stoßen können usw. Natürlich kann es auch sein, dass wir dann später aus einem inneren Drang heraus erst die Gegend aufsuchen, in der die entsprechenden Erreger verbreitet sind. Häufig werden wir durch eine höhere Vernünftigkeit zu den Gelegenheiten geführt, die uns eine für unsere Evolution notwendige Krankheit bringen können.

Wenn man das Karmagesetz richtig verstehen will, darf man nicht nur die Vergangenheit berücksichtigen; vielmehr muss man auch die Zukunft in Betracht ziehen. Bei einer Krankheit oder auch bei einem Unglück muss es sich nicht in jedem Fall um die *Folge* einer seelischen Schwäche oder einer wie auch immer gearteten Verfehlung aus einer früheren Inkarnation handeln. Krankheiten können durchaus unverursacht auftreten, so dass durch sie eine *erste Ursache* in das Karma des Menschen hineinkommt, die dann in einer späteren Inkarnation ihren Ausgleich finden wird.

»Es kann zum Beispiel eine Person von einer Krankheit befallen werden, für welche gar keine Ursache nachgewiesen werden kann,

weder im früheren, noch in dem gegenwärtigen Leben. Dann tritt die Krankheit gewissermaßen als ein ›erstes‹ Ereignis in den menschlichen Lebenslauf ein, sie ist selbst eine ›erste‹ Ursache. Sie wird dann eben ihre Wirkung in irgendeiner Art in dem folgenden Lebenslauf nach sich ziehen.«[14]

Trifft uns eine Krankheit oder ein wie auch immer beschaffenes Unglück, so gibt es also stets zwei Möglichkeiten: Entweder handelt es sich dabei um einen Ausgleich von Schwächen oder Verfehlungen aus einem verflossenen Erdenleben oder der Ausgleich erfolgt in einem folgenden Erdenleben. Im ersten Fall hat man es mit einer karmischen Wirkung, im zweiten mit einer ersten Ursache zu tun.

4.3.2 Der Sinn von Krankheiten

Selbst viele durchaus spirituell gesinnte Zeitgenossen tun sich schwer, mit Krankheiten einen Sinn verbinden zu können. So sonderbar es klingen mag, kann gesagt werden, dass es vielmehr ein Geschenk ist, überhaupt krank werden zu können! Wie bereits angedeutet ereilt uns eine Erkrankung meistens, um uns zu fördern oder um uns die Gelegenheit zu schenken, über unser bisheriges Leben sowie den Sinn des menschlichen Lebens im Allgemeinen nachzusinnen und sogar spirituelle Einsichten gewinnen zu können. Die Geistesseherin *Judith von Halle* schreibt: »Denn eine Erkrankung ist oftmals das einzige Mittel, um zu einem tieferen Verständnis des eigenen Daseinsgrundes, zur Erkenntnis einer höheren Welt und der aus ihr stammenden Ideale und Ziele zu gelangen.«[15]

Wenn man die karmische Bedeutung von Krankheiten in vollem Ernst beherzigt, so kann man ein ganz anderes Verhältnis zu ihnen gewinnen. Auch wenn es unserem begrenzten Erdenverstand wie ein Hohn erscheinen mag, so kann man sie dankbar akzeptieren, selbst dann, wenn sie zum Tod führen sollten. Schließlich sind Krankheiten etwas, was uns die guten Götter schenken, um uns im spirituellen Sinne reifer und vollkommener zu machen.

»Wenn wir so die Krankheiten ansehen, werden wir von einem höheren Gesichtspunkt aus durch Karma eine Art Versöhnung, eine tiefe Versöhnung mit dem Leben gewinnen; denn wir werden wissen, dass es in der Gesetzmäßigkeit von Karma liegt, dass, selbst wenn eine Krankheit mit dem Tode ausgeht, der Mensch gefördert wird, dass selbst in einem solchen Falle die Krankheit das Ziel hat, den Menschen höher zu bringen.«[16]

4.4 Das Leben des Menschen zwischen Tod und neuer Geburt – ein kurzer Überblick

In diesem Abschnitt wollen wir einen Blick auf dasjenige werfen, was der Mensch in seinem langen Leben zwischen Tod und neuer Geburt, das sich in den meisten Fällen nach Jahrhunderten bemisst, in den übersinnlichen Welten erlebt, erfährt und zu leisten hat.

Dabei kann es uns nur darum gehen, solche Erfahrungen und Erlebnisse gemäß den umfassenden Erkenntnissen der anthroposophisch orientierten Geisteswissenschaft zu beleuchten, die für das zentrale Thema dieses Buches von Belang sind.

Zunächst soll aber noch auf drei wichtige und mehr grundsätzliche Irrtümer hingewiesen werden, die viele Zeitgenossen, die an eine postmortale Existenz glauben, mit dieser verbinden.

Zunächst einmal glauben viele, dass die sogenannten »Toten« in einer Welt oder Sphäre weilten, die fernab der irdischen Welt läge. Werfen wir zunächst einen kurzen Blick auf die verschiedenen Welten, die den Seelen der Verstorbenen nach und nach erschlossen werden. Wie man aus der Anthroposophie – aber auch aus okkulten Quellen – wissen kann, muss man neben der physischen Welt im Wesentlichen noch *drei weitere* Welten unterscheiden: die *»Ätherwelt«,* die *»Astral-«* oder *»Seelenwelt«* und die *»Geisteswelt«* oder *»geistige Welt«,* welche auch *»Devachan«,* was wörtlich übersetzt *»Gottesgebiet«* bedeutet, genannt wird. Allen gemein ist, dass sie mit physischen Sinnen oder Messinstrumenten nicht wahrnehmbar sind. Mit einem Oberbegriff werden diese Welten als *»übersinnliche Welten«* bezeichnet. Der Begriff »übersinnliche Welten« soll zum Ausdruck bringen, dass diese *über* oder *außerhalb* dessen liegen, was wir mit unseren *physischen* Sinnesorganen wahrnehmen können. Synonym werden auch die Bezeichnungen *»höhere Welten«* oder *»immaterielle Welten«* verwandt. Bisweilen werden *alle* übersinnlichen Welten auch zusammengefasst und mit dem Namen »geistige Welten« belegt. Das ist aber – zumindest streng genommen – nicht ganz korrekt, da ja im eigentlichen Sinne mit »geistiger Welt« eine bestimmte, nämlich die höchste der drei übersinnlichen Welten gemeint ist.

Es wäre ganz falsch, wenn man bei dem, was hier als »Welten« bezeichnet wird, an irgendwelche abgegrenzte Räumlichkeiten oder Orte denken würde. Der Begriff des dreidimensionalen Raumes, in dem wir uns so gut zurechtzufinden und sicher zu bewegen gelernt haben, hat nur in unserer physischen Welt eine Bedeutung. Daher könnte man diese auch *»Raumeswelt«* nennen. Die übersinnlichen Welten sind nicht-räumlich. Wenn man sagt, irgendein Wesen – zum Beispiel ein Engel oder ein verstorbener Mensch – *befinde* sich in einer übersinnlichen Welt, also etwa in der Astralwelt, so ist das so zu verstehen, dass dieses Wesen in einem Bewusstseinszustand ist, der ihm erlaubt, diese Welt als solche zu erkennen und in ihr wahrnehmen zu können.

Man muss sich die übersinnlichen Welten und die Erdenwelt vielmehr als miteinander verwoben denken. Die höheren Welten sind also *überall*. Die verschiedenen Welten durchdringen, durchziehen und durchströmen sich, etwa so wie sich in der Sinneswelt verschiedene Luftströme oder Flüssigkeiten durchdringen können. Daraus folgt, dass diese übersinnlichen Welten nicht fernab von unserer Welt sind, wie es insbesondere der in diesem Zusammenhang häufig benutzte Ausdruck »Jenseits« suggerieren könnte. Die geistig-seelischen Wesen, also auch die Verstorbenen, sind lediglich in einer Sphäre, die *jenseits* der Wahrnehmungsfähigkeit des heutigen Durchschnittsmenschen liegt. Auch wenn es die Bewusstseinsschwelle nicht überschreitet, so lebt im Grunde jeder Mensch, unabhängig davon, ob er ver- oder entkörpert ist, ständig in allen diesen Welten. Insbesondere während des Schlafes befinden wir uns in den höheren Welten.

»Wir sind im Grunde genommen immer schon in der höheren Welt drinnen, wir gehen im Schlaf unbewusst hinein, wir leben, während wir schlafen, in derselben Welt wie nach dem Tode.«[17]

Dann gehen viele Zeitgenossen davon aus, dass das Leben nach dem Tod ein recht ruhiges und beschauliches wäre, in dem es für den Verstorbenen nichts zu tun gäbe. Diese Ansicht spiegelt sich in typischen Formulierungen wider, die man beim Begräbnis eines Menschen auf vielen Kranzschärpen, aber auch in Todesanzeigen oder Kondolenzbekundungen lesen kann, wie etwa: »Ruhe in Frieden«, »Ruhe sanft«, »Zur letzten Ruhe« o.ä. Das nachtodliche Leben eines Menschen hat allerdings mit Ruhen, Pausieren, Verweilen oder gar Nichtstun absolut nichts zu tun! Gemessen an der Vielzahl der Erlebnisse und der Fülle der Aufgaben, die auf den Menschen im Leben zwischen Tod und neuer Geburt warten, erscheint das gesamte Erdenleben – selbst wenn dieses äußerst arbeitsreich und mühsam war – fast wie ein langer Urlaub. »Wer weiß denn, ob das Leben nicht Totsein ist und das Totsein Leben?« Diese Frage bewegte schon den großen griechischen Tragödiendichter *Euripides* (um 480 bis 406 v. Chr.).

Rudolf Steiner drückte es wie folgt aus: **»Nun, dadurch vervollständigt sich das Bild der geistigen Entwickelung der Menschheit, wenn man immer die sogenannten Toten dazunehmen kann, denn sie sind ja eigentlich viel lebendiger als diejenigen, die die sogenannten Lebendigen sind.«**[18]

Schließlich wird häufig die Meinung vertreten, dass man die Verhältnisse in den übersinnlichen Welten, in denen die Toten nun für lange Zeit weilen, und das Leben, das sie dort führen, ganz gut mit dem vergleichen könne, was wir von der Erdenwelt kennen. Vielmehr ist das Gegenteil der Fall! Die übersinnlichen Welten sowie alles, was nach dem Tod geschieht, ist so *radikal* verschieden von dem, was wir aus unserem Erdenleben gewohnt sind, dass es nur annähernd und zum Teil nur *gleichnishaft* in eine Erdensprache übertragen werden kann. Man würde also ganz fehlgehen, wenn man glaubte, dass die Welten, in denen die Toten weilen, unserer Sinneswelt recht ähnlich wären. Auch alle Erlebnisse und Erfahrungen, die die Toten in diesen Welten machen, sind völlig anderer Art und ungleich mannigfaltiger als alles, was wir auf der Erde erleben können. Schon die Vermutung, man würde nach dem Tod ähnlich denken, fühlen, wahrnehmen und erleben, wie wir es aus unserem Erdenleben gewohnt sind, erschwert das Verständnis für den nachtodlichen Weg des Menschen gewaltig. Auch sollte man nicht etwa annehmen, dass die übersinnlichen Welten einen schattenhaften, irrealen oder nebulösen Charakter hätten. Diese höheren Welten und das, was man in diesen erleben und erfahren kann, sind ungleich realer, lebendiger und wirklichkeits-gesättigter als alles, was man aus der Sinneswelt kennt. Bei allem, was man in der sichtbaren Welt wahrnehmen kann, handelt es sich nur um schwache und schattenhafte Abbilder oder Spiegelungen von Realitäten aus höheren Welten.

Im Vergleich zu dem Leben nach dem Tod erscheint das Erdenleben fast wie ein Traum. Etwas pointiert könnte man daher sagen, dass das *wahre Leben* erst nach dem Tod beginnt.

* * * * * * * * * * *

Das Dasein des Menschen in der langen Zeitspanne zwischen Tod und neuer Geburt kann man in zwei *etwa* gleichlange Abschnitte oder Phasen unterteilen, die jeweils viele Jahrzehnte oder gar Jahrhunderte dauern können.

Die erste Phase, die mit Eintritt des biologischen Todes beginnt, kann man als *»Leben nach dem Tod«* oder *»nachtodliches Leben«* bezeichnen. In dieser geht es für den Verstorbenen im Wesentlichen darum, sein abgelegtes Erdenleben aufzuarbeiten, seine Schlüsse daraus zu ziehen und sein Karma für das folgende Erdenleben bereits *keimartig* zu veranlagen. In der zweiten Phase, bei der man vom *»Leben vor der neuen Geburt«* oder vom *»vorgeburtlichen Leben«* sprechen kann, ist es die Aufgabe des Menschen, sein folgendes Erdenleben vorzubereiten. Im Verein mit den erhabenen geistigen Wesen der höheren Hierarchien und mit Menschenseelen aus seinem Schicksalskreis wird er insbesondere seinen karmischen Plan bzw. Lebensplan weiter ausgestalten und verfeinern. Er nimmt sich auch eine ganz bestimmte Aufgabe vor, die er in seiner anstehenden Inkarnation erfüllen möchte. Diese Aufgabe nennt man *»Lebensaufgabe«, »Sendung«* oder *»Lernaufgabe«*. Das Karma beinhaltet dann auch diese Lebensaufgabe. Judith von Halle schreibt: »Denn eine Lebensaufgabe ist eine Schicksalsfügung des Menschen, sie ist der karmische Kern der Individualität für das vorliegende Leben und birgt alle Schicksalsbeziehungen zu jenen Menschen, die mit dieser Lebensaufgabe zu tun haben.«[19]

4.4.1 Wichtige Wahrnehmungen, Erfahrungen und Erlebnisse in den ersten Jahren nach dem Tod

Für die Zwecke dieses Buches ist es in erster Linie erforderlich, einige wichtige Erlebnisse und Erfahrungen, die ein Verstorbener in den ersten Jahren seines nachtodlichen Lebens macht, zu beleuchten.

4.4.1.1 Der Todesaugenblick

Der Todesaugenblick, also der Schwellenübertritt in die erste übersinnliche Welt, die Ätherwelt, sowie die ersten Wahrnehmungen und Erlebnisse, welche die Verstorbenen nun haben können, sind für alle Menschen – wenigstens dann, wenn sie eines natürlichen Todes sterben – von einzigartiger Erhabenheit.

Der Mensch wird jetzt seinen Engel, der ihn bei seinem Schwellenübergang begleitet hat, als strahlend leuchtende Geistgestalt wahrnehmen. Der Engel wird ihn in der gesamten Zeit zwischen

Tod und neuer Geburt begleiten und später wieder ins Erdenleben führen. Auch von weiteren hohen Geistwesen wird er erwartet. Selbst den Christus kann er jetzt wahrnehmen, sofern er im Erdenleben eine gewisse Verbindung zu ihm gesucht hat. Der Tod ist, wie Rudolf Steiner einmal sagte, das schönste Erlebnis, das überhaupt im menschlichen Kosmos möglich ist.[20]

Die hellsichtige Psychologin und Sterbeforscherin Dr. *Iris Paxino* schreibt über den Todesmoment aufgrund ihrer übersinnlichen Forschung: »Der Sterbeaugenblick eines Menschen ist nie ein Einsamkeitsmoment. Das irdische Licht des über die Schwelle Gehenden verlöscht, doch sein geistiges Licht leuchtet auf. Die Hierarchien [gemeint sind die geistigen Wesen der höheren Hierarchien] erwarten und empfangen ihn in einer erhabenen Feierstunde. Das, was sich für die Welt der Hinterbliebenen verdunkelt, erstrahlt auf der anderen Seite in einem lichtvollen geistigen Festakt. Der sich Exkarnierende erlebt, dass er sich aus dem Physischen ›herausatmet‹, dies bedeutet für ihn eine Befreiung und eine Ausweitung seines Wesens. Er schaut auf seinen Leib und erkennt, dass dieser Teil von ihm lediglich seine abgelegte physische Hülle ist. Sein Bewusstsein, in der geistig-ätherischen Welt, in der er sich nun befindet, ist klar und wach, er erkennt die Wesenheiten, die ihn nun empfangen. Für den Verstorbenen selbst ist es ein sakraler Augenblick, in welchem seine Individualität, eingebettet im Licht einer höheren geistigen Wirklichkeit, zu sich selbst aufersteht.«[21]

Der Verstorbene wird schon bald von einigen vertrauten Menschenseelen, die bereits vor ihm durch die Pforte des Todes gegangen sind und ihn nun willkommen heißen, in Empfang genommen. Iris Paxino schreibt: »Auch Gestalten verstorbener Menschen, die in der Zeit der Inkarnation mit dem soeben Exkarnierten verbunden waren, erscheinen beim Übergang in die geistige Welt. Meist sind es nahe Angehörige, enge Freunde oder Weggefährten, die bereits früher über die Schwelle gegangen sind. Ihre Stimmung ist von einer mitfühlenden, verständnisvollen und liebegetragenen Milde durchströmt. Sie empfangen den Neuankömmling mit inniger Freude und bilden für sein Seelenerleben eine Brücke zwischen den Welten.«[22]

Mit allen Menschenseelen, die zu seinem Schicksalskreis gehören, mit welchen ihn also karmische Fäden verbinden, wird der Verstorbene in der gesamten Zeit zwischen Tod und neuer Geburt zusammen sein.

4.4.1.2 Die Lebensrückschau

Nahezu unmittelbar nach Eintritt des Todes taucht etwas Gewaltiges vor der Seele des Verstorbenen auf: das sogenannte *»Lebenspanorama«*. **»Wie mit einem Schlage steht das verflossene Erdenleben vor der Seele.«**[23] Wie in einem großen Panorama sieht er Bilder seines ganzen abgelaufenen Lebens vor sich.

Alles, was er denkend oder vorstellend in seinem Leben erlebte, taucht in diesen Bildern auf. Es ist wirklich immer das *ganze* verflossene Erdenleben in dieser *»Lebensrückschau«* da, also auf einmal, nicht erst in einer zeitlichen Reihenfolge. In mächtigen Bildern sind *gleichzeitig* sowohl solche Ereignisse da, die erst kurz vor dem Tod, als auch diejenigen, die schon in seinen mittleren Lebensjahren oder in seiner Kindheit stattfanden. Der Tote sieht in dieser Zeit von seinem individuellen Gesichtspunkte aus insbesondere alles dasjenige, woran er selbst beteiligt war, was für ihn eine Bedeutung hatte. Er sieht die Beziehungen, die er im Leben zu anderen Menschen hatte in der Weise, dass ihm gewahr wird, welche Früchte diese Beziehungen für ihn selbst getragen haben. Bei allem und überall sieht er sich im Mittelpunkt. In dieses Tableau sind auch die Bilder solcher Erlebnisse einverwoben, die ihm zu Lebzeiten gar nicht bewusst geworden sind, die aber doch einen Eindruck in seiner Seele hinterlassen haben. Er empfindet dieses Panorama als ein Stück seiner Wesenheit, ja als seine Welt. Das Selbsterlebte wird zu seiner Welt. In dem Maße wie ihm das irdische Dasein entschwindet, taucht alles, was er von seiner Geburt an bis zu seinem Tod in der Erdenwelt erleben konnte, auf. Dieses ganze Leben hat er nun als ein intensiv lebendiges, mit deutlichem Bewusstsein durchzogenes Bilderpanorama vor sich. Alles erscheint ihm so hell und überdeutlich, als wären es gar keine Erinnerungen, sondern etwas, was er gerade frisch erlebt. Er sieht nicht nur diese Bilder, sondern es lebt auch alles wieder auf, was er in irgendeiner Weise jemals erlebt oder getan hat. Jedes einzelne Gespräch, das er mit Menschen geführt hat, ›hört‹ er jetzt wieder, alles das, was er mit anderen Menschen zusammen erfahren hat, was er mit ihnen ausgetauscht hat, erfährt er nun wieder. Diese Rückschau ist nicht von Gefühlen und Empfindungen durchzogen. Der Verstorbene gibt sich ganz passiv dieser Rückschau hin. Er betrachtet das Lebenspanorama mit der nüchternen Distanz eines neutralen Beobachters.

Rudolf Steiner sagte: **»Man steht diesem Erinnerungstableau ebenso objektiv gegenüber wie einem Gemälde. Wenn dasselbe einen Menschen darstellt, der traurig, der von Schmerzen erfüllt ist, so sehen wir ihn objektiv an. Wir können wohl seine Traurigkeit nachfühlen, doch empfinden wir nicht unmittelbar den Schmerz, den der Mensch gehabt hat. So ist es mit den Bildern dieses Tableaus unmittelbar nach dem Tode: es breitet sich aus, und man sieht in Zeiträumen, die erstaunlich sind, weil sie so kurz sind, alle Einzelheiten, die sich im Leben zugetragen haben.«**[24]

Bei allen Szenen, die der Tote nun sieht, hat er den Eindruck, als wollte Christus oder sein Engel ihn fragen, was er aus seinem Leben gemacht habe, wie er dieses genutzt habe.

Während dieser Zeit wird er von seiner Lebensrückschau derart in Beschlag genommen, dass er sich noch nicht intensiv anderen Seelen – weder denen von verstorbenen noch von lebenden Menschen – zuwenden wird. Er hat mit sich und seiner Welt genug zu tun. Dennoch ist es nicht so, dass er andere Menschen nicht wahrnehmen könnte. »Für unser Vorstellungsvermögen ist es schwer verständlich, wie eine lebensumfassende Abfolge von Bildern und Erlebnissen, also ein zeitlich dynamischer und überaus komplexer Verlauf, als fast gleichzeitiges Erscheinen wahrgenommen werden kann, zudem noch in dieser detaillierten Weise. [...] Die physische Welt ist die Welt des Getrenntseins, von daher ist die Tatsache, dass die Verstorbenen parallel zum Erleben ihres Rückblickes ihre Hinterbliebenen

wahrnehmen können, ein weiterer Aspekt, der unser physisches Ein-
gebundensein in Zeit und Raum durchbricht.«[25]

Diese Art der Rückschau, der Rückerinnerung ist außerordentlich
wichtig, da aus ihr eine Kraft fließt, die der Mensch benötigt, um
im ganzen Leben nach dem Tod sein Ich-Bewusstsein aufrechterhalten zu können, um weiterhin ein selbstbewusstes und eigenständiges Wesen bleiben zu können. Diese Fähigkeit geht nicht nur,
aber doch ganz wesentlich von diesem Anschauen des letzten Er-
denlebens aus.

Man muss sich nun fragen, wodurch es zustande kommen kann,
dass der Mensch sich nach dem Tod so unfassbar detailgetreu bis
in die kleinsten Einzelheiten an sein abgelegtes Erdenleben zu
erinnern vermag.
   Wie gewiss jeder Leser bestätigen wird, gelingt es uns allen
doch nur in einem sehr begrenzten Maße, etwas zu erinnern, was
wir vor Jahren oder gar in unserer Kindheit erlebt haben. Nicht
einmal an unsere letzte Familienfeier – selbst wenn diese erst vor
ein paar Tagen stattgefunden haben sollte – können wir uns, solange wir verkörpert sind, bis ins *kleinste Detail* erinnern. Die Remi-
niszenzen an unsere ersten etwa drei Lebensjahre, als unser Ich-
Bewusstsein noch nicht erwacht war, sind zu Lebzeiten gar nicht
abrufbar. Obwohl der Ätherleib, der ja der Träger des Gedächtnisses ist, *alle* Erinnerungen, die diesem eingeprägt sind, treulich
aufbewahrt, ist die Erinnerung an unser bisher verflossenes Leben
mehr als lückenhaft. Zudem sind die Erinnerungsbilder, die in
unserem Inneren aufsteigen, sehr blass und schattenhaft.
   Der Grund für die Schwierigkeit, sich während einer Inkarnation
an sämtliche Erlebnisse erinnern zu können, ist, dass der Ätherleib
mit dem physischen Leib eng und unzertrennlich verbunden ist
und von diesem stark eingeschränkt wird. Insbesondere das viel zu
starre physische Gehirn kann mit dem ätherischen nicht Schritt
halten. Nun nach dem Tod ist der Ätherleib frei vom physischen
Leib. Er bleibt aber für eine Zeit, die gerechnet vom Augenblick
des Todes durchschnittlich drei Tage dauert, noch mit dem Astralleib verbunden. In dieser Zeit besteht für den Toten eine nahezu

vollkommene Erinnerung an das letzte Erdenleben, das sich ihm in Form des Lebenspanoramas darbietet. Er steht jetzt dem sich ganz in den Kosmos ausgebreiteten Ätherleib *gegenüber*.

Solange der Mensch noch in dem mächtigen Panorama sein Erdenleben schaut und sich langsam in sein neues Dasein einzugewöhnen lernt, befindet er sich in der Ätherwelt.

Nach durchschnittlich etwa drei Tagen verglimmen die Bilder seines Lebenstableaus. Dann legt er seinen Ätherleib als seinen zweiten Leichnam ab. Er legt aber nicht den gesamten ätherischen Leib ab, sondern nur den größten Teil. Dieser löst sich nicht auf, sondern wird in den Weltenäther einverwoben. Einen eher kleinen Teil des Ätherleibes behält der Verstorbene. Dieser Anteil verbleibt ihm wie eine Essenz oder ein Extrakt als Erträgnis bzw. Frucht seines Lebens. In diesem Extrakt, der dem Menschen auf der Wanderung durch seine zukünftigen Erdenleben niemals verlorengehen kann, sind insbesondere die Erinnerungsbilder *sämtlicher* Erdenleben einverwoben. Man könnte ihn auch als »Lebensbuch« bezeichnen. Dieses ist umso reichhaltiger, je öfter er schon auf der Erde inkarniert war.

4.4.1.3   Das erneute ›Durchleben‹ des letzten Erdenlebens

Nachdem der Mensch seinen Ätherleib abgelegt hat, ›betritt‹ er die nächsthöhere Welt, die Astral- oder Seelenwelt. Das heißt, dass ihm jetzt das Bewusstsein für diese Welt erwacht. Man könnte auch sagen, dass er nun die Reife oder die Anwartschaft hat, um in ihr wahrzunehmen.

Die Seelenwelt lässt sich in sieben Regionen einteilen. Mit dem Sanskritwort »*Kamaloka*« werden die ersten *vier* Regionen der Seelenwelt mit einem zusammenfassenden Namen bezeichnet, der mit »*Ort der Begierden*« oder »*Ort des Verlangens*« übersetzt werden kann. Natürlich darf man den Begriff »Ort« auch hier nicht wörtlich nehmen. Selbstverständlich ist auch mit Kamaloka wieder ein bestimmter Bewusstseinszustand bzw. eine bestimmte Erfahrungs- oder Seinsebene gemeint. Das Kamaloka ist nichts anderes als das, was im Katholizismus »Fegefeuer« oder »Purgatorium« genannt wird.

Von seinem ursprünglich viergliedrigen Wesensgefüge ist dem Menschen jetzt nur noch sein Ich und sein Astralleib geblieben. In seinem astralischen Leib stecken noch alle Begierden, Triebe und Leidenschaften, insbesondere auch die niedrigen. Diese muss der Mensch im Kamaloka überwinden; er muss sie sich abgewöhnen, da sie ihm später den Einzug in die drei höchsten Regionen der Seelenwelt und dann in die Geisteswelt verwehren würden, wo diese keine Berechtigung haben.

Dieses Abgewöhnen könnte mit einer Entziehungskur verglichen werden. Dieser Prozess kann bei einem Menschen, der viele niedrige Begierden, Triebe, Gelüste und Süchte hatte, sehr qualvoll sein und lange dauern.

Nun macht der Mensch im Kamaloka eine weitere sehr wichtige Erfahrung. Nachdem er durch die Lebensrückschau bereits erstmals mit seiner Biografie konfrontiert wurde, kommt es jetzt zu einer weiteren sehr intensiven und lange währenden Konfrontation bzw. Auseinandersetzung mit seinem letzten Erdenleben.

Die Seele entwickelt ein starkes Verlangen, auf das zurückzuschauen, was ihr das Leben geboten hat und wie sie dieses genutzt hat. Dadurch kommt zustande, dass die gesamte Biografie in einem zurückschauenden *Erleben* auftritt. Der Mensch *durchlebt* gewissermaßen noch einmal alles dasjenige *bewusst* und auf eine äußerst intensive Weise, was er im Erdenleben während seiner Schlafphasen unbewusst durchlebt hat. Das ist der wesentliche Unterschied zu der Lebensrückschau, die er unmittelbar nach dem Tod hatte und der er sich nur passiv und emotionslos hingegeben hat. Bei seiner Lebensrückschau sah er in einem großen Panorama alles, was er in seinem abgelegten Erdenleben während der Zeiten, in denen er *wach* war, erlebt hat, auch wenn manches davon zu Lebzeiten die Bewusstseinsschwelle nicht überschritten hat. Jetzt macht er noch einmal alles durch, was er im Erdendasein während des *Schlafes* erlebt hat, als er – ohne es mit seinem Bewusstsein durchleuchten zu können – seine Tageserlebnisse *verarbeitete*. Er ›durchwandert‹ noch einmal sein ganzes Leben, und zwar rückwärts, beginnend mit seinem Todestag bis hin zum Tage seiner Geburt.

Sein gesamtes Erdenleben durchlebt der Mensch jetzt noch einmal im Kamaloka. Dieses Durchleben wird nach irdischer Zeitrechnung in etwa so lange dauern, wie er im Erdenleben geschlafen hat, also im Durchschnitt etwa ein Drittel seiner Lebensdauer.

»Man kann [als Geistesseher] mit dem Toten weiterhin gehen. Man sieht, das, was er in den Tagen vor seinem Sterben hier auf Erden erlebt hat, das erlebt er zurück, das Letzte zuerst, das Vorletzte als zweites und so weiter. Er lebt alles zurück. Bis zu dem Zeitpunkte seiner Geburt lebt er sich zurück in einem Drittel der Lebenszeit. Wenn einer sechzig Jahre alt geworden ist, lebt er ungefähr zwanzig Jahre zurück, das ganze Leben rückwärts durchlaufend. Da kann man ihm folgen.«[26]

Jetzt ist es natürlich auch wieder so, dass er während dieser Phase nur eine bestimmte Zeit mit diesem nochmaligen Durchleben verbringt. Es treten ja in diesem Zeitraum noch viele andere Erlebnisse und Erfahrungen an ihn heran.

Alles, was der Mensch im Zusammensein mit anderen Menschen konkret erlebt hat, durchlebt er in dieser Konfrontation mit seiner Biografie erneut in intensivster Weise. Dieses rückwärts verlaufende Erleben nimmt sich so aus, dass er es *nicht* aus seiner Sicht erlebt, wie es im Erdendasein üblich ist, sondern aus der der Mitmenschen.

»Dass man so sein vergangenes Leben in allen Einzelheiten zurücklebt, das hat den Sinn, dass man jetzt erst seine eigenen Handlungen wahrhaft kennenlernt, indem man deren Wirkungen an sich selber erlebt. Denn nun stellt sich für den Menschen bei jeder Handlung der Seelenzustand ein, den derjenige gehabt hat, gegen welchen die Handlung sich gerichtet hat. Sie erleben die Schmerzen und Freuden, die sie anderen Menschen bereitet haben, von innen aus. Nichts von dem, was man anderen zugefügt hat, gibt es, das nicht in Kamaloka eigenes Erlebnis wird. Hier gilt der Satz: Was du säest, das wirst du ernten.«[27]

Wenn er also beispielsweise einmal einen anderen Menschen beleidigt oder beschimpft hat, so erlebt er das jetzt zum entsprechenden Zeitpunkt aus der Sicht des anderen. Er ›steckt‹ gewissermaßen im anderen Menschen ›drin‹. So kann er fühlen, wie sich sein Gegenüber damals gefühlt hat. Wenn er etwa einen anderen Menschen beleidigt hat, so empfindet er in seinem eigenen Inneren, wie dem anderen damals zumute war, wie ihn das geschmerzt hat. Wenn er beispielweise jemandem eine Ohrfeige gegeben hat, so fühlt er jetzt den Schmerz und alle anderen Gefühle, die sein Mitmensch zu jener Zeit hatte. Man kann sich leicht ausmalen, was ein verstorbener Mensch, der anderen Menschen weitaus Übleres angetan hat, alles zu ertragen hat. Selbstverständlich durchlebt er nicht nur die Schmerzen, sondern auch die Freuden und Wohltaten, die er einem Mitmenschen bereitet hat. Erst jetzt kann er wirklich wissen, welche Bedeutung seine Handlungen und Worte für seine Mitmenschen hatte. Es sind ja oftmals scheinbare Kleinigkeiten, die wir im irdischen Dasein verrichten und die dann aber für andere sehr segensreich sein können. Das wird ihm nun alles bewusst. Das tritt in aller Deutlichkeit und Klarheit vor sein Seelenauge. Die Wirkungen seines eigenen Verhaltens haben sich in den Kosmos eingeschrieben. Jetzt kommt diese Wirkung auf ihn selbst zurück. In dieses Erleben der Biografie mischt sich eine moralische Beurteilung, die ganz wesentlich von seinem Engel ausgeht. Der Mensch kann erkennen, welchen objektiven Wert seine Handlungen, Gedanken und Gefühle für seine Umwelt und die übersinnlichen Welten hatte. Es ist nun sein innigster Wunsch, sein Fehlverhalten wieder gutmachen zu können. Diese Möglichkeit ist aber in den höheren Welten im Leben nach dem Tod nicht gegeben. Diese Erkenntnis kann ihm noch mehr Leid bereiten als die Schmerzen, die er einem anderen Menschen zugefügt hat und die er nun selbst empfindet. Er fühlt, dass er seine Verschuldungen erst im nächsten Erdenleben wieder ausgleichen kann. Dieses erneute Erleben der eigenen Biografie bringt ihm eine gewisse Selbsterkenntnis, die eine der wichtigsten Grundlagen für das nachtodliche Bewusstsein darstellt.

Diese Erfahrung machten auch einige Menschen im Rahmen ihrer Nahtod-Erlebnisse. Hier sollen nur ein paar Ausschnitte solcher Berichte zitiert werden:

»Es war, als wäre ich wieder dort gewesen [...] als hätte ich es noch einmal durchlebt [...] Es war wirklich, wie noch einmal zu leben.«[28]

»[...] ich war fasziniert, als ich mein Leben ablaufen sah, denn ich war mir nicht nur meiner eigenen Gefühle bewusst, sondern auch der Gefühle jener um mich herum sowie jener, deren Leben berührt waren. Ich erfuhr deren Schmerz oder Freude und verstand, was ihre Taten gegenüber mir und anderen bewegte.«[29]

»Man spürt seine Gefühle und auch die der anderen, denen man wehgetan hat, auch ihren Schmerz und ihre Gefühle spürt man. Das dient dazu, dass man nun aus einer anderen Perspektive erkennt was für ein Mensch man war und wie man andere behandelt hat Dabei beurteilt man sich selbst härter als jeder andere.«[30]

»[...] Man sieht [...] nicht nur jede einzelne Handlung, die man im Leben je ausgeführt hat, sondern nimmt auch unmittelbar die Folgen wahr, die jede Handlung auf die Beteiligten hat.
  Wenn ich zum Beispiel sehe, dass ich mich lieblos verhalte, dann nehme ich sofort das Bewusstsein des Menschen an, den ich lieblos behandelt habe, und fühle seine Traurigkeit, seine Kränkung und seinen Schmerz. Umgekehrt werde ich auch bei liebevollen Handlungen sofort in den anderen Menschen hineinversetzt und kann seine Empfindungen von Glück und Freude spüren.«[31]

»[...] dazu kamen all die kleinen Beleidigungen, die ich anderen unbewusst angetan hatte, durch meine gedankenlosen Worte und Blicke und Versäumnisse. In diesem Albtraum der Kränkungen war offenbar nichts ausgelassen, aber das Schrecklichste an ihm war dass ich jeden Schmerz, den ich anderen verpasst hatte, nun selbst an mir erlitt [...]«[32]

Die bekannte Ärztin und Sterbeforscherin Dr. *Elisabeth Kübler-Ross* (1926 bis 2004), die selbst einige Nahtod-Erfahrungen hatte, schreibt zu diesem Motiv: »Wir nehmen nochmals jeden Gedanken, jedes Wort und jede Tat unserer Erdenexistenz wahr und erkennen gleichzeitig, was diese bei unseren Mitmenschen bewirkt haben.«[33]

Am Rande sei noch erwähnt, dass es erstaunlich sein mag, dass Menschen, die nur wenige Minuten klinisch tot waren, in dieser kurzen Zeit nicht nur sehr viele und vielfältige Wahrnehmungen und Erlebnisse hatten, sondern auch solche, die ein Mensch, der wirklich gestorben ist, erst sehr viel später haben wird. Es hat den Anschein, dass jemandem im Rahmen seiner Nahtod-Erfahrungen bereits gewisse Erlebnisse und Eindrücke ›zeitlich‹ vorausgespiegelt werden. Freilich kommt noch hinzu, dass man den uns vertrauten Zeitbegriff ohnehin nicht auf die übersinnlichen Welten übertragen kann. Dort gibt es im Grunde keine Zeit, sondern nur *Dauer*.

Nach Abschluss des Kamalokalebens legt der Mensch den größten Teil seines Astralleibes ab. Auch von diesem nimmt er einen Extrakt auf seinen weiteren Weg mit. Nun bleibt ihm zunächst nur noch sein Ich als einziges ureigenes Wesensglied.

4.4.2 Wichtige Aufgaben in der Geisteswelt

Nach einiger Zeit gewinnt der Mensch dann allmählich die Anwartschaft für die Geisteswelt, die eigentliche geistige Welt, in der er im Normalfall sehr lange verweilt. Hier kommt er immer mehr mit den erhabenen Wesen der höheren Hierarchien zusammen. Auch mit den Menschenseelen, mit denen er karmisch verbunden ist, wird er ein ›Beieinandersein‹ pflegen können.

Insbesondere in der zweiten Hälfte des nachtodlichen Lebens, also im vorgeburtlichen Dasein, wird er zahlreiche Erfahrungen und Erlebnisse haben sowie Aufgaben wahrzunehmen haben, die er als höchst beseligend empfinden wird. Neben der weiteren Ausarbeitung und Verfeinerung seines karmischen Planes wird er eine ganz besonders großartige Aufgabe zu erfüllen haben, auf die wir kurz eingehen wollen.

Wenn der Mensch sich in der Zukunft wieder inkarnieren wird, benötigt er eine neue Leiblichkeit. Wenn diese Seele bzw. dieses Ich-Wesen wieder als verkörperter Mensch auf dem irdischen Schauplatz erscheint, muss es erneut ein viergliedriges Wesen sein, wie es in seinen vorigen Erdenleben auch der Fall war. Von diesem viergliedrigen Wesensgefüge ist nur das Ich vollständig erhalten geblieben. Von dem ätherischen und astralischen Leib ist jeweils nur ein Extrakt übriggeblieben. Der physische Leib, den der Mensch bei seiner letzten Inkarnation trug, hat sich längst komplett in der Erde aufgelöst. Von ihm ist nichts mehr vorhanden. Nun benötigt das Ich-Wesen für sein folgendes irdisches Dasein nicht nur einen neuen und *vollständigen* Ätherleib und Astralleib, sondern insbesondere auch einen *gänzlich neuen* physischen Leib. Wie der neue Astral- und Ätherleib, in den das Schicksalsnetz hineingewoben wird, gebildet werden, kann hier vernachlässigt werden. Dieser neue physische Leib muss natürlich so beschaffen sein, dass er zum einen der bisherigen geistig-seelischen Entwicklung des Menschen entspricht und dass er zum anderen bestmöglich geeignet ist, um seiner weiteren notwendigen Entwicklung sowie der Erfüllung seines Karmas und seiner Lebensaufgabe dienen zu können.

Also stellt sich die Frage, wann und wie dieser Leib gebildet bzw. urbildlich veranlagt wird. Auch muss man sich fragen, *wer* diesen bildet. Die Antwort mag viele Leser erstaunen: Es ist im Grunde der Mensch selbst, der diese beseligende Arbeit leistet. Um Missverständnissen vorzubeugen, muss betont werden, dass er natürlich *nicht* seinen späteren *stofflich-mineralischen* Leib erschafft, der ja erst sehr viel später im Schoße der Mutter entsteht und heranreift.

Dieser ensteht aber nicht auf rein biologischem Wege, wie die materialistisch gesinnten Wissenschaftler glauben. Vielmehr basiert dieser auf einem rein *geistigen Urbild*. An diesem Urbild, an diesem *»Geistkeim«*, man könnte auch von einem *»geistigen Modell«* bzw. von einer *»geistigen Anlage«* des physischen Leibes sprechen, arbeitet der Mensch in der Zeit zwischen Tod und neuer Geburt. Um einen etwas plakativen Vergleich zu haben, kann man an einen Künstler, einen Bildhauer denken, der plant, eine Skulptur zu schaffen. Dieser wird im Vorfeld ebenfalls erst einmal ein Modell des geplanten Kunstwerkes anfertigen, das er auf Papier aufzeichnet oder mit einer Plastilinmasse plastiziert. Später benötigt er dann einen geeigneten Stein, den er mit geeigneten Werkzeugen so lange bearbeitet, bis dieser bearbeitete Stein dem Modell *weitestgehend* entspricht.

Mit dieser Arbeit hatte der Mensch bereits begonnen, bevor die Hälfte seines Lebens zwischen Tod und neuer Geburt vorüber war. Alle notwendigen Kräfte, die er für den Aufbau seiner neuen Leiblichkeit benötigt, zieht er aus dem gesamten Kosmos heran.

Diese gewaltige Aufgabe könnte der Mensch niemals allein erfüllen. Auch wenn er jetzt eine viel größere Weisheit besitzt, als es im Erdenleben jemals der Fall sein könnte, würde sein Vermögen dazu niemals ausreichen. Die Tatsache, dass der Mensch dabei von anderen Menschenseelen, mit denen er karmisch verbunden ist, unterstützt wird, ändert daran ebenfalls nicht viel. Es handelt sich hierbei schließlich um eine ungleich großartigere und gewaltigere Arbeit als jede, die Menschen auf der Erde auf irgendeinem Gebiet jemals verrichten könnten. Selbstverständlich wird er bei dieser unermesslich großen Aufgabe, die mit den menschlichen Verstandeskräften nicht zu fassen ist, von hohen und höchsten Wesen der verschiedenen Engelreiche, also den Wesen der höheren Hierarchien, den Göttern angeleitet, gelenkt und geführt.

»Es würde etwas Klägliches herauskommen, wenn der Mensch im Zusammenhang mit anderen Menschenseelen allein an diesem Wunderbau, den er darstellt im Erdenleben, arbeiten würde. Da muss er zusammenarbeiten mit allen höheren Hierarchien. Denn dasjenige,

was durch die Mutter des Menschen geboren wird, das ist ja nicht auf der Erde entstanden, nur sozusagen der Schauplatz ist auf der Erde entstanden.«[34]

Es kommt für den Menschen bei diesem schöpferischen Prozess ganz wesentlich darauf an, all dasjenige, was er sich in der geistigen Welt an Kräften und Fähigkeiten erworben hat, in diesen Geistkeim, in dieses geistige Modell seiner zukünftigen Leiblichkeit, mit der er sich im nächsten Erdenleben umhüllen wird, hineinzuarbeiten.

Bei der späteren Wahl der Eltern, die der Mensch weitgehend selbst trifft, muss natürlich neben vielem anderen darauf geachtet werden, dass diese ihm aus den Vererbungsströmen alles dasjenige mitgeben können, was benötigt wird, damit seine spätere *physische* Leiblichkeit möglichst gut dem *geistigen* Modell entsprechen kann. Er benötigt also – um bei dem Beispiel mit dem Bildhauer zu bleiben – einen bestmöglich geeigneten Stein.

»Niemals würde einen für uns geeigneten physischen Leib ein Elternpaar gebären können als physischen Leib, wenn dieser physische Leib nicht vorbereitet wäre durch lange Zeiten, durch eine Arbeit mit höchsten, erhabenen geistigen Wesenheiten im Geistkosmos. Und unsere Arbeit im Geistkosmos besteht im Wesentlichen darinnen – und sie ist wahrlich größer, umfangreicher als dasjenige, was wir im kleinen Erdendasein tun –, all das zu besorgen mit den Wesen höheren Grades zusammen, was in diesen Wesenheiten als Geist-Ereignisse sich abspielt wie hier die Naturereignisse, als Geistkunst sich abspielt wie hier die Naturkunst, und was uns zuletzt in den Stand bringt, all dasjenige, was da gearbeitet ist, zusammenzuschließen in einem mächtigen geistigen Urbilde, das aber der Geistkeim, gewissermaßen der vorhergeworfene Schatten ist desjenigen, was dann als unser physischer Leib auf Erden geboren wird.«[35]

Dieser Geistkeim vereinigt sich dann bei der späteren Empfängnis mit dem physischen Keim im Schoß der Mutter.

Dem Verfasser ist bewusst, dass diese stark gekürzte Darstellung des vorgeburtlichen Lebens und der Vorbereitung der neuen Inkarnation viele Fragen offen lässt. Allerdings dürften die obigen Schilderungen für das zentrale Thema dieses Buches hinreichend sein. Ein Leser, der zu diesen Themen tiefere Erkenntnisse wünscht, sei nochmals auf unser Werk *»Die spirituelle Seite des Todes«* (☞ S. 214) hingewiesen.

Wahrnehmungen eines hirntoten Organspenders und mögliche Folgen in seinem nachtodlichen Leben

Die Schädlichkeit der Medizin besteht darin,
dass sich die Menschen mehr mit ihrem Leib
als mit ihrem Geist befassen.

Lew Nikolajewitsch Tolstoi

Nachdem wir uns im vorigen Kapitel mit den notwendigen geisteswissenschaftlichen Grundlagen vertraut gemacht haben, können wir nun den Versuch starten, die *spirituellen* Aspekte und Hintergründe einer Organtransplantation – insbesondere die möglichen karmischen und nachtodlichen Folgen – aus der Sicht aller Beteiligten zu beleuchten.

Wie bereits erwähnt ist es unstrittig, dass alle an einer Organtransplantation beteiligten Individualitäten – Spender, Empfänger und Ärzte – in einem engen Schicksalszusammenhang stehen. Ob diese karmischen Verbindungen schon in einer früheren gemeinsamen Inkarnation angeknüpft wurden oder ob die Schicksalsfäden erst durch dieses Ereignis neu gesponnen werden, kann in jedem Einzelfall nur von einem Geistesseher beurteilt werden.

In diesem Kapitel wollen wir den Fokus *in erster Linie* auf die Wahrnehmungen und Empfindungen legen, die ein Patient, dem ›postmortal‹ Organe entnommen werden, während der Zeit nach Feststellung des Hirntodes bis zum Eintritt des biologischen Todes haben kann und wie sich die Explantation auf sein nachtodliches Leben auswirken könnte.

5.1 Verfrühter Todeszeitpunkt

Sicher ist zunächst einmal, dass eine Organentnahme einen unzulässigen Eingriff in das *Leben* des Spenders darstellt. Sein Sterbeprozess, der sich ansonsten vermutlich noch über einen längeren Zeitraum erstreckt hätte, wird auf abrupte Weise beendet. Der Todeszeitpunkt wird durch den Explantationsvorgang künstlich herbeigeführt. Es wird der Seele die Chance genommen, sich zum *richtigen Zeitpunkt*, für den viele Menschen ein Gespür haben, allmählich und friedvoll aus den körperlichen Hüllen zu lösen. Der Todesaugenblick eines Menschen ist aus der Sicht der geistigen Welt eine Geburt. *Novalis* sagte: »Wenn ein Geist stirbt, wird er Mensch. Wenn der Mensch stirbt, wird er Geist.« Somit könnte man bei einem Menschen, der verfrüht durch eine Explantation stirbt, von einer ›geistigen Frühgeburt‹ sprechen.

Dadurch wird die erste Zeit seines nachtodlichen Lebens sicherlich nicht unerheblich erschwert (☞ auch S. 161ff.). Schließlich hatte es ja gewiss eine ›gute‹ karmische Bedeutung und Berechtigung, dass der Mensch ins Koma gefallen ist. Alles, was er während seines Komas noch hätte erleben können und vielleicht sogar noch hätte erleben *müssen* sowie die Möglichkeit, eines Tages doch noch aufzuwachen, wird ihm entzogen.

Auch wenn es selten vorkommt, dass ein korrekt für hirntot erklärter Mensch wieder aus dem Koma erwacht und dann ein ganz normales Leben führen kann, so ist dieser Fall nicht auszuschließen, wie vielfach belegt ist.

Ein großes Dilemma besteht auch in der Tatsache, dass den Angehörigen keine oder viel zu wenig Zeit gegeben wird, um sich von dem Patienten in angemessener und würdiger Weise zu verabschieden. Darüber werden wir an späterer Stelle dieses Kapitels noch schreiben (☞ S. 149ff.).

Manchmal kann es allerdings auch so sein, dass ein Patient, der als hirntot diagnostiziert wurde, schon recht bald über die Schwelle des Todes gehen würde. Da man ihm aber noch Organe entnehmen will, wird er durch Anschluss an eine Herz-Lungen-Maschine eine Zeit lang am Leben gehalten, bis die Explantation schließlich erfolgt ist. Der Patient würde also auch in einem solchen Fall daran gehindert, zum *rechten Zeitpunkt* über die Schwelle des Todes zu gehen.

5.2 Welche Wahrnehmungen und Empfindungen kann ein Hirntoter noch haben?

E in für hirntot erklärter Mensch befindet sich ähnlich wie einer, der klinisch tot ist und bei dem das Gehirn noch arbeitet, in einem Zustand, den die weitaus meisten Menschen nie kennengelernt haben und in den sie sich nur schwer hineindenken können. Der komatöse Patient weilt in einem Bereich *zwischen* Leben und Tod, wobei er dem Tod näher ist als dem Leben. Somit befindet er sich in einem ganz außergewöhnlichen Bewusstseinszustand, der weder etwas mit dem üblichen Wachbewusstsein noch mit dem Traum- oder Tiefschlafbewusstsein zu tun hat. Viel eher ist dieser Bewusstseinszustand mit dem, den ein Verstorbener in der ersten Zeit nach dem Schwellenübertritt hat, vergleichbar.

Die von der Naturwissenschaft vertretene These, dass das menschliche Bewusstsein an das Gehirn gebunden sei und dass es somit bei einem Gehirn, das nicht mehr arbeitet, das also quasi tot ist, keinerlei Wahrnehmungen geben könne, ist selbst ohne geisteswissenschaftliche Erkenntnisse in Erwägung ziehen zu müssen, nicht haltbar, wenn man die mittlerweile sehr umfangreichen Ergebnisse der Nahtod-Forschung, die seit vielen Jahrzehnten von seriösen Wissenschaftlern betrieben wird, heranzieht. So berichten zahllose Menschen, die Nahtod-Erfahrungen hatten – unabhängig davon, ob diese als hirntot oder klinisch tot galten –, von höchst erstaunlichen Wahrnehmungen. Diese Berichte sind mehr als nur ein Indiz dafür, dass ein Mensch, der – bildlich gesprochen – schon mit einem Bein die Schwelle des Todes überschritten hat, sehr viel mehr mitbekommt, als die meisten Zeitgenossen glauben.

Wer sich ernsthaft und ergebnisoffen mit Nahtod-Berichten beschäftigt, wird nicht umhin können einzusehen, dass die weitaus meisten dieser Berichte absolut realistisch sind und nichts mit Phantasien oder Halluzinationen, die in extrem lebensbedrohlichen Situationen etwa durch Sauerstoffmangel, durch im Körper freigesetzte biochemische Substanzen oder ähnliche Phänomene erzeugt werden können, zu tun haben.

Dass ein Mediziner, der sich die heute so weit verbreitete materialistische Weltanschauung zu eigen gemacht hat und folglich nur dasjenige für real hält, was physikalisch messbar ist, die Frage, welche Wahrnehmungen und Empfindungen ein Hirntoter haben könne, mit einem klaren »keine!« beantworten wird, muss wohl nicht erwähnt werden.

5.2.1   Welche ›sinnlichen‹ Wahrnehmungen kann ein Hirntoter haben?

Sehr viele Menschen, die Nahtod-Erlebnisse hatten, berichten, dass sie genauestens wahrnehmen konnten, was im Äußeren um sie herum geschah. Sie gaben an, dass sie gewissermaßen außerhalb ihres Körpers waren und – obwohl sie als bewusstlos galten und häufig sogar keine Gehirnaktivitäten mehr messbar waren – alles mitbekamen, was geschah. Sie hatten den Eindruck, über ihrem Körper zu schweben. Sie ›sahen‹ ihren Körper, der am Unfallort, auf dem Operationstisch oder im Krankenbett lag, wie von ›oben‹ und konnten bis ins kleinste Detail wahrnehmen, was passierte. Sie beobachteten die Ärzte, die in der Klinik um ihr Leben kämpften oder die Menschen, die an der Unfallstelle zu Hilfe eilten, und ›hörten‹, was diese sprachen. Sie empfanden sich dabei wie ein unbeteiligter neutraler Beobachter. Man spricht hier von »autoskopischen Beobachtungen« oder »außerkörperlichen Wahrnehmungen«.

In einigen Fällen konnten Wissenschaftler, die sich der Nahtod-Forschung widmen, ihre Schilderungen später überprüfen, indem sie mit den Anwesenden – beispielsweise den Ärzten und dem medizinischen Pflegepersonal – sprachen. In den weitaus meisten Fällen konnten sämtliche Schilderungen von ihnen exakt bestätigt werden.

Einen dieser Berichte haben wir schon angeführt (☞ Kapitel 2, S. 53ff.). Nun wollen wir noch zwei weitere zitieren.

So beschrieb ein 19-jähriger Mann, der nach einem schweren Autounfall schon fast die Pforte des Todes passiert hätte, was er dann unmittelbar nach dem Unfall in seinem außerkörperlichen Zustand wahrnahm:

»[...] und dann kam ein kurzer Augenblick, in dem mir schien, als ob ich mich durch Dunkelheit, einen dunklen geschlossenen Raum, hindurchbewegte. Dann ging alles sehr rasch. Und dann auf einmal schwebte ich offenbar über der Erde, vielleicht eineinhalb Meter vom Boden und etwa fünf Meter vom Auto entfernt, würde ich sagen, und da hörte ich gerade noch das Echo des Zusammenstoßes langsam verhallen.

Ich sah zu, wie jetzt von allen Seiten Leute herbeigelaufen kamen und sich um den Wagen sammelten und wie mein Freund ausstieg, offensichtlich noch im Schock. In den Trümmern inmitten all dieser Leute erblickte ich meinen eigenen Körper und beobachtete, wie sie ihn herauszuziehen versuchten. Meine Beine waren völlig verrenkt, und alles war voll Blut.«[1]

Ein 44-jähriger Mann, der am zweiten Tag einer stationären Behandlung auf der Intensivstation einen schweren Herzanfall mit Herzstillstand erlitt und dann ein Nahtod-Erlebnis hatte, erzählte:

»Es war fast so, als ob ich abgetrennt war, auf der Seite stand und alles beobachtete, nicht als Beteiligter, sondern als unbeteiligter Zuschauer ...

Sie hoben mich hoch und legten mich auf das Sperrholz. Dann fing Dr. A. mit der Herzmassage an. Ich bekam Sauerstoff, durch einen dieser kleinen Nasenschläuche, den nahmen sie mir dann aber raus und setzten mir eine Maske auf, so eine, die Mund und Nase bedeckt. Sie funktionierte irgendwie mit Druck ... eine weiche Plastikmaske, hellgrün ...

Ich erinnere mich noch daran, dass sie den Wagen ranfuhren, auf dem der Defibrillator stand, das Ding mit den Elektroden. ... Er hatte einen Zähler, der war quadratisch und hatte zwei Zeiger, der eine stand still, und der andere schlug aus ... Er schlug ziemlich langsam aus, nicht so schnell wie bei einem Strommesser oder Spannungsmesser oder so ... Beim ersten Mal blieb er zwischen $1/3$ und $1/2$ stehen. Sie machten es noch einmal, und diesmal ging er über $1/2$ hinaus, und beim dritten Mal stand er ungefähr bei $3/4$ ... Er [der Defibrillator] hatte viele Skalen ...

Und dann waren da auch noch die beiden Elektroden mit den Drähten. ... Sie sahen aus wie Scheiben mit Griffen ... Sie nahmen sie in die Hand und legten sie mir auf die Brust ... Ich glaube, an den Griffen waren kleine Knöpfe ... Ich konnte sehen, wie ich durchgeschüttelt wurde.«[2]

Es ist noch wichtig zu erwähnen, dass dieser Patient vorher nie einen Defibrillator in Funktion gesehen hatte!

Allein wenn man die Nahtod-Berichte berücksichtigt, also die Berichte von Menschen, die schon mehr tot als lebendig, bisweilen sogar hirntot waren und dann diese autoskopischen Beobachtungen machten, kann es keinen Zweifel daran geben, dass ein für hirntot erklärter Mensch alles mitbekommen kann, was im Operationssaal geschieht. Er ›sieht‹ die Ärzte, die Assistenten, die Werkzeuge usw., und er ›hört‹, was sie sprechen. Selbst das Aufschneiden seines Körpers und den Beginn der Explantation wird er vermutlich noch wahrnehmen. Diese sehr präzisen visuellen und akustischen Beobachtungen unterscheiden sich kaum von denen, die er im ›Normalzustand‹, wenn er also in seinem üblichen Wachbewusstsein wäre, auch hätte.

5.2.1.1   Wie kann man diese ›sinnlichen‹ Wahrnehmungen erklären?

Diese autoskopischen Beobachtungen muten derart phantastisch an, dass es selbst einem spirituell gesinnten Menschen nicht ganz leichtfallen mag, sie für authentisch zu halten.

Wie kann man vielleicht eine Erklärung dafür finden? Nun, die jahrelange Gewohnheit, sinnlich wahrnehmen zu können, hat sich gewissermaßen in den Ätherleib eingeprägt. Daher ist es in der *allererste* Zeit nach dem Tod durchaus möglich, dass ein Verstorbener noch eingeschränkte *sinnliche* Wahrnehmungen haben kann, obwohl er die dazu notwendigen physischen Organe nicht mehr besitzt.

Das Gleiche gilt erst recht für einen Patienten, der im Koma liegt. Somit ist es nicht verwunderlich, dass viele Menschen, die noch nicht endgültig und vollständig entkörpert waren, andere verkörperte Menschen ganz ›normal‹, wie sie es aus ihrem Erdenleben gewohnt waren, wahrnehmen und beschreiben konnten.

5.2.2 Welche *übersinnlichen* Wahrnehmungen kann ein Hirntoter haben?

Neben diesen autoskopischen Beobachtungen hatten viele Menschen in dieser lebensbedrohlichen Situation höchst beeindruckende *übersinnliche* Wahrnehmungen, die ansonsten nur jemand hat, der die Schwelle des Todes bereits überschritten hat (☞ Kapitel 4, S. 108ff.).

So berichten fast alle davon, dass sie ein unfassbar strahlendes Licht wahrgenommen hätten bzw. einem Lichtwesen, das viele als Engel oder Christus identifizierten, begegnet seien. Ein Patient drückte es wie folgt aus:

»Ich hörte die Ärzte noch sagen, ich sei tot – und von jenem Augenblick an hatte ich dann das Gefühl, durch Finsternis, eine Art eingegrenzten Raum, zu fallen oder eher vielleicht zu schweben. Das kann man nicht richtig beschreiben. Es war alles pechschwarz, nur ganz weit in der Ferne konnte ich dieses Licht sehen, dieses unglaublich helle Licht. Am Anfang schien es nicht sonderlich groß zu sein, doch wuchs es immer mehr an, je näher ich kam.

Ich versuchte, mich zu diesem Licht dahinten hinzubewegen, weil ich glaubte, dass es Christus war; ich gab mir alle Mühe, diesem

Punkt zu erreichen. Das Erlebnis machte mir keine Angst – es war eher freudig.

Da ich Christ bin, hatte ich das Licht nämlich sofort mit Christus in Verbindung gebracht, der ja gesagt hat: ›Ich bin das Licht der Welt. ‹ Ich meinte zu mir selbst: ›Wenn es jetzt so weit ist, wenn ich jetzt sterben muss, dann weiß ich, wer da am Ausgang in jenem Licht auf mich wartet.‹«[3]

Viele Menschen, die Nahtod-Erlebnisse hatten, erzählten, dass sie von bereits verstorbenen Verwandten oder Freunden in Empfang genommen und herzlich begrüßt worden seien.

Betrachten wir etwa den Bericht eines 43-jährigen Mannes, bei dem es nach einer Operation zu einem Herzstillstand gekommen war:

»Ich kam an irgendeinen Ort, und dort waren alle meine [verstorbenen] Verwandten, meine Großmutter, mein Großvater, mein Vater und ein Onkel, der kurze Zeit vorher Selbstmord begangen hatte.

Sie kamen alle auf mich zu und begrüßten mich. Meine Großeltern waren weiß gekleidet und hatten eine Kapuze auf dem Kopf. ... Sie sahen gesünder aus als beim letzten Mal, als ich sie gesehen hatte. ... Ich hielt meine Großmutter bei den Händen. ... Plötzlich drehten sie mir den Rücken zu und gingen weg, und meine Großmutter schaute über die Schulter zurück und sagte: ›Wir sehen uns später wieder, diesmal ist es noch zu früh!‹«[4]

Eine Frau schilderte:

»Das allererste war eine liebevolle und herzliche Begrüßung durch verstorbene Menschen, die mir sehr wichtig waren. Vor allem waren das die Freundin [...] sowie meine Großmutter väterlicherseits. Was mich im Nachhinein sehr frappiert hat, ist, dass ich sie gar nicht gekannt habe, da sie vor meiner Geburt verstorben war. Aber sie war da, um mich zu begrüßen. [...] Diese Begrüßung durch die Gestalten war sehr überwältigend, im Grunde genommen war es ein Meer von Liebe.«[5]

Einige berichteten auch von der Lebensrückschau, die – wie in Kapitel 4 (☞ S. 110ff.) beschrieben – jeder Verstorbene in den ersten etwa drei Tagen nach dem Tod erlebt.

Eine besonders ausführliche Schilderung der Lebensrückschau, die wir hier in Auszügen wiedergeben wollen, finden wir bei *George G. Ritchie* (1923 bis 2007). Der amerikanische Arzt und Psychiater war einer der ersten, der durch äußerst ausführliche und höchst beeindruckende Schilderungen seiner *eigenen* Nahtod-Erfahrungen Aufsehen erregte. Er erlitt als junger Soldat im Alter von zwanzig Jahren während des 2. Weltkrieges im Jahre 1943 eine schwere Lungenentzündung. Als man ihn röntgen wollte, kollabierte er und wurde kurz darauf für tot erklärt. Während er schon im Sterbezimmer des Lazaretts aufgebahrt wurde, hatte er sehr intensive Nahtod-Erlebnisse, die er dann drei Jahrzehnte später in seinem Buch *»Rückkehr von morgen«* veröffentlichte.

»Wenn ich sage, er [der Christus] wusste alles über mich, dann war das ganz einfach eine sichtbare Tatsache. Denn gleichzeitig mit seiner strahlenden Gegenwart – wenn ich davon erzähle, muss ich beides getrennt beschreiben – war in diesem Raum jede einzelne Episode meines Lebens eingetreten. Alles, was um mich herum geschehen war, war einfach da, in voller Sicht, gleichzeitig und fließend, so, als ob in einem Moment alles zu gleicher Zeit stattfinden konnte.

Wie dies möglich war, wusste ich nicht. Nie zuvor hatte ich in solch einem Lebensraum, in dem ich nun zu sein schien, Erfahrungen gesammelt. Das kleine Einbettzimmer war noch sichtbar, aber es engte uns nicht länger ein. Dagegen war an allen Seiten um uns herum etwas, was ich nur mit einer Art Wandgemälde bezeichnen könnte – nur, dass die Gestalten dreidimensional waren, sich bewegten und sprachen.

Und viele dieser Gestalten waren anscheinend ich selbst. Wie gebannt starrte ich mich an, wie ich vor der Wandtafel in der dritten Klasse stand. Wie ich mein Adlerabzeichen vor meiner Pfadfindergruppe erhielt. Wie ich Papa Dabney [Großvater, mütterlicherseits] auf die Veranda in Moss Side schob. Ich sah mich als ein winziges Dreieinhalb-Pfund-Baby, das im Brutkasten nach Luft schnappte.

Gleichzeitig (es schien kein früher und später zu geben) sah ich, wie ich durch Kaiserschnitt aus der Gebärmutter der kranken und sterbenden jungen Frau, die ich niemals zu Augen bekommen hatte, befreit wurde.

Ich sah mich wenige Monate älter, wie ich auf dem Schoß einer freundlichen Frau mit einer Silberrandbrille und einer krummen Nase saß. Das drei Jahre alte Mädchen, das auf dem Boden neben uns spielte, musste Mary Jane [Schwester] sein, obwohl ich mich natürlich nicht an sie in diesem Alter erinnern konnte. Aber Miss Williams [Krankenschwester und Haushaltsmitglied der Familie Ritchie] sah genauso aus, wie ich sie kannte. Sie erschien in vielen der Szenen; mit einem Ausdruck lang vergessener Sehnsucht sah ich, wie sehr ich sie liebte.

Seite an Seite mit diesen Szenen sah ich, wie Vater eine schlanke, schwächliche Brünette nach Moss Side brachte; die Frau, die er heiraten wollte. Ich sah Mary Jane und mich beim Umzug in das Haus 4306 an der Brook Road, sah mich selbst ängstlich am Esszimmerfenster stehen, voller Sehnsucht, hinauszugehen, aber auch voller Angst vor dem Jungen, der neben uns wohnte.

Neben den schönen Szenen gab es auch schreckliche. Ich beobachtete mich, wie ich von dem Jungen verprügelt wurde, beobachtete meine Demütigung, als meine Schwester aus dem Haus eilte, um den Kampf für mich zu führen. Ich sah mich in Tränen, als Vater sich für eine Woche, zwei Wochen, einen Monat verabschiedete, seine Arbeit nahm ihn für immer von uns.

Viel Not entstand in mir selbst. Ich sah mich, wie ich mich von der Stiefmutter abwandte, wenn sie sich über mich beugte, um mir den Gute-Nacht-Kuss zu geben, sah sogar den Gedanken selbst: »Ich werde diese Frau nicht lieb haben. Meine Mutter starb. Miss Williams ging weg. Wenn ich sie liebe, wird sie mich auch verlassen.« Ich beobachtete mich im Alter von zehn Jahren, wie ich an demselben Esszimmerfenster stand, als der Vater ins Krankenhaus ging, um Mutter und unseren neuen Bruder Henry nach Hause zu holen. Ich sah mich, wie ich, bevor ich ihn sah, entschied, dass ich diesen Neuling nicht gern haben würde.

Es gab andere Szenen, Hunderte, Tausende, alle beleuchtet von dem brennenden Licht, in einem Zustand, in dem die Zeit anscheinend stillstand. Es hätte in normaler Zeit Wochen gebraucht, um auch nur einen flüchtigen Blick auf die vielen Ereignisse zu werfen, und dennoch hatte ich nicht den Eindruck, dass überhaupt Minuten vergingen. [...]

Da waren die Episoden aus meinen Oberschuljahren – Verabredungen mit Mädchen, Chemieprüfungen, oder als ich die schnellste Meile unserer Schule lief. Ich sah meinen Schulabschluss, sah mich in die Universität von Richmond eintreten. Und die ganze Zeit sah ich eine Halsstarrigkeit gegenüber Mutter, meinem Bruder Henry und sogar dem kleinen Bruce Gordon [Halbbruder] gegenüber. Ich sah, wie Vater in seiner Majorsuniform nach Hause kam, sah mich selbst zum Postamt gehen, um mich für den Wehrdienst eintragen zu lassen. Ich beobachtete die Musterung im Camp Lee, und wie ich und Hunderte von Rekruten den Zug nach Camp Barkeley bestiegen...

Jede Einzelheit eines zwanzigjährigen Lebens war zu sehen. Das Gute, das Schlechte, die Höhepunkte, das, was zum Davonlaufen war. Und mit dieser Allesinklusiv-Schau entstand eine Frage. Sie war in jeder Szene gegenwärtig, und, wie die Szenen selbst, schien sie von dem lebendigen Licht neben mir gesteuert zu sein.

Was hast du aus deinem Leben gemacht?

Es war offensichtlich nicht eine Frage der Art, dass er Auskunft wünschte, denn was ich aus meinem Leben gemacht hatte, war klar zu erkennen. In jedem Fall kam das totale Abrufen der Vergangenheit detailliert und perfekt von ihm, nicht von mir. Ich hätte mich nicht an ein Zehntel von dem erinnern können, was ich sah, bevor er es mir zeigte.

Was hast du aus deinem Leben gemacht?

Es schien eine Frage nach den Werten und nicht nach den Fakten zu sein: Was hast du mit der kostbaren Zeit, die dir zugeteilt worden war, gemacht?«[6]

5.2.2.1 Wie kann man diese übersinnlichen Wahrnehmungen erklären?

Alle diese geschilderten übersinnlichen Wahrnehmungen wird ein Mensch nach seinem wirklichen Tod tatsächlich haben! Nun kann man sich fragen, wie diese auch jemandem möglich sein können, der noch nicht endgültig und unwiderruflich gestorben ist. Wie kann man eine Erklärung dafür finden, dass Menschen, die an der Todesschwelle standen und dem Tod sehr nahe waren, Nahtod-Erfahrungen hatten und dass sie sich später noch so genau daran zu erinnern vermochten, was sie in dieser kurzen Zeitspanne wahrgenommen und erlebt haben. Dazu müssen wir klären, wie sich dieser Zustand, in dem sich diese Menschen befanden, von den Zuständen, in denen sich der Mensch während des Schlafes sowie nach dem tatsächlichen Tod befindet, unterscheidet.

Wie wir schon erläutert haben, ist der heutige Mensch, während er *wach* ist, ein vielgliedriges Wesen, das aus physischem Leib, Ätherleib, Astralleib und Ich besteht. Diese Wesensglieder, die sich gegenseitig durchdringen und durchpulsen, ergeben das gesamte Wesensgefüge des Menschen. Man könnte auch sagen, dass die unteren drei Wesensglieder die Hüllen sind, mit denen sich das unvergängliche Ich im Erdenleben umkleidet.

Wie verhält es sich nun mit diesem Wesensgefüge während des Schlafes und nach dem Tod?
   Der Schlaf wurde bereits in alten okkulten Lehren als der »kleine Bruder des Todes« bezeichnet. Während wir das, was wir im Schlaf – genauer gesagt im traumlosen Tiefschlaf – erleben, nicht mit unserem Bewusstsein beleuchten können, werden uns unsere Erlebnisse, die wir nach dem Tod haben, bewusst. Das macht einen wesentlichen Unterschied zwischen Schlaf und Tod aus. Solange der Mensch auf der Erde lebt, sind sein physischer Leib und sein Ätherleib fest miteinander verbunden. Während der Zeiten, in denen der Mensch wacht, sind auch sein Astralleib und sein Ich mit den beiden anderen Leibern verknüpft. Wenn der Mensch einschläft, trennen sich sein Astralleib und sein Ich aus der menschlichen Organisation heraus, während der physische Leib

und der Ätherleib im Bette liegen. Der Astralleib und das Ich gehen in die geistige Welt, in der sie bestimmte Erlebnisse haben. So kommt der Mensch etwa in eine gewisse Gemeinschaft mit Verstorbenen aus seinem Lebensumfeld und seinem Engel. Freilich kann sich ein Durchschnittsmensch nach dem Aufwachen, nachdem er also wieder zu seinem üblichen Tagesbewusstsein gefunden hat, nicht mehr an diese Erlebnisse und Wahrnehmungen erinnern. Alles, was er während des Schlafes in der geistigen Welt erlebt, wird ihm nicht bewusst; er ist in dieser Zeit – wie man sagt – »bewusstlos«. Dieser Begriff ist aber völlig unzutreffend, da es eine Bewusst*losigkeit* nicht gibt. Es gibt vielmehr verschiedene *»Bewusstseinszustände«* bzw. *»Bewusstseinsformen«*. Betrachten wir nur einmal die jedem bekannten Bewusstseinszustände. So gibt es neben dem *»Tages-«* bzw. *»Wachbewusstsein«* das dumpfe *»Schlafbewusstsein«*, das ein Mensch während des Schlafes hat. Dieses wird manchmal während eines Traumes durch das etwas hellere *»Traumbewusstsein«* unterbrochen.

Die Erlebnisse, die der Mensch während des Schlafes hatte, prägen sich nicht so stark in den Ätherleib, der ja der Träger des Gedächtnisses ist, ein, dass er sie willkürlich abrufen könnte. Diese Erlebnisse, die der Mensch während des Schlafes in der geistigen Welt hat, tauchen erst nach dem Tod vor dem Seelenauge auf.

Wenn der Mensch stirbt, so trennt sich auch der Ätherleib vom physischen Leib, den er als Leichnam zurücklässt. Die Silberschnur wird irreversibel durchtrennt. Es gibt nun für den Ätherleib keine Möglichkeit mehr, eine Verbindung mit dem physischen Leib einzugehen. Der Mensch ist jetzt nicht nur mit seinem Astralleib und seinem Ich, sondern auch mit seinem ätherischen Leib außerhalb seines physischen Leibes, er ist also vollständig »entkörpert« bzw. »exkarniert«. Er, das heißt sein Ich mit dem Astral- und Ätherleib, befindet sich in einem »außerkörperlichen« Zustand. Dem Verstorbenen wird es sogleich möglich, in den übersinnlichen Welten, in die er nun hineinversetzt ist, wahrnehmen zu können. Diese Wahrnehmungen, über die wir in Kapitel 4 geschrieben haben, können ihm voll bewusst werden. In der gesamten Zeit zwischen Tod und neuer Geburt bedarf er dann keines physischen, materiellen Leibes mehr.

Wie verhält es sich nun aber bei einem Menschen, der in einem *todähnlichen* Zustand ist, in dem er Nahtod-Erlebnisse haben kann?

Ein solcher befindet sich in einem außergewöhnlichen Zwischenzustand, den die weitaus meisten Menschen noch nie erlebt haben und wohl auch nie erleben werden, einem Zustand *zwischen* Schlafen und Gestorbensein. Dass in diesem Fall sein Ich und Astralleib sich außerhalb des physischen Leibes befinden – wie es ja auch im Schlaf und nach dem Tod der Fall ist – ist klar. Den entscheidenden Unterschied macht nun der Ätherleib. Dieser bleibt weder *voll* mit dem physischen Leib verbunden, wie es im Schlaf der Fall ist, noch trennt er sich komplett von diesem ab, wie es im Augenblick des Todes geschieht. Er löst sich aber bereits bis zu einem mehr oder weniger hohen Grade ab; er lockert sich sehr stark. Die Silberschnur wird allerdings noch nicht durchtrennt; sonst gäbe es kein »Zurück« mehr. Etwas plakativ könnte man davon sprechen, dass ein solcher Mensch ›temporär entkörpert‹ oder ›temporär exkarniert‹ ist. Er befindet sich für eine gewisse Zeitspanne in einem außerkörperlichen Zustand. Dadurch ist es ihm möglich, sich der Erlebnisse, die er nun hat, bewusst zu werden – ähnlich wie es nach dem tatsächlichen Tod auch der Fall ist. Dieses Bewusstsein ist sogar ungleich klarer und heller als das normale Tages- oder Wachbewusstsein. Viele, die Nahtod-Erlebnisse hatten, schildern, dass sie es sogar bewusst wahrgenommen hätten, wie sie – also ihr Ich – aus dem Körper ›ausgetreten‹ sind. Alle Wahrnehmungen und Erlebnisse werden dem gelockerten bzw. partiell abgetrennten Ätherleib, der vom Bewusstseinslicht des Astralleibes durchleuchtet wird, eingeprägt, so dass es einem temporär Exkarnierten zum Beispiel nach einer Reanimation bestens möglich ist, sich an alles zu erinnern, was ihm nach dem Erwachen aus dem Schlaf nicht möglich wäre.

Wenn der Patient dann ins Leben zurückgekehrt ist, verbindet sich der Ätherleib wieder fest mit dem physischen.

Am Rande sei noch erwähnt, dass der Ätherleib nicht unbedingt erst im Augenblick des Todes abrupt und ruckartig austritt. Vielmehr beginnt der ätherische Leib schon im fortgeschrittenen Sterbeprozess, sich mehr und mehr zu lockern und bereits ein wenig aus der Leibesorganisation zu lösen. Daher können schon viele Menschen, die schon langsam auf einen natürlichen Tod zugehen und sich zeitweise noch im Hier und Jetzt befinden, die oben beschriebenen übersinnlichen Wahrnehmungen haben. Ein Sterbebegleiter, der sehr aufmerksam und ein wenig feinfühlig ist, kann das durchaus beobachten.

Diese kurzen Ausführungen mögen hinreichend sein, um die für viele Zeitgenossen kaum glaubhafte Tatsache zu erklären, dass Menschen, die bereits an der Schwelle des Todes standen, nicht nur Nahtod-Erfahrungen hatten, sondern sich später auch noch detailliert an diese erinnern konnten.

Wie gesagt – die weitaus meisten Menschen, denen wir die Schilderungen ihrer höchst erstaunlichen Nahtod-Erlebnisse verdanken, waren nicht hirntot. Dennoch sehen wir keinen Grund für die Annahme, dass sich die Wahrnehmungen und Erlebnisse eines Hirntoten von denen unterscheiden, die ›nur‹ klinisch tot waren. Es muss immer wieder fast schon gebetsmühlenartig wiederholt werden, dass es Bewusstseinszustände und Wahrnehmungsformen gibt, die *nicht* an das Gehirn gebunden sind.

5.2.3   Kann ein Hirntoter denken?

Diese Frage mögen die meisten als höchst sonderbar bezeichnen Zu offensichtlich scheint es zu sein, dass ein Mensch, dessen Gehirn nicht mehr funktioniert, das womöglich schon tot ist, *nicht* mehr denken kann.

Wenn in unserem materialistischen Zeitalter jemand behauptet, dass man auch ohne das physische Gehirn denken kann, muss er damit rechnen als ›esoterischer Spinner‹ oder Schlimmeres diffamiert zu werden.

Dennoch hätte ein solcher Recht!

Wer glaubt, das Gehirn sei der Urheber des Denkens, gleicht jemandem, der vor einem Spiegel steht und den Ursprung des Spiegelbildes nicht vor dem Spiegel, sondern im oder hinter dem Spiegel sucht. Ähnlich wie das physische Gehirn nur ein Spiegelungsapparat für das Erinnern ist, dessen Kräfte im Ätherleib sind, ist es auch gewissermaßen nur der ›Boden‹, der nötig ist, damit wir uns unseres Denkens bewusst werden können, wenn wir im physischen Leib sind und uns im Wachzustand befinden.

Rudolf Steiner sagte dazu: **»Worin besteht das gewöhnliche Denken der Menschen vom Aufwachen bis zum Einschlafen? Worin besteht es? Nun, der grobmaterialistische Denker meint: es besteht darinnen, dass der Mensch ein Gehirn mit außerordentlich feiner Struktur hat, dass in diesem Gehirn Prozesse vor sich gehen, und dass, weil diese Prozesse vor sich gehen, das Denken eintritt. Das Denken ist eine Konsequenz dieser Gehirnprozesse, – meint er.**

Ich habe Sie schon darauf aufmerksam gemacht, dass das so ist, wie wenn jemand sagte: Ich gehe über die Straße; da sind Fuß- und Räderspuren. Woher sind diese Räderspuren gekommen? Die Erde unten, die hat das wohl gemacht, die Erde hat die Fuß- und Räderspuren selbst hervorgetrieben. – Logisch ganz auf derselben Stufe steht der, welcher denkt, das Gehirn macht durch sich selber solche Eindrücke. Ganz dasselbe ist es, wenn einer auf der Straße geht, auf der Straße allerlei Spuren sieht und dann sagt: Aha, da ist diese Erde da, die ist innerlich mit allerlei Kräften fein durchzogen, mit Kräften, die solche Spuren machen. – Ganz dasselbe ist es, wenn der Physiologe kommt und das menschliche Gehirn anschaut und darin alle möglichen Vorgänge konstatiert und sagt: Das macht alles das Gehirn. – So wenig diese Spuren am Erdboden bewirkt werden durch den Erdboden selber, sondern durch die Menschen und Wagen, die sich auf dem Wege fortbewegen, so wenig wird das, was der Anatom und der Physiologe entdecken, bewirkt durch das Gehirn, sondern vielmehr durch die Kräfte, die sich im Ätherleibe bewegen.

Dadurch werden Sie darauf kommen, worin die Täuschung des Materialismus besteht. Es gibt nichts im alltäglichen Leben, was nicht auf das Gehirn einen Eindruck machte. Geradeso wie jeder Schritt

einen Eindruck in die Erde macht, und wie Sie nachweisen können, dass jeder Ihrer Schritte einen Eindruck erzeugt hat, so können Sie nachweisen, dass das, was da gewollt und gedacht wird, einen Eindruck, eine Wirkung auf das Gehirn ausübt. Aber das ist nur die Spur davon, das ist nur das, was zurückgelassen ist von dem Denken. Das Denken geht nämlich im Ätherleibe vor sich, und in Wahrheit ist alles das, was Sie als Denken empfinden, nichts als innere Tätigkeit des Ätherleibes. Solange wir im physischen Leibe sind, brauchen wir den physischen Leib für das Denken. Auch das ist sehr leicht einzusehen, warum der Materialist auf die Wahrheit nicht kommt. Der Materialist sagt: Um Gottes willen, da siehst du ja doch, dass du ein Gehirn haben musst, sonst kannst du ja nicht denken! Also siehst du auch, dass dein Gehirn eigentlich das Denken macht. – Dieser Schluss ist gerade so gescheit, wie wenn einer sagte: Ich kann dir beweisen, dass diese Spur da auf dem Wege von dem Boden selber gemacht worden ist. Ich werde ein Stück von dem Boden wegräumen, und du wirst sehen, dass du ohne ihn nicht gehen kannst. – Der Boden ist notwendig; so ist es auch notwendig, dass wir ein Gehirn haben, damit wir im physischen Leibe denken können.«[7]

Das Denken ist also eine Tätigkeit des Ätherleibes, das uns durch den Astralleib bewusst wird und das wir vermöge unseres Ichs bewusst ergreifen können. Durch unseren Astralleib sind wir bewusste, durch unser Ich *selbst*bewusste Wesen. Ohne den Astralleib könnte uns das Denken nicht bewusst werden und ohne das Ich könnten wir es nicht selbstbewusst ergreifen. Denken, Fühlen und Wollen wirken als seelische Erlebnisse im Astralleib und werden hier vom Ich aufgegriffen und geleitet. Weder der Ätherleib noch der Astralleib noch das Ich sind in ihrem Wirken eingeschränkt, wenn ein Mensch tot ist – unabhängig davon, ob es sich um den Hirntod oder den biologischen Tod handelt.

Dr. Eben Alexander, der ursprünglich das materialistische Weltbild, das die meisten Wissenschaftler vertreten, teilte, wurde sich durch seine Erlebnisse an der Schwelle des Todes auch dessen bewusst, dass das Denken nicht durch das Gehirn hervorgebracht wird. In seinem bereits erwähnten Buch schreibt er:

»Wahres Denken ist keine Sache des Gehirns. Aber wir sind – teilweise durch das Gehirn – so sehr darauf trainiert, unsere Gehirne mit dem in Verbindung zu bringen, was wir denken und wer wir sind, dass wir nicht mehr erkennen können, dass wir jederzeit sehr viel mehr sind als unsere physischen Körper und Gehirne, die unseren Anordnungen Folge leisten oder dies zumindest tun sollten.«[8]

Man könnte nun immerhin noch vermuten, dass ein Mensch, der schon temporär exkarniert ist, nicht mehr im *gewöhnlichen* Sinne denken könnte. Das ist aber nicht der Fall. Das uns vertraute Denken bzw. die Möglichkeit des Denkens hört im Grunde nie auf. Selbst im Schlafen wird es fortgeführt. Als Indiz dafür sei ein Phänomen angeführt, dass Sie gewiss kennen. Man denkt am Abend noch über eine Frage oder ein Problem nach, das man nicht lösen kann. Wenn man dann am nächsten Morgen aufwacht, hat man plötzlich die Lösung oder zumindest eine Idee, wie man sich dieser nähern kann. Offensichtlich wurde das Denken während des Schlafes weitergeführt.

Natürlich kann der Mensch auch nach dem tatsächlichen Tod denken, wenngleich dieses Denken dann eine etwas andere Gestalt annimmt.

Dass das Denken selbst in einem aus welchen Gründen auch immer verursachten komatösen Zustand möglich ist, geht auch aus Nahtod-Berichten hervor, die zeigen, dass viele Menschen in der Zeit, in der sie temporär exkarniert waren, durchaus klare Überlegungen anstellen und ganz logisch denken konnten. Besonders deutlich kommt das in der Schilderung von Pam Reynolds, die wir bereits in Kapitel 2 (☞ S. 53ff.) zitiert haben, zum Ausdruck. Erinnern wir uns noch einmal: Während sie in einem tiefen Koma lag und keinerlei messbare Gehirnaktivitäten mehr vorlagen, bekam sie das Treiben der Ärzte mit. Sie hörte, was sie sprachen, und sah alle Instrumente, die im Operationssaal lagen, in einer außergewöhnlichen Klarheit. Dann spricht sie davon, welche Gedanken sie in dieser Zeit bewegte:

»Ich dachte, sie würden meinen Schädel mit einer Säge öffnen. Ich hörte, dass sie von einer Säge sprachen, aber was ich sah, glich eher einem Bohrer. [...] Diese Stimme kam offenbar eher vom unteren Teil des Operationstischs. Ich erinnere mich deutlich, dass ich mich fragte, was sie da zu suchen hätten, denn schließlich fand hier doch eine Gehirnoperation statt! Sie öffneten gerade Blutgefäße in meiner Leiste, um mir so Blut abnehmen zu können. Aber das kapierte ich nicht.«

Auch George Ritchie fasste während seiner temporären Exkarnation klare Gedanken. So berichtet er im Rahmen seiner Beschreibung dieses unfassbar hellen und strahlenden Lichtes, das er kurz nach dem Verlassen seines Körpers wahrnahm:

»Es war unmöglich hell; es war wie das Licht von einer Million Schweißbrennern, die auf einmal arbeiteten. Und mitten in mein Erstaunen kam ein prosaischer Gedanke, der wahrscheinlich durch frühere Biologielektionen an der Universität geboren wurde. ›Was bin ich froh, dass ich jetzt, in diesem Augenblick, keine physiologischen Augen habe‹, dachte ich. ›Dieses Licht würde die Netzhaut im Zehntel einer Sekunde zerstören.‹«[9]

Ein Nachtwächter erzählte, dass er bei seinen Schwellen-Erlebnissen die Wäscherei des Krankenhauses ›sehen‹ und darin einen großen Krach wahrnehmen konnte. Dann schilderte er weiter:

»Ich dachte mir, dass sie in der Wäscherei einen fürchterlichen Krach machten. In dem Raum standen große Kessel, und ich dachte mir: ›Mensch, das ist doch zu viel Lärm. Ich bin sicher, die Patienten im Stockwerk darüber kriegen das alles mit. Warum polstern die denn die Türen nicht? Warum verkleiden die denn die Wände nicht mit schalldämmenden Fliesen?‹«[10]

Eine Patientin sagte:

»Noch mitten in meinem Erlebnis habe ich immer wieder gedacht: ›Nun ja, früher in Geometrie hieß es doch immer, es gebe nur drei Dimensionen, und ich habe das ja auch immer bereitwillig geglaubt. Aber das war falsch – es gibt tatsächlich mehr.‹«[11]

Ein Mann erzählte, dass sein Denken während seines ›Totseins‹ sogar viel klarer war:

»Was hier unmöglich scheint, ist es dort nicht. Das Denken ist dort von wunderbarer Klarheit. Mein Verstand registrierte einfach alles und verarbeitete das Aufgenommene sogleich, ohne sich ein weiteres Mal damit beschäftigen zu müssen.«[12]

Ein Organspender wird also den martialischen Prozess der Organ-explantation mit hoher Wahrscheinlichkeit wahrnehmen und während-dessen auch Gedanken bewegen, die gewiss äußerst verstö-rend sein können. Wie er damit zurechtkommt, dürfte davon ab-hängig sein, wie er sich im Vorfeld darauf vorbereitet und damit auseinandergesetzt hat. Darüber werden wir an späterer Stelle noch schreiben.

5.2.4 Kann ein Hirntoter – insbesondere bei der Explantation – Schmerzen empfinden?

Dass ein Mensch, dessen Leib aufgetrennt wird und dem Organe herausgeschnitten werden, vernichtende und geradezu höllische Schmerzen erleiden würde, wenn er bei *vollem Wachbewusstsein* wäre, ist ja völlig klar. Wie schaut es nun bei einem Hirntoten aus?

Dass er das ganze Geschehen, also insbesondere auch das Trei-ben der Ärzte, mitbekommen kann, haben wir schon gesehen. Hat er womöglich auch Schmerzempfindungen?

Die überwiegende Mehrheit der Experten schließt mit dem bereits widerlegten Totschlagargument, dass Bewusstsein und somit auch Wahrnehmungen und Empfindungen auf ein funktionierendes Ge-hirn angewiesen seien, völlig aus, dass ein Hirntoter während der Explantation Schmerzen empfinden könnte, was ja auch der Grund dafür ist, dass dieser Eingriff in einigen Ländern – so auch in Deutschland – nicht grundsätzlich unter Vollnarkose durchgeführt wird, sofern die Angehörigen nicht ausdrücklich darauf bestehen.

Allerdings gibt es auch Mediziner, die diese Frage offenlassen. So schreibt etwa Professor *Werner Lauchert*, der bis Juli 2011 geschäftsführender Arzt der DSO und selbst Transplanteur war, dazu: »Es ist in der Tat nicht zu belegen, dass eine für hirntot erklärte Person tatsächlich über keinerlei Wahrnehmungsvermögen mehr, insbesondere Schmerzempfindlichkeit verfügt.«[13]

»Äpol«-Vizepräsident *Alex Frei* sagt, die heutige Praxis von Organentnahmen am Lebensende könnte sich in Zukunft als furchtbarer Fehler erweisen. »Wir haben keinen Beweis, dass Hirntote nicht doch etwas empfinden können, dass sie nicht leiden bei der Operation, die sie tötet.«[14]

Der Journalist *Werner Bartens*, der selbst Mediziner ist, erklärt: »Hirntot ist nicht tot. Es ist unklar, wie stark die Schmerzreize bei einem Hirntoten noch sind.«[15]

Viele Fachleute, die nicht ausschließen, dass der Patient Schmerzen empfinden könne, machen das an häufig zu beobachtenden Symptomen – wie Ansteigen des Blutdrucks und der Herzfrequenz, Schwitzen, Einnässen, gelegentliches Bewegen der Augenlider und der Extremitäten und Muskelzuckungen – des Patienten fest. In der Tat gibt es irritierende Berichte von Ärzten über solche verstörenden Reaktionen, die man häufig dadurch zu unterdrücken versucht, dass Muskelrelaxanzien gespritzt werden. Ob diese Reaktionen auf ein Schmerzempfinden des Patienten oder auf reine Nervenreflexe zurückzuführen sind, bleibt unklar. Auch die Tatsache, dass in den meisten Ländern eine Explantation unter *Vollnarkose* durchgeführt wird, ist ein Zeichen dafür, dass nicht ausgeschlossen wird, dass der Patient Schmerzen verspüren könnte.

Wir wollen es ganz gewiss nicht kategorisch ausschließen, halten es aber für unwahrscheinlich, dass ein Patient während der Explantation heftige *körperliche* Schmerzen verspürt. Der Astralleib ist es ja, der Schmerzen empfindet. Damit ein verkörperter Mensch diese wahrnehmen kann, bedarf er eines intakten Nervensystems, das ein Hirntoter im Normalfall nicht mehr hat. Allerdings ist es möglich, dass Teile des zentralen Nervensystems noch nicht geschädigt sind. Dann könnte es anders ausschauen.

Auch hier kann man zur Orientierung wieder Nahtod-Berichte heranziehen. Es gibt nur wenige Menschen, die später davon schilderten, Schmerzen empfunden zu haben. Dabei handelte es sich fast immer darum, dass sie beim Vorgang der Reanimation Druckschmerzen im Brustbereich gespürt haben. Das ist aber nicht signifikant, da sie ja während dieses Vorgangs schon langsam wieder ins Leben zurückgekehrt waren.

Ansonsten ist uns kein einziger Bericht eines Menschen, der nach seiner Lebenskrise wieder ins Leben zurückgefunden hat, bekannt, der davon spräche, dass er Schmerzen empfunden habe. Vielmehr empfanden sie ihre Schwellen-Erlebnisse als höchst angenehm und beglückend. Sie verspürten keinerlei Angst oder Furcht. Auch die Schmerzen, die manche *vorher* hatten, schienen verschwunden zu sein. Wir wollen einige zitieren. Ein 46-jähriger Mann, bei dem es zum zweiten Mal zu einem Herzstillstand kam, berichtete:

»Es war so schön. Ich hab' auch keine Schmerzen gehabt. Ich hab' eigentlich überhaupt nichts gespürt.«[16]

Eine Frau, die nach einem schweren Herzanfall reanimiert werden konnte, äußerte:

»Auf einmal erfüllten mich die denkbar wohltuendsten Gefühle. Nichts auf der Welt existierte mehr, es gab nur noch Frieden, Wohlbehagen, Harmonie – vollkommene Ruhe. Alles, was mich je bedrückt hatte, schien von mir genommen zu sein, und ich dachte bei mir: ›Oh, wie still und friedlich. Ich habe ja überhaupt keine Schmerzen mehr.‹«[17]

Eine 55-jährige Frau, die einen schweren hämorrhagischen Schock erlitten hatte, nachdem ihr während einer Mandeloperation versehentlich eine größere Arterie im Hals durchtrennt worden war, schilderte:

»Warum geben sie sich bloß so viel Mühe, wo es mir doch jetzt so gut geht!«[18]

Was diesen zuletzt geschilderten Fall angeht, muss man berücksichtigen, dass der Patientin klar war, dass die Bemühungen der

Ärzte darauf abzielten, ihr Leben zu erhalten. Wenn ein Hirntoter aber merkt, dass die ärztlichen Maßnahmen zum Ziel haben, ihn zu töten, dürfte es wohl anders ausschauen…

Obwohl die meisten Menschen ihre Nahtod-Erlebnisse als äußerst friedvoll, ja beglückend empfunden haben, soll nicht der Eindruck entstehen, dass alle am liebsten die Schwelle des Todes überschritten hätten, anstatt reanimiert zu werden. Vielmehr erkannten oder spürten viele, dass sie noch gebraucht werden, dass sie noch eine Aufgabe zu erfüllen haben. So schilderte eine Frau:

»Ich überlegte mir schon, ob ich nicht dort bleiben sollte – doch dann sah ich auf einmal meine Familie, meine drei Kinder und meinen Mann, vor mir. Was jetzt kommt, ist nicht so leicht zu erklären: Als ich dieses Wohlgefühl spürte, da in der Gegenwart des Lichtes, da wollte ich tatsächlich nicht mehr zurück.

Die Verantwortung meiner Familie gegenüber nehme ich jedoch sehr ernst, und auch in jenem Augenblick war ich mir meiner Pflicht wohl bewusst. So nahm ich mir denn auch vor, wieder zurückzukommen.«[19]

Wie bereits ausführlich geschildert hat ein hirntoter Mensch durchaus noch Wahrnehmungen. Er bekommt somit auch das ›Ausgeschlachtetwerden‹ im Zuge der Explantation wenigstens so lange noch mit, bis dadurch der biologische Tod eintritt. Wenn man die Nahtod-Schilderungen zugrunde legt, wird er allerdings vermutlich keine *körperlichen* Schmerzen empfinden – zumindest nicht solche, die er verspüren würde, wenn er in seinem ganz normalen Wachbewusstsein wäre.

Wir werden im Folgenden einige Zitate aus einem ›Interview‹, das *Wolfgang Weirauch*, Herausgeber der *»Flensburger Hefte«*, mit einem Geistwesen, das sich *»Etschewit«* nennt, führte. Ein weiteres geistiges Wesen, das an diesem ›Gespräch‹ beteiligt war, stellte sich als *»Kordon«* vor. Um welche Geistwesen es sich dabei handelt und wie man sich dieses Interview vorstellen kann, werden wir im Anhang (☞ S. 205ff.) ausführlich erläutern.

Auf Wolfgang Weirauchs Frage, ob der Schmerz, den ein Mensch bei der Explantation erlebt, mit dem vergleichbar sei, den er hätte, wenn er bei vollem Bewusstsein aufgeschnitten würde, antwortete Etschewit: »Nein. Wirklich nicht! Der Schmerz ist nicht so konkret. Er ist auf einer anderen Ebene. Durch den Rückzug des Ätherleibes aus bestimmten Reizzentren, z.B. des Gehirns, ist zwar noch ein starkes Schmerzerleben vorhanden, aber es kann sich nicht mehr so genau fokussieren.«[20]

Nun gibt es aber noch ganz andere Dimensionen des Schmerzes, nämlich seelische und geistige Schmerzen, die weder durch Morphine noch durch andere Schmerzmittel ausgeschaltet werden können.

Typische Beispiele für seelische Schmerzen, die oftmals auch das körperliche Wohlbefinden erheblich beeinträchtigen, kennt jeder: Trauer, heftiger Liebeskummer, starke Entbehrungen, sehr starkes Mitleid usw. Bleiben wir bei der Trauer. Wie wir aus der anthroposophisch orientierten Geisteswissenschaft wissen, kann ein Verstorbener die Gedanken und insbesondere die Gefühle eines verkörperten Menschen, dem er zu gemeinsamen Lebzeiten nahestand, wahrnehmen. Gefühle der Trauer, die er von seinen Hinterbliebenen empfangen kann, sind für ihn wie Bleigewicht. Sie können sein nachtodliches Dasein sehr erschweren. Wie Nahtod-Berichte zeigen, gilt das nicht nur – wie in Kapitel 4 angedeutet – für Verstorbene, sondern auch für Menschen, die nur temporär exkarniert sind. Somit darf es als sehr wahrscheinlich angesehen werden, dass auch ein Hirntoter diese schmerzhaften Wahrnehmungen, die Gefühle seiner Angehörigen zwischen Bangen und Hoffen mitbekommen kann, was ihm seine Situation zusätzlich erschweren kann.

Dann kann man noch von einem »geistigen Schmerz« sprechen, der mit dem Ich des Menschen zusammenhängt. Bei einem hirntoten Menschen, der ja mitbekommt, was geschieht, könnte dieser *möglicherweise* darin bestehen, dass er jetzt erkennt, dass seine Entscheidung zur Organspende unüberlegt war, dass er sich das ganze Ausmaß zu Lebzeiten nie bewusst gemacht hat. Dieser geistige Schmerz könnte insbesondere dann auftreten, wenn seine Angehörigen ihr Einverständnis zur Organentnahme gegeben haben, über die er sich im Vorfeld nie hinreichende Gedanken gemacht hat und der er auch nie zugestimmt hätte.

Der deutsche Bergsteiger, Buchautor und Yogalehrer *Heinz Grill*, der schon in seiner Kindheit bemerkte, dass das geistige Schauen, das Rudolf Steiner in so außerordentlichem Maße eigen war, auch bei ihm angelegt war und später weiter ausgestaltet wurde, schreibt: »Im Ätherleib transportiert sich der Schmerz bis hinein in den Astralleib weiter. Obwohl der Dahinsterbende oder der im Koma Liegende unmittelbar keinen Schmerz verspürt, da er für sich kein intaktes Nervensystem mehr besitzt, so transportiert sich dennoch in die Seele hinein ein unglaubliches Entsetzen, ein Schock und ein Schmerz, wenn ein Organ aus dem Körper entnommen wird. Der Astralleib nimmt über den Ätherleib noch einmal die Eingriffe, die in seinem dahinscheidenden Körper vorgenommen werden, wahr. Diese Schmerzreaktion wäre in der Regel gar nicht so sehr bedeutungsvoll, denn sie wird nicht immer im Jenseitigen in der ganzen Eindringlichkeit, wie wir uns das im physischen Plane vorstellen, erlebt, aber sie wird zumindest als ein Verlust oder eine hereinbrechende Unordnung erfahren.«[21]

Obwohl der Dahinsterbende *vermutlich* keinen großen *körperlichen* Schmerz, wie er ihn aus seinem normalen Leben kannte, verspürt, so ist es für ihn doch ein unglaubliches Entsetzen, ein gewaltiger Schock, wenn ein Organ aus dem Körper, diesem großartigen Wunderwerk, das der ›Tempel‹ seines göttlich-geistigen Wesenskernes, seines Ichs ist, entnommen wird. Wie wir in Kapitel 4 erörtert haben, ist der physische Leib ja nicht etwas, was dem Menschen nur geschenkt oder übergeben wurde. Vielmehr hat er in der geistigen Welt über einen sehr, sehr langen Zeitraum im Verein mit erhabenen geistigen Wesen an dem geistigen Modell dieses Wunderbaus gearbeitet. Jetzt muss er erleben, wie dieser Leib in einer würdelosen Art aufgeschnitten wird und wie ihm Organe explantiert werden.

Werner Hanne zitiert in seiner bereits erwähnten Schrift den Buchautor *Pierre de Forêt*, der willentlich ›Reisen‹ in die geistige Welt unternehmen kann: »Ich möchte an dieser Stelle den Hinweis geben, dass die Entnahme von Transplantaten aus seinem Körper von jedem Verstorbenen als Horrorszenario erfahren wird. Es widersprach selbst bei vorangegangener eigener Zustimmung seiner Vorstellung, dass er als geistiges Wesen vollkommen bewusst beobachten würde, wie sein Körper ausgeschlachtet wird. Sieht nun der Verstorbene, wie seinem Körper Organe entnommen werden, dann durchleidet er Vernichtungsängste, die nur mit euren religiösen Vorstellungen der Hölle verglichen werden können. Er wird das Ärzteteam als seine eigenen Mörder identifizieren.«[22]

Allenfalls ganz ansatzweise kann man eine Vorstellung von den geistig-seelischen Schmerzen, die ein hirntoter Patient haben kann, gewinnen, wenn man an einen Bildhauer denkt, der jahrelang an einer Skulptur gearbeitet hat und nun mit ansehen muss, wie diese von anderen Menschen zerstört wird, ohne eine Möglichkeit zu haben, diesen Vorgang aufzuhalten.

Wie bereits erwähnt sind diese Schmerzen besonders groß, wenn sich der Patient, als er sich irgendwann im Vorfeld zu einer Organspende bereiterklärt hat, keine Gedanken darüber gemacht hat, was da ganz konkret auf ihn zukommt, oder wenn seine Angehörigen die Zustimmung zur Organspende gegeben haben, über die er selbst nie nachgedacht und entschieden hat.

Etwas anders schaut es aus, wenn er sich nach reiflicher Überlegung ganz bewusst zur Organspende entschlossen hat, weil er damit anderen Menschen helfen wollte. Sofern er sich also, bevor er – oftmals schon viele Jahre zuvor – seine Bereitschaft zur Organspende erteilt hat, mit den Modalitäten und spirituellen Hintergründen vertraut gemacht hat und sich in Freiheit bewusst dazu entschieden hat, im Falle eines Falles seine Organe aus Mitleid und Liebe einem Menschen zu spenden, der dadurch überleben kann, und wenn er auch später immer wieder einmal dieses Opfer in sein Bewusstsein gehoben hat, so wird er sich auch jetzt daran

erinnern und das Geschehen vermutlich tolerieren und einigermaßen ertragen können (☞ auch S. 176ff.).

Etschewit formulierte es wie folgt: »Menschlich gesprochen muss
man allerdings hinzufügen, dass er höchstwahrscheinlich seine damals getroffene Entscheidung abrupt in Frage stellen wird, weil er
das Kunstwerk seines Körpers nun in einer absoluten Verstümmelung erlebt. Gleichzeitig erlebt er auch durch die Verstümmelung
seines ehemaligen physischen Leibes einen deutlichen seelischen
Schmerz. Das geschieht bei der Beobachtung der Vorgänge bei der
Explantation. Andererseits hat er aber seine Seele durch das Wissen
und durch die die Entscheidung, Organspender sein zu wollen, auf
diese Vorgänge vorbereitet. Deswegen wird er mit diesen Vorgängen
im Regelfall gut fertig.«[23]

Bei einigen hirntoten Patienten *kann* nun ein Hass auf die explan-
tierenden Ärzte entstehen. Ein Patient, der im Vorfeld der Organspende zugestimmt hat, wird nun von seinem Engel darauf aufmerksam gemacht, dass er sich vor seiner Entscheidung besser
hätte informieren können. Er wird ihn auffordern, seinen Hass zu
mildern.[24]

5.3   Fehlende oder unzureichende Verabschiedung

W enn es um die Organentnahme bei einem hirntoten Patienten
geht, spielt der Zeitfaktor eine große Rolle. Die Explantation muss zügig beginnen. Folglich gibt es weder für ihn selbst in
seinem Bewusstsein, das er nun hat, noch für seine Angehörigen
die Möglichkeit, sich darauf vorzubereiten.

Die Angehörigen werden innerhalb kürzester Zeit mit drei gewaltig schockierenden und belastenden Ereignissen konfrontiert –
zunächst der Unfall oder die plötzliche Krise, durch welche der
komatöse Zustand ausgelöst wurde, dann die Hirntod-Diagnose
und schließlich die Organspende.

Unabhängig davon, was den Hirntod ausgelöst hat, so tritt er in der Regel äußerst plötzlich ein. Sobald die Ärzte oder das Krankenhauspersonal durch einen Spendeausweis oder eine Patientenverfügung die Bereitschaft des Patienten zur Organspende festgestellt haben, werden sie seine Angehörigen informieren. Liegt keine Zustimmung vor, werden die Angehörigen gebeten – um nicht zu sagen gedrängt – sie zu geben. In den offiziellen Richtlinien für eine ›postmortale‹ Organentnahme heißt es: »Jede postmortale Organentnahme hat in einer angemessenen und friedvollen Atmosphäre stattzufinden. Die Wünsche des Organspenders und der Angehörigen sind jederzeit und vorbehaltlos zu respektieren. Die würdevolle Behandlung des Verstorbenen ist oberstes Prinzip und Verpflichtung für alle an der Entnahmeoperation beteiligten Personen.«[25]

Den Erfahrungsberichten vieler Angehöriger ist jedoch zu entnehmen, dass die Praxis häufig ganz anders ausschaut.

Wenn sie im Krankenhaus eingetroffen sind, drängt oftmals schon die Zeit, zumal in manchen Fällen der biologische Tod recht bald eintreten könnte. Dann könnten keine Organe mehr entnommen werden. Das hat oftmals zur Folge, dass die Ärzte den Angehörigen kaum oder sogar *überhaupt keine* Zeit geben, um sich von dem Patienten zu verabschieden. Eine würdevolle Verabschiedung, die nicht unter zeitlichem Druck erfolgt, ist nicht nur für die Familienmitglieder sehr wichtig. Auch der Sterbende wird das als sehr wohltuend empfinden. Gute Gedanken und Gebete können ihm den Schwellenübergang deutlich erleichtern. Dass auch Menschen, die in einem tiefen Koma liegen, die Gedanken und Gebete bestimmter Menschen empfangen können, bestätigen zahlreiche Nahtod-Berichte. So schilderte ein junger Mann, nachdem er wieder aus seinem komatösen Zustand erwacht war:

»Mit Erstaunen konnte ich spüren, wahrnehmen, wie viele Menschen in dieser Zeit an mich gedacht haben. Ich habe gespürt, dass meine ganze Familie für mich gebetet hat, und diese Liebe, diese Gedanken, die an mich gerichtet waren, die habe ich so empfunden, dass sie mir behilflich waren. ... Diese Liebe wirkte wie Wellen, wie Vibrationen, wie Schwingungen, das tat mir gut. Sie hatten auf jeden

Fall eine ... ja, heilende Wirkung für meinen Zustand. Auch Menschen, von denen ich es überhaupt nicht gedacht hatte, also junge Menschen, da konnte ich auch wahrnehmen, dass sie für mich eine Kerze in der Kirche angezündet haben oder so.«[26]

Es mag sehr von dem jeweiligen Entnahmekrankenhaus und namentlich von dem dortigen Personal abhängig sein, wie den Angehörigen erklärt wird, dass dem Patienten Organe entnommen werden sollen und inwieweit man ihnen Zeit zur Verabschiedung gibt. Selbstverständlich ist es auch für das medizinische Personal bei aller Routine, die sie haben mögen, äußerst schwierig, die richtigen Wort zu finden, um den Familienmitgliedern, die sich in einem großen seelischen Ausnahmezustand befinden, den ein nicht Betroffener gar nicht nachvollziehen kann, mitzuteilen, dass der Patient hirntot ist und dass jetzt die Explantation ansteht. Wie das »Deutsche Ärzteblatt« im Jahre 2011 berichtete, gelingt das nicht immer:

Das Ehepaar S. verlor 2005 seinen damals 29-jährigen Sohn durch einen Verkehrsunfall. Die Tage um dieses Unglück bleiben ihnen für immer in Erinnerung.

Nicht nur der Tod ihres Sohnes, sondern auch einige Gesprächssituationen im Krankenhaus schmerzten sehr. »Wir hätten uns insgesamt mehr Respekt und Fürsorglichkeit gewünscht. Die Bitte nach Organspende hätte nicht auf dem Flur formuliert werden müssen, ein abgetrenntes Zimmer, und nur ein Gesprächspartner, nicht eine ganze Reihe von Ärzten, wären besser gewesen. Wir hätten uns mehr Zeit zur Entscheidung gewünscht und vor allem einen Abschied nach der Entnahmeoperation«, berichtet Frau S. [...]

Doch auch die Erläuterung des Hirntodes war im Fall von Frau S. alles andere als optimal verlaufen. »Der Hirntod war deshalb zunächst schwer zu verstehen, weil unser Sohn außer im Kopfbereich keine Verletzungen hatte und uns sonst unversehrt erschien. Ein Arzt erklärte uns am zweiten Tag am Bett unseres Sohnes die Diagnose Hirntod. Er klopfte auf seinem Schädel herum und versuchte, uns anhand seines medizinischen Wissens den Hirntod zu erklären. Ich empfand das als brutal, respektlos und entwürdigend, so an meinem Sohn herumzuklopfen. Weniger Informationen, sensibler vermittelt, wären wesentlich besser gewesen.«[27]

Dieser Fall wurde auch von der DSO heftig kritisiert. Sie sprechen von einem Einzelfall. Allerdings wiesen sie darauf hin, dass in diesem Punkt in vielen Kliniken noch Verbesserungspotential bestehe.

Der Prozess des Sterbens und des Trauerns wird also auf eine extreme Weise gestört und nicht respektiert, indem der Mensch in seiner letzten Stunde noch diesem großen chirurgischen Eingriff ausgesetzt und den Bedürfnissen der Angehörigen kaum Raum gegeben wird. Dass obiger Fall alles andere als ein Einzelfall war, geht aus etlichen weiteren Berichten hervor. Die »Neue Zürcher Zeitung« zitierte Marlène Sicher, die als ehemalige Pflegefachfrau auf einer Intensivstation in einem Berner Spital zahlreiche Explantationen miterlebt hatte. Nach ihrer Erfahrung waren es meistens junge Männer, die bei einem Unfall mit dem Motorrad oder auf der Baustelle irreversible Hirnschäden erlitten hätten. Sie schildert, dass viele Angehörige, die durch das tragische Ereignis geschockt der Organentnahme zustimmten, das im Nachhinein bereuten. »Sie fühlten sich beraubt um einen wichtigen Schritt im Trauerprozess, weil sie beim Sterben nicht dabei sein konnten. Sie verabschiedeten sich unter großer Hektik von einer atmenden Person mit warmer Haut und bekamen Stunden später eine kalte Leiche zurück.«[28]

Werner Hanne zitiert in seinem Buch Professor Jörns: »Kaum jemand weiß, der heute um die Organe angegangen wird, dass die Zustimmung zur Organentnahme bedeutet, dass die Angehörigen nicht über den eintretenden Tod hinaus bei ihrem Angehörigen bleiben können, sondern raus müssen und erst den ausgestopften Menschen dann wieder zu Gesicht bekommen.«

Es sei noch erwähnt, dass es für die Angehörigen eines Organspenders eine weitere sehr belastende Situation geben kann. Oftmals ist nämlich aus organisatorischen Gründen tage- oder gar wochenlang keine Bestattung möglich.

Nun kann man sich fragen, wie ein angemessenes Vorgehen bei einem Patienten, der in einem aller Voraussicht nach irreversiblen Koma liegt und der *nicht* als Organspender in Frage kommt, ausschauen könnte. Ein solcher könnte prinzipiell durch Anschluss an entsprechende lebenserhaltende Maschinen noch weiter am Leben gehalten werden.

Sofern der Patient für diesen Fall im Vorhinein – etwa durch eine Patientenverfügung – nicht festgelegt hat, wie verfahren werden soll, stellt sich Ärzten und Angehörigen die Frage, ob bzw. wann die Maschinen abgeschaltet werden sollen, damit er sterben kann. Auch aus spiritueller Warte ist die Frage nach dem Sinn und Nutzen dieser lebensverlängernden Maßnahmen kaum eindeutig zu klären. Auf der einen Seite wird durch den Anschluss an die Apparaturen bereits in den natürlichen Sterbeprozess eingegriffen. Andererseits kann ein solcher Mensch – wie wir bereits erörtert haben – auch in dieser Phase großartige übersinnliche Erlebnisse, die für ihn sehr wichtig sein können, haben. Vermutlich ist es so, dass eine gewisse Anzahl von Menschen auch diese Situation einmal durchleben muss, um diese außergewöhnliche Erfahrung später in die geistige Welt tragen zu können.

Nun könnte jemand einwenden, dass auch eine Organexplantation zu den Erfahrungen zählen könnte, die manche Menschen machen müssen. Das ist vermutlich richtig. Allerdings dürfte die Anzahl der Menschen, die diese Erfahrung bereits gemacht und in die geistige Welt getragen haben, schon ausreichend sein.

Dass es keinen Sinn macht, einen Patienten, der mit an Sicherheit grenzender Wahrscheinlichkeit nie wieder aufwachen wird, über einen längeren Zeitraum künstlich am Leben zu halten und somit am Sterben zu hindern, dürfte klar sein. In Absprache mit den Medizinern sollten die Angehörigen den Tag, an dem die Maschinen abgeschaltet werden sollen, festlegen. Sie könnten bei diesem schwierigen Entscheidungsprozess ihren Engel oder den des Patienten bitten, bei diesem Entschluss zu helfen. Es gibt einige Menschen, die schildern, dass sie, nachdem sie diese Bitte inständig formuliert hatten, eine ›Antwort‹ bekamen. Bei manchen erschien sie als eine innere Empfindung oder Stimme, bei anderen war es so, dass sie eines Morgens nach dem Aufwachen plötzlich genau wussten, wie bzw. für welchen Tag sie sich entscheiden sollten.

Dieser Termin, an dem man den Patienten die Schwelle friedlich überschreiten lässt, könnte so gewählt werden, dass man ihn in den Tagen zuvor noch begleiten kann, indem man etwa an seinem Sterbelager weilt, ihm die Hand hält und für ihn bittet und betet. Auch beim Abschalten der Maschinen können die Familienmitglieder anwesend sein und seinen Übergang begleiten.

5.4 Quälende Fragen und Zweifel der Angehörigen

Die wohl meisten Familienmitglieder stellen sich insbesondere dann, wenn sie es waren, welche der Organentnahme auf Bitten oder Drängen der Ärzte zugestimmt haben, oft noch jahrelang die Frage, ob es eine richtige Entscheidung war.

Insbesondere Eltern, welche bei ihrem Kind die Zustimmung zu einer Organspende gegeben haben, zweifeln oft ihr Leben lang, ob es die richtige Entscheidung war. Eine Mutter schildert:

Unsere 25-jährige Tochter verstarb [gemeint ist der Hirntod] am 9. Mai d.J. an einer Gehirnblutung. Der behandelnde Arzt sprach uns danach auf die Organspende an. Im ersten Moment lehnten wir ab. Nach einer kurzen Bedenkzeit entschlossen wir uns jedoch dazu, da wir beide das Gefühl hatten, anderen jungen Menschen, die noch eine Lebenschance haben, helfen zu müssen.

Es war für meinen Mann und mich eine sehr schwere Entscheidung und täglich quälen uns Zweifel, ob wir unserem Kind nicht etwas »angetan« haben. Dazwischen kommen dann die Gedanken, noch etwas Gutes getan zu haben. Wir beide wissen, dass es im Sinne unserer Tochter war, und trotzdem erfordert es von Eltern eine Menge Kraft, hier zuzustimmen.

Am Tag unserer Abreise sprachen wir nochmals mit dem Arzt, der uns sagte, dass in der gleichen Nacht die Organe (Herz, Leber und Nieren) sehr erfolgreich übertragen wurden. Sie werden es nicht glauben, in all unserem Schmerz empfanden wir Freude, dass einige Menschen, die genauso gern lebten wie unsere Tochter, noch eine Chance haben und sei es nur für einige Jahre.

Vielleicht interessiert Sie unser Empfinden, die Situation, in diesem Falle von Eltern. Wir sind noch nicht darüber hinweg, es war eine sehr schwerwiegende Entscheidung, aber bestimmt eine gute.[29]

Die Angehörigen vieler Menschen, die Organe gespendet haben, haben ihre Erfahrungen, die sie in diesem Zusammenhang gemacht haben, veröffentlicht. Einige von ihnen sprechen sich gegen dieses Konzept aus, einige dafür.

Ein von der modernen Transplantationsmedizin grundsätzlich überzeugter Schweizer Journalist schilderte: »Organspenden, das ist auch eine Sache des Vertrauens. Und dieses Vertrauen können nur Ärzte den Hinterbliebenen geben. [...] Und doch: Seit meine eigene Frau am 2. Mai frühmorgens auf dem Zürcher Hauptbahnhof an einem Gehirnschlag starb und ich die Organe meiner Frau zur Transplantation freigab, zweifle ich am System der Organtransplantationen. Ich zweifle an der Art und Weise, wie Schweizer Ärzte mit den Toten und den Hinterbliebenen umgehen.«

Es folgt dann die ausführliche Schilderung der Ereignisse, die sich zwischen dem Hirntod seiner Frau und ihrem Transport in das Transplantationszentrum abgespielt haben. Was er hier vermisste und von Ärzten fordert, ist ein Bewusstsein von der Würde des Sterbens, von der Realität menschlicher Beziehungen auch im Tode.

Dann schilderte er weiter: »Dank den Organen meiner Frau können heute vier Menschen besser leben. [...] Wie gesagt: Ich kämpfe weiterhin für Organtransplantationen mit meinen journalistischen Mitteln. Doch bin ich entsetzt über die menschenverachtende Art und Weise, wie mit Organspendern und deren Hinterbliebenen umgesprungen wird.«[30]

Zum Abschluss dieses Abschnittes wollen wir noch einen sehr ausführlichen und berührenden Erfahrungsbericht auszugsweise zitieren, den *Renate Greinert* in ihrem Buch *»Unversehrt sterben! Konfliktfall Organspende – Der Kampf einer Mutter«* und auch im Internet veröffentlicht hat. Dabei geht es um ihren 15-jährigen Sohn Christian der bei einem Verkehrsunfall im Jahre 1985 tödlich verletzt wurde.

Dieser Bericht umfasst nahezu alle bedenklichen Aspekte, die mit der Organtransplantation zusammenhängen. Er zeigt auch, in welch takt-, pietät- und würdeloser Weise die Patienten und die Familienmitglieder offenbar in *manchen* Kliniken behandelt werden und in welche inneren Konflikte namentlich Eltern, die der Organentnahme bei ihrem Kind zugestimmt haben, kommen können.

Die Diagnose »Schwerstes Schädelhirntrauma" stand schon an der Unfallstelle fest. Christian wurde in die Medizinische Hochschule Hannover geflogen, nachdem er erst an der Unfallstelle, später im Rettungshubschrauber, mit Elektroschocks mehrfach wiederbelebt wurde.

Meine Familie und ich trafen in der Medizinischen Hochschule Hannover ein, als Christian bereits auf der Intensivstation lag. Er wurde beatmet und machte den Eindruck, als ob er tief schliefe. Er war warm, aus einer Stirnwunde sickerte Blut, an seinem Bett hing ein Urinbeutel. Die Ärzte auf der Intensivstation machten uns wenig Hoffnung. Sie versuchten, mit Medikamenten das Hirn zum Abschwellen zu bringen, sahen aber keinerlei Perspektive für ein menschenwürdiges Leben.

Wir haben die nächsten Stunden an Christians Bett verbracht und ich habe auf ein Wunder gehofft. Während dieser Zeit veränderte sich der Zustand von Christian nicht. Ab und zu wurde ihm Blut abgenommen oder die Geräte kontrolliert. Nur zur EEG-Ableitung mussten wir das Zimmer verlassen, keine Erschütterung sollte die Aufzeichnung beeinflussen. Nach dieser Untersuchung kam der Arzt, mit dem wir anfangs über Christians Zustand gesprochen hatten und erklärte uns, Christian sei nun tot. Er wäre jetzt auch »sauber«, gemeint war, er wäre frei von Medikamentenrückständen.

Nun sollten wir uns überlegen, ob wir ihn zur Organspende freigeben: Herz oder Leber oder Nieren, eventuell Knorpelmasse würden dann entnommen.

Ich lehne jede Manipulation an **meinem** toten Körper ab. Die Vorstellung, mein Körper wird nach meinem Tode zerteilt, ist für mich immer mit meinen lebendigen Empfindungsmöglichkeiten verbunden gewesen. Ich fühle körperlichen Schmerz, Ausgeliefertsein und Angst. Deshalb kommt für mich überhaupt nicht in Frage, meinen Körper der Anatomie zu überlassen.

Aber da war die eben durchlittene Situation mit meinem sterbenden Kind und da waren die drängenden Hinweise des Arztes dass ein anderes Kind sterben müsse, wenn wir nicht zustimmen würden. Plötzlich gab es eine Beziehung, eine Verantwortung für einen anderen Menschen, den wir gar nicht kannten, dessen Leben nun aber von unserer Entscheidung abhing. Das abzulehnen war mir nicht möglich. Hätte ich doch auch jede Hilfe für meinen Sohn gewollt. Ich konnte mir nur allzu gut vorstellen, was eine andere Mutter empfinden würde, für deren Kind Christians Organ Weiterleben möglich machen konnte. Ich hatte so viele Stunden am Bett meines Sohnes gesessen und auf Hilfe gehofft dass ich anderen Müttern, die genauso hofften, Hilfe nicht verweigern konnte. Mein »Ja« zur Organspende war nur ein »Nein« zu noch mehr Tod.

Ich gab den Kampf um meinen Sohn auf, weil der Arzt sagte Christian sei tot. Eine ungeheuerliche Situation: Ich wende mich von meinem Kind ab, das warm ist, lebendig aussieht und behandelt wird wie ein Lebender, weil der Arzt sagt, mein Kind ist tot. Ich musste gegen mein eigenes Empfinden glauben.

In dieser Situation übernehmen die Mediziner eine ungeheure Verantwortung für alle jene Menschen, die ganz unterschiedlich durch die Organspende betroffen und miteinander verbunden sind. Diese Verantwortung ist unteilbar und nicht abtretbar. Sie betrifft die Angehörigen der Spender und Empfänger, den Organempfänger und letztlich die gesamte Gesellschaft – uns alle, die mit diesen Möglichkeiten und ihren Folgen leben müssen. Die Transplantationsmediziner werden dieser Verantwortung nicht gerecht.

Wir leben heute in einer Zeit, in der die Menschen dem Mediziner im existentiellen Krisenfall, in der unmittelbaren Frage nach Tod und Leben glauben und vertrauen müssen. Die Aussagen des Arztes geben häufig – entgegen den persönlichen Erfahrungen – den Ausschlag. Obwohl wir Christian vor einer Minute noch als lebendig angesehen und sich an seiner Situation für unser Empfinden und Verstehen nichts geändert hatte, haben wir von den Ärzten keine Erklärung verlangt, sondern ihnen geglaubt und vertraut. Dieses Vertrauen wird in der langen Zeit danach auf eine harte Probe gestellt. Und dieses Vertrauen in die Aussagen der Mediziner in der Frage der Organspende besteht die Probe nicht.

Ich habe meinen Sohn vor seiner Beerdigung noch einmal gesehen. Er erinnerte mich an ein ausgeschlachtetes Auto, dessen unbrauchbare Teile lieblos auf den Müll geworfen wurden. Kanülen steckten noch in seinen Armen und Händen. Ein Schnitt zog sich von seiner Kinnspitze bis tief in den Ausschnitt seines Hemdes. Die Augen fehlten. Christians Schwester hatte ihrem Bruder im Krankenhaus zum Abschied noch ein Kettchen um den Hals gelegt, und ich hatte einen Ring dazu gehängt. Wir baten darum, ihm das zu lassen, als einen letzten Ausdruck unserer Verbundenheit zu ihm. Jetzt lag die Kette zerrissen neben ihm, der Ring fehlte. Auch dafür hatten sich Abnehmer gefunden. Zurück bekamen wir nur einen blauen Müllsack mit Christians Kleidung, die total zerschnitten war, einem Socken und einem Schuh. Jetzt war er »richtig« tot, er sah auch aus wie ein Toter Er war kalt, ohne Atem, leblos. Da wurde mir deutlich bewusst in welchem Zustand ich Christian im Krankenhaus zurückgelassen und den Medizinern anvertraut hatte. Ich hatte den Ärzten einen Menschen anvertraut, der aussah wie lebend, der warm war und behandelt wurde wie ein Lebender.

Ich musste für mich klären, wozu ich »Ja« gesagt hatte.

Ohne es zunächst begründen zu können, erfasste mich ein tiefes Misstrauen gegen die Transplantationsmedizin. Organspende als Akt der christlichen Nächstenliebe war ein Trugbild, eine Einbahnstraße. Wir waren bereit gewesen, ein Organ zu spenden, jetzt erfuhr ich, dass die Mediziner meinem Sohn Herz, Leber, Nieren und Augen entnommen hatten, man hatte ihm sogar die Beckenkammknochen aus dem Körper gesägt und an eine Knochenbank weitergeleitet, zum späteren Verkauf. Zerlegt in Einzelteile war er dann über Europa verteilt worden. Er war zum Recyclinggut geworden.

Wie ein Schlag traf mich die Erkenntnis, dass ich trotz des Entsetzens, trotz des wachsenden Empfindens, dass man mich in eine Richtung manipuliert hatte, die ich gar nicht wollte, kein Argument gegen die Organspende setzen konnte. Meine gefühlsmäßige Abneigung und mein wachsendes Misstrauen, dass Organtransplantation etwas anderes beinhaltet, als man uns glauben machen wollte, würde mich nicht davor schützen, in einer zukünftigen Situation erneut »Ja« zu sagen, statt »Nein«. Immer wieder prallten meine Erfahrungen und Gefühle, die ich als Mutter von Christian erlebt hatte, auf die Hoffnungen und Wünsche von Müttern kranker Kinder. Ich musste mehr über die Transplantationsmedizin erfahren, um entweder meine Entscheidung doch bejahen zu können oder Argumente für ein »Nein« zu finden.[31]

Nun könnte jemand sagen, dieser Fall sei schon fast vierzig Jahre her. So etwas könne heute nicht mehr passieren. Gewiss mögen solche krassen Missstände wie der oben beschriebene die Ausnahme sein. Aber ausgeschlossen sind sie keineswegs, da die Ursachen auch heute noch vorhanden sind. Zum einen ist der Zeit- und Kostendruck in den Entnahmekrankenhäusern und Transplantationszentren aus den bereits erläuterten Gründen nach wie vor immens hoch. Zum anderen sind menschliche Schwächen wie Takt- und Empathielosigkeit nicht so einfach auszumerzen.

Nachdem Christians Mutter ihren Fall öffentlich gemacht hatte, wandten sich viele Eltern an sie und schilderten von ihren Erfahrungen:

> Alle Angehörigen der Organspender sind davon ausgegangen, dass ihre Kinder so tot waren, wie man sich Tot-Sein vorstellt. Alle erinnerten sich daran, dass ihre Kinder aber gerade nicht kalt, starr, leblos und ohne Atem waren. Im Gegenteil: sie waren warm, einige schwitzten, bekamen Fieber und Hautausschläge, sie wurden wie Patienten versorgt und behandelt.

> Im Nachhinein breiten sich Angst und Entsetzen aus. Das Schuldgefühl, zu früh aufgegeben zu haben, überwältigt, denn was verlassen wurde, war ein Lebender und kein Toter. Niemand kann die Angehörigen aus diesem Alptraum herausführen, weil keiner leugnen kann, dass sie tatsächlich warme, lebende Körper zurückgelassen haben. An dieser erlebten und im Sinne des Wortes wirklich »begriffenen« Tatsache geht die Definition des Hirntodes vorbei. Am erdrückendsten werden die Augenblicke empfunden, in denen die Eltern über die vielleicht noch vorhandenen Empfindungen ihrer Kinder bei der Organentnahme nachdenken. Die Mütter erzählen von nächtlichen Alpträumen, in denen ihre Kinder schreien und ihnen vorwerfen, sie verlassen zu haben. Und das genau haben wir getan.

> Wir sind gegangen als sie am hilflosesten und schützenswertesten waren, und unseres Schutzes so dringend bedurft hätten.

Sterbebegleiter waren nicht wir, sondern die Transplantations-teams, die nacheinander anreisten, um sich ihrer Organe zu bemächtigen. Fixiert auf dem Operationstisch, anästhesiert wie jeder Patient, der operiert wird, reagieren einige Spender mit Blutdruckanstieg, wenn der erste Hautschnitt gesetzt wird. Bei normalen Patienten ist das ein Zeichen für Schmerz.

Haben unsere Kinder etwas empfunden, als man sie vom Kinn bis zum Schambein aufschnitt, ihre Körperhälften wie eine Wanne auseinanderspreizte um sie mit eiskalter Perfusionslösung zu füllen? Haben sie empfunden, wie sie nach der Qualität ihrer Organe beurteilt wurden?

Was haben wir zugelassen, was fügte man ihnen zu, als sie noch zwischen Leben und Tod schwebten, mit welchem Trauma wurden sie in den Tod geschickt?

Es ist nicht zum Aushalten!
Wir finden keinen Weg aus der Schuld.

Wir kennen und verstehen nur einen Tod und merken plötzlich, der Mediziner muss einen ganz anderen Tod meinen. Die schrittweise Suche nach diesem »neuen Tod« wird begleitet von der entsetzten Erkenntnis, dass dieser Tod vor dem anderen, dem von uns vorausgesetzten, dem bekannten Tod liegt. Alles Wissen, alle Informationen, die wir in dieser Frage sammelten, bestätigen und erhärten den Verdacht, dass unsere Kinder nicht tot waren, sondern erst im Sterben lagen.[31]

5.5   Folgen für das nachtodliche Leben des Organspenders

D ie Frage, wie sich eine Organspende auf das nachtodliche Leben des Spenders auswirken könnte, ist kaum verlässlich, endgültig und allumfassend zu beantworten. Da sie aber gestellt werden muss, wollen wir versuchen, eine Antwort zu finden. Dabei muss immer berücksichtigt werden, dass jeder Mensch ein *individuelles* Wesen ist, so dass man nichts verallgemeinern oder gar dogmatisieren darf. Alles, was im Folgenden angeführt wird, *kann* manche betreffen, andere aber nicht. Dennoch gibt es etliche Folgen, die auf nahezu jeden zukommen werden, der im Zuge einer Explantation gestorben ist.

Wenn ein Organspender stirbt, so kommt sein Tod immer äußerst plötzlich. Damit ist nicht so sehr gemeint, dass die Ursache für seinen Hirntod – also der Unfall oder die Krankheit – plötzlich auftrat, sondern vielmehr, dass sein biologischer und tatsächlicher Tod, der durch die Organentnahme ausgelöst wurde, plötzlich und schlagartig eintrat. Hinzu kommt noch, dass diese Art des Getötetwerdens gewaltsamer und grausamer ist, als wenn er etwa im Krieg oder im Streit getötet worden wäre. Für einen Organspender ist der Tod gewiss nicht das schönste Erlebnis, das überhaupt im menschlichen Kosmos möglich ist, wie es für einen Menschen gilt, der eines natürlichen Todes gestorben ist.

Ohne die Explantation hätte er auch in seinem komatösen Zustand noch eine gewisse Zeitspanne gehabt, um auf den Tod zuzuleben. So aber ist sein Astralleib nicht hinreichend darauf vorbereitet, *dauerhaft* außerhalb des physischen Leibes zu leben. Das kann dazu führen, dass der Mensch in der ersten Zeit nach dem Tod noch ein großes Verlangen nach seinem auf abrupte Art abgelegten physischen Leib verspürt.[32] Es wird ihm schwerfallen, sich in den höheren Welten zu orientieren und zurechtzufinden. Es kann ihn ein großes Gefühl der Leere überkommen. Da er sich noch zu seinem physischen Leib und seinem Erdenleben stark hingezogen fühlt, ist es möglich, dass er geraume Zeit an die Erdenwelt ›gekettet‹ bleibt und sich nicht so bald in die lichten Sphären erheben kann.

Etschewit und Kordon formulierten es so: »Menschen, die die geistige Welt auf Erden verneinen, haben ohnehin Probleme, sich in den geistigen Sphären zu orientieren, und diese Orientierungslosigkeit wird erhöht, wenn diese Menschen auch noch Organspender sind. Denn dann sind ihre Restfähigkeiten, über die Urbilder ihrer Organe etwas von der geistigen Welt schauen zu können, fort. Bei voll ausgeweideten Körpern kann es sein, dass die übersinnliche Wesenheit des Menschen Jahrzehnte braucht, um überhaupt aus der Region der Erde fortzukommen. Viele Jahrzehnte!«[33]

In vielen Fällen kann es nun so sein, dass ein auf gewaltsame Art gestorbener Mensch nach seinem physischen Leib und nach seinem Selbst bzw. Ich sucht. Er kann *sich* nicht finden. Bei einem Menschen, der gewaltsam durch die Hand eines anderen zu Tode gekommen ist, kann sich nun diese Suche nach dem eigenen Selbst in schlimmen Reaktionen äußern. In manchen Fällen wird in dem Getöteten eine ungeheure Wut gegenüber denen, die seinen Tod verursacht haben, hervorgerufen.

Im Falle einer Organexplantation wird er diese mögliche Wut insbesondere gegenüber den Explanteuren haben. Sofern seine Angehörigen die Zustimmung zur Organentnahme gegeben haben, indem sie seinen mutmaßlichen Willen völlig falsch eingeschätzt haben, könnte in ihm auch diesen gegenüber große Wut und Hass aufkeimen. Die möglichen Reaktionen können sich sehr unterschiedlich gestalten und werden von den Ärzten bzw. Angehörigen vermutlich nur dann bemerkt werden, wenn sie einigermaßen feinfühlig und sensibel sind.

Ein Verstorbener bekommt von dem, was in den Seelen seiner Hinterbliebenen lebt, sehr viel mehr mit, als selbst spirituell gesinnte Zeitgenossen glauben. Insbesondere kann er deren Gefühle und Gedanken wahrnehmen. Er bekommt also – wie bereits erwähnt – deren Trauer und Verzweiflung sowie ihre quälenden Fragen, ob die Entscheidung zur Organspende – unabhängig davon, wer sie getroffen hat – richtig war, mit. Das kann für ihn überaus belastend sein. Sofern seine Angehörigen und Freunde nicht über diese Gefühle und Gedanken hinauskommen, kann ihn auch das geraume Zeit an die Erdenwelt verhaften.

Alle bisher geschilderten Folgen, die im Leben nach dem Tod auf einen Menschen, der auf gewaltsame Art gestorben ist, zukommen können, sind durch Rudolf Steiners Geistesforschung bestätigt.

Dass auch – oder sogar gerade – der Tod eines Organspenders ein plötzlicher und äußerst gewaltsamer ist, ist unstrittig.

Ein ganz zentraler Aspekt, der uns auch im nächsten Kapitel, wenn es um das Schicksal des Organempfängers geht, noch beschäftigen wird, hängt ganz wesentlich mit dem Ätherleib des Spenders zusammen.

Wir haben ja schon geschrieben, dass jedes physische Organ ein Ätherorgan besitzt, das ersteres aufbaut, belebt und erhält. Die Frage ist jetzt, was mit dem Ätherorgan geschieht, wenn das physische explantiert wird. Zunächst einmal ist klar, dass das ätherische Organ – weder komplett noch in ›Stücken‹ – einfach mit dem physischen herausgeschnitten werden kann. Es bleibt also vermutlich im Ätherleib des im Zuge der Explantation Verstorbenen.

Dass das wohl so ist, kann man anhand der sogenannten »Phantomschmerzen« ableiten, die viele Menschen verspüren, nachdem ihnen beispielsweise ein Bein amputiert worden ist. Zwischen 60 und 80 Prozent der Menschen, denen ein Körperglied – beispielsweise ein Bein – amputiert werden musste, haben oftmals noch Jahre später das Empfinden, wie wenn das Glied noch im oder am Körper vorhanden wäre. Sie verspüren an der jeweiligen Stelle Schmerzen und Missempfindungen. Die materialistische Wissenschaft kann sich dieses Phänomen nicht erklären. Früher ging man davon aus, dass es sich bei den vermeintlichen Schmerzen um pure Einbildung handeln würde. Heute glaubt man die Ursache der Phantomschmerzen auf Veränderungen im Gehirn zurückführen zu können. Wissenschaftler gehen davon aus, dass in dem Areal des Gehirns, das für die Sinneswahrnehmung zuständig ist, eine Art Umstrukturierung stattfinde, die zu einer veränderten Reizverarbeitung führe.

Solange man den Menschen nur auf seinen mineralisch-stofflichen Leib reduziert und somit seine *übersinnlichen* Wesensglieder ignoriert, wird man die wahre Erklärung nicht finden. Nach einer Amputation ist das entsprechende Ätherglied natürlich immer noch vorhanden und umfasst das verlorene physische Glied. Es kann jetzt aber nicht mehr in der gewohnten Art eingreifen und wirken, da sein Wirkungsfeld, das amputierte physische Glied, fehlt. Diese Unmöglichkeit, tätig zu werden und organisierend einzugreifen, empfindet der entsprechende Teil des Astralleibes als Schmerz. Schmerz hängt immer mit einer unterdrückten Tätigkeit zusammen. Jede unterdrückte Tätigkeit führt zum Schmerz.[32]

Nun gibt es aber einen gewaltigen Unterschied zwischen einem Menschen, dem ein Glied amputiert wurde, und einem, dem Organe explantiert wurden. Während der eine lebt, ist der andere gestorben. Könnte es sich da nicht anders mit den jeweiligen Ätherorganen verhalten? Eines scheint klar zu sein: Es müssen vielleicht nicht die kompletten Ätherorgane bei den entnommenen physischen bleiben, aber zumindest gewisse Teile oder Essenzen, da ansonsten den explantierten Organen die Lebenskräfte entzogen würden und sie somit quasi tot wären und nicht mehr den Empfängern eingepflanzt werden könnten. Vielleicht könnte man von einem ätherischen ›Anteil‹ oder einer ätherischen ›Restaktivität‹ sprechen, die in den explantierten Organen auch nach der Implantierung in den Leib der Empfänger – zumindest noch eine Zeit lang – verbleibt. Dann würden dem Ätherleib des Spenders, der sich nach dem Zerreißen der Silberschnur vom physischen Leichnam trennt und in die Ätherwelt aufsteigt, gewisse Teile und somit auch gewisse Lebenserinnerungen fehlen. Wenn dem so sein sollte, muss man sich fragen, wie sich das auf das nachtodliche Leben des Spenders auswirken könnte, der dann mit einem nicht vollständigen Ätherleib durch die Pforte des Todes ginge. Wie könnte sich das etwa auf die so wichtige Lebensrückschau (☞ Kapitel 4, S. 110ff.) auswirken?

Auf die Frage, ob die Lebensrückschau beeinträchtigt werde, wenn aus dem Leib des Verstorbenen Organe entnommen wurden oder wenn er durch einen Unfall zerfetzt wurde, antwortete Etschewit: »Es ist schon ein Unterschied, ob man per Gewalteinwirkung zerfetzt oder zerschnitten wird oder ob der physische Leib erhalten ist. Der Engel, der die Leinwand für dieses Panorama aufspannt, auf dem sich dann dieses Panorama künstlerisch aufspannt, muss bei einer Zerstückelung oder Zerfetzung vieles aus seiner eigenen Erinnerung hervorholen. Die Bilder während der Rückschau sind dann lange nicht so farbig, wie wenn der physische Leib vollständig erhalten bleibt.«[35]

Es ist also durchaus möglich, dass die Lebensrückschau nicht vollständig ist, dass dem Verstorbenen nicht alle Bilder aus seinem gerade abgelegten Erdenleben gezeigt werden. Möglicherweise fehlen in dem Panorama insbesondere die Erinnerungsbilder, die auf den oder die Spender übertragen wurden. Darüber werden wir im nächsten Kapitel schreiben. Da diese Art der Rückerinnerung außerordentlich wichtig ist, da aus ihr eine Kraft fließt, die der Mensch benötigt, um im ganzen Leben nach dem Tod sein Ich-Bewusstsein aufrechterhalten zu können, kann eine nicht komplette Rückschau ihm die so wichtige Aufrechterhaltung möglicherweise erschweren.

Jeder verstorbene Mensch hat in der ersten Zeit nach seinem Schwellenübergang noch eine gewisse ›gesunde‹ Beziehung zu seinem abgelegten physischen Leib, den er in seinem Erdenleben bewohnt und durchgestaltet hat. Er kann auf ihn blicken und dadurch erkennen, dass er nicht eines physischen Leibes bedarf, um ein Bewusstsein seiner selbst haben zu können. Ein Organspender schaut jetzt wie schon während des Explantationsvorgangs auf seinen zerschnittenen und verstümmelten Leib, den er nicht mehr – zumindest nicht in seiner Gänze – als *seinen* physischen Leib erkennen kann. Etschewit sagte: »Dabei entsteht häufig ein Problem, denn viele erleben durch die Explantation eine Art Schock und finden danach ihren ausgeweideten physischen Leib nicht wieder. Das ist für sie eine unglaublich traurige Erfahrung. Denn der Mensch braucht seine Organe als Eingangstore zur geistigen Welt. Aber die Organe sind weg. Oder sie sind in anderen Menschen. Oder sie sind in irgendwelchen Flugzeugen oder auf der Müllkippe. Wir in der geistigen Welt wissen, wie wichtig die Organe zur Wahrnehmung der geistigen Welt sind, und wir sehen dann, wie der Mensch, der in einer Art Schock bei der Explantation von sich zurückgetreten ist, allmählich wieder zu sich kommt und versucht, vielleicht noch zu retten, was zu retten ist, und dabei verzweifelt seinen physischen Leib sucht. Und wir bemerken dann, dass er ihn nicht findet. Der Leib ist ihm fremd geworden, wenn er ihn findet. Das ist sehr tragisch.«[36]

Auch der bereits erwähnte Geistesseher Heinz Grill ist sich sicher, dass eine ›postmortale‹ Organspende sich nachteilig auf das Leben zwischen Tod und neuer Geburt auswirkt. Er macht das ebenfalls insbesondere an den fehlenden physischen Organen fest. So schreibt er: »Wir können sehr leicht der Annahme verfallen, dass mit dem Zerreißen der Silberschnur [also mit Eintritt des biologischen Todes] und mit dem Auseinanderbrechen der Ätherkräfte der Körper [physischer Leib] sogleich ein vollkommen unwichtiges Glied in der weiteren Entwicklungskette darstellen würde. Aber der Körper muss noch, wenn auch in einem etwas loseren Zusammenhang, mit der Seele kommunizieren, denn in diesem Körper sind die Lebenskräfte tätig gewesen, und in diesem Körper haben sich die Merkmale des urbildlichen Lebens der Einzigartigkeit eines Schöpferseins eingraviert. Der Geist hatte seine genaue, spezifische Signatur in das Physische geschrieben. Nun will sich aus diesem physischen Leben heraus rückwärts laufend wieder die Information in das Geistige zurückgeben.

Der Ätherleib ist deshalb nach dem Tode noch einmal der Vermittler zwischen dem bevorstehenden seelischen Einkehren [in die übersinnliche Welt] und dem Verlassen des physischen Planes. Man kann sich den Ätherleib vorstellen wie eine außerordentlich weise Person, die den physischen Leib unbedingt benötigt, um die genauen Rückerinnerungen für das kommende seelische Dasein zu lesen und zu erstellen. Der Ätherleib blickt deshalb, soweit wir das sagen können, zurück auf den physischen Leib, auf die einzelnen Organe, auf die Leber, auf die Nieren, auf das Knochensystem, auf die Gehirnanlage und nimmt die Signaturen, die einzelnen Eindrücke, die darin eingraviert sind, wahr und transformiert sie in einem außerordentlich weisen Programmablauf hinüber, so dass sie schließlich in der astralen Welt als moralische und ethische Eindrücke sichtbar und erfahrbar sind.

Der Äther[leib] bleibt deshalb noch drei Tage lang mit dem physischen Körper in einer nahen Verbindung. Diese Verbindung von Ätherleib zum physischen Leib ist wie ein feinster Sinnesprozess vorzustellen, denn der Ätherleib tastet gewissermaßen an den einzelnen Organen, an den Formen, an den kleinen Unebenheiten, an den Kanten, an den Mulden und Falten entlang und sucht daraus die genau bemessene Erinnerung. Erst nach den drei Tagen, wenn das Lebenspanorama erstellt ist, lässt der Ätherleib den physischen Leib los und sieht seine Funktion im weiteren Ablauf des gesamten Entwicklungsprozesses der Seele als beendet. Der Ätherleib löst sich mit den vielseitigen Gedanken hinaus in den schöpferischen Raum der Sterne.

Mit dieser Betrachtung erklärt sich die in unseren medizinischen Bereichen so wesentliche Frage, wie es sich verhält, wenn dem Sterbenden ein Organ entnommen wird, denn wir kennen anhand des Zusammenhangs von Ätherleib und physischem Leib den Ablauf des Weges besser. [...]

Der Ätherleib tastet den physischen Leib ab und bringt Erinnerung für Erinnerung empor in die geistige Welt, er macht die Erinnerung für den Astralleib offenbar. Nun aber, wenn das Organ entnommen wird, erfährt der Ätherleib eine Irritierung und kann nur auf Umwegen und unter Verzögerungen den natürlichen Erinnerungsablauf herstellen. So kommt es für den Astralleib, für die Seele des Menschen, für das innerste Gefühl des Menschen, zu einem tiefen Entsetzen oder einem Verlustgefühl. Dieses Verlustgefühl sollte am besten vermieden werden, indem wir uns der Organentnahme nicht freiwillig unterstellen. Organentnahmen sind für das Weiterleben nach dem Tode von Nachteil.«[21]

Der deutsche Facharzt für Innere Medizin Prof. Dr. *Volker Fintelmann* sagte in einem Interview: »Kann der Organspender nach seinem wirklichen Tod einfach loslassen gegenüber seinem Organ, welches noch eine gewisse Zeit in einem anderen Menschen weiterlebt? Man muss sich fragen, was aus dem Schicksal und von der Wesenheit des Verstorbenen in dem Organempfänger wirksam wird und wie stark sich dieser an den Organspender bindet. Hier entstehen aus meiner Sicht ganz tiefe Fragen und Probleme. Ich bin der Meinung, dass wir auf der Ebene der Transplantationsmedizin experimentieren, ohne die Folgen in irgendeiner Weise absehen zu können; vergleichbar mit der Atomenergie, die wir nutzen, ohne z.B. das Entsorgungsproblem bewältigen zu können.«[37]

Auf die Frage, was mit einem Organspender nachtodlich geschehe, wenn ihm die *Leber* explantiert wurde, antwortete Professor Fintelmann: »Ich bin davon überzeugt, dass sowohl der Organspender als auch der Organempfänger ziemliche Probleme mit der Selbstfindung bekommen werden. Ich könnte mir vorstellen, dass die klare Bestimmung, wer man als Ich ist, einen gehörigen Knacks bekommen kann. [...] Ich habe einige Lebertransplantierte begleitet, und bei ihnen traten Schwierigkeiten mit der Selbstbestimmung auf. Auf der anderen Seite steht der Mensch, der sein Organ gespendet hat, der jetzt an dieser Stelle ein Loch hat, mit allen seelisch-geistigen und ätherischen Auswirkungen. Es ist ja unendlich wichtig, dass man über den Tod hinaus ein Ich-Bewusstsein behält, was in früheren Jahrtausenden [als der Mensch noch kein *individuelles* Ich hatte] gar nicht möglich war. Das stellt sich aber nicht von alleine ein, sondern setzt voraus, dass man sich dieses Ich-Bewusstsein auf Erden schafft und auch durch den Tod in einer bewussten Art geht. Ich könnte mir also vorstellen, dass derjenige, der seine Leber spendet, nachtodlich in die Frage kommt, wer er überhaupt ist, wer er als Ich ist; dass er sich die Frage stellt, wie sein weiterer [nachtodlicher] Weg aussehen wird. Und an dieser Stelle könnten Probleme auftreten.«[38]

Bezüglich einer Herztransplantation sagte Professor Fintelmann »Das scheint mir ein sehr schwieriges Problem zu sein, weil ein zentraler Ort seiner Ich-Orientierung zu einem Zeitpunkt genommen wird, an dem er noch gar nicht richtig gestorben ist. In dem Moment, in dem er stirbt – und das ist ein aufgezwungener Todesmoment –, erlebt er gerade dasjenige nicht, was er erleben müsste. Der Tod ist eigentlich der höchste Augenblick einer Ich-Präsenz. [...] An keiner anderen Stelle tritt man so extrem an die Individualität desjenigen heran, dem man ein Organ entnimmt. So wird dieser

Mensch, zumindest eine Zeit lang, auf seinem nachtodlichen Weg in große Schwierigkeiten kommen.«[39]

5.5.1 Ein Organspender braucht nach dem Tod Hilfe

Die erste Zeit nach dem Tod kann sich also für einen Menschen, dem ›postmortal‹ Organe entnommen wurden, als sehr schwierig, ja geradezu dramatisch gestalten. Freilich werden ihm sein Engel und die Seelen anderer Verstorbener helfen, sich in der neuen Daseinssphäre zurechtzufinden und einzugewöhnen.

Aber in erster Linie bedarf er der Hilfe und Unterstützung seiner noch auf der Erde lebenden Familienmitglieder und Freunde. Diese können deutlich mehr Einfluss ausüben als Verstorbene.

Das kann dadurch geschehen, dass sie sich insbesondere in den ersten Monaten nach dem Tod des Öfteren – anfangs am besten täglich – mit ihm gefühls- und gedankenmäßig verbinden und ihm Gedanken der Liebe schicken sowie Bitten und Gebete für ihn sprechen. In unserem bereits erwähnten Werk *»Die spirituelle Seite des Todes«* (☞ S. 214) haben wir solche Gedenkrituale ausführlich beschrieben und auch zahlreiche Gebets- bzw. Meditationssprüche angeführt, die Rudolf Steiner für Verstorbene gegeben hat.

Wenn die Angehörigen eines Organspenders eine materialistische Einstellung haben und folglich davon ausgehen, dass der Verstorbene gar nicht mehr existent ist, oder wenn sie religiös gesinnt sind, aber sehr naive Vorstellungen haben und etwa glauben, dass er jetzt beim ›lieben Gott‹ wäre, wo es ihm ›paradiesisch‹ gut ginge, hat er ein großes Problem. Etschewit und Kordon sagten dazu: »Wenn [die verstorbenen Organspender] Menschen auf Erden haben [...], die intensiv für die Verstorbenen beten, die ihnen Licht bringen, bessert sich die Situation. Wenn sie aber aus einem karmischen Umfeld stammen, in dem alle das Geistige verneinen, nicht für Verstorbene beten, dann haben diese Menschen nachtodlich ein echtes Problem.«[40]

5.6 Die karmische Dimension einer Organspende

D ass es sich bei einer Organspende um ein Ereignis handelt, das von größter karmischer Tragweite ist, dürfte jedem, der sich zumindest ein wenig mit dem großen kosmischen Schicksalsgesetz bekannt gemacht hat, klar sein.

Man muss hierbei insbesondere an die drei Hauptbeteiligten denken, also an den Organspender, den Explanteur und den Organempfänger. Dass man es bei einer Organspende meistens mit mehreren Explanteuren und mehreren Empfängern zu tun hat, ändert nichts am Prinzip und kann von jedem Leser bei den folgenden Betrachtungen sinngemäß dazu gedacht werden.

Wir wollen dieses Thema hier aus der Warte des Organspenders betrachten. Wie sich das karmisch ganz konkret verhält, kann in jedem Einzelfall selbstverständlich nur von einem Geistesseher erforscht und beurteilt werden.

Grundsätzlich sind mehrere Möglichkeiten denkbar. So könnte es sich beispielsweise um eine karmische Wirkung oder Folge handeln. Dann hätte man es mit einem karmischen Ausgleich zu tun. Vielleicht hat der Spender dem Explanteur in einem früheren gemeinsamen Erdenleben etwas Schlimmes angetan, so dass er das jetzt in einer anderen, aber vielleicht ähnlichen Form selbst ertragen muss. Von einem durchaus vergleichbaren konkreten Fall, der uns ins Mittelalter führt, sprach Rudolf Steiner. Eine Anzahl von Femrichtern verhängte in einer Gerichtsversammlung das Todesurteil über einen Angeklagten, das sie schließlich selbst vollzogen.

Rudolf Steiner ging in der sogenannten »Akasha-Chronik«, dem großen Weltgedächtnis, in dem alles eingeschrieben ist, was jemals getan, gesagt und gedacht wurde, zurück in frühere Verkörperungen der Richter und des Getöteten. **»Und da stellte es sich heraus, dass alle zu gleicher Zeit gelebt hatten, und zwar der Hingerichtete als Häuptling eines Stammes, und dieser hatte diejenigen, die jetzt Femrichter waren, hinrichten lassen. Diese Tat des vorherigen physischen Lebens hat den Zusammenhang geschaffen zwischen den Personen; sie hat Kräfte geschaffen, die bis in die Akas-**

ha-Chronik hineinwirken. Wenn nun ein Mensch wiederum zur Verkörperung kommt, lassen diese Kräfte ihn wiederum geboren werden gleichzeitig und am selben Ort mit dem Menschen, mit dem er so verkettet ist, und wirken sein Schicksal aus. Die Akasha-Chronik ist tatsächlich eine Kraftquelle, in der alles eingeschrieben ist, was ein Mensch an den andern abzutragen hat. Diese Vorgänge kann mancher spüren; die wenigsten sind sich aber dessen bewusst.«[41]

Was einen möglichen karmischen Ausgleich angeht, kann auch an den Organempfänger gedacht werden. Vielleicht hat der Spender sich diesem gegenüber in einer früheren Inkarnation, in der beide miteinander zu tun hatten, in grober Weise schuldhaft verhalten, so dass er sein einstmaliges Fehlverhalten wieder dadurch gutmachen kann, dass der Empfänger dank seiner gespendeten Organe weiterleben kann.

Schließlich kann es sich bei einer Organspende auch um etwas handeln, das durch nichts aus der Vergangenheit verursacht worden ist, so dass man nicht von einer karmischen Wirkung sprechen kann. Dann hätte man es mit einer neuen, karmisch unverursachten, aus freiem Willen entsprungenen ›Tat‹ zu tun. Eine solche wird dann in späteren Leben natürlich eine karmische Wirkung nach sich ziehen.

Bei Menschen, die eines gewaltsamen und plötzlichen Todes sterben, die sich also gewissermaßen hinopfern, zeigt sich das im nächsten Erdenleben häufig als eine besondere Kraft, die es ihnen ermöglicht, ihrem ganzen Leben eine neue Richtung zu geben oder etwas Besonderes zu leisten.[42]

»Wer sind denn diejenigen, die vorzugsweise für das Allgemeine der Menschheit arbeiten, die sich allgemeine Aufgaben stellen in späteren Inkarnationen? Es sind diejenigen, die in einer früheren Inkarnation in irgendeiner Weise einen Opfertod durchgemacht haben. Die hingebungsvollen, dem Geistigen hier auf der Erde zugeneigten Naturen, die verdanken das ihrem ein Martyrium zu nennenden Leben in einer vorhergehenden Inkarnation. Die Erde könnte nicht fortschreiten, wenn sich nicht Menschen opfern würden«.[43]

Unserer Auffassung nach könnten zu diesen Menschen, von denen Steiner hier sprach, auch Organspender zählen.

Selbstredend werden dem Explanteur die Konsequenzen seines Tötens im nachtodlichen Leben sowie im folgenden Erdenleben nicht erspart.

5.7 Folgen für die Explanteure im Leben nach deren Tod

J ede Organentnahme stellt für die meisten Ärzte, die sie durchführen, eine große psychische Belastung dar.

Selbst wenn sie schon einige Male explantiert haben, können sie es nicht immer zur Gänze verdrängen, dass sie einem im Grunde noch lebenden Menschen die Organe herausschneiden, wodurch sie ihn letztlich töten. Damit handeln sie im krassen Gegensatz zu dem, was die originäre Aufgabe eines Arztes ist, nämlich zu heilen und menschliches Leben zu retten. Etwas überspitzt könnte man diese Chirurgen als ›Anti-Ärzte‹ bezeichnen.

Vielen Ärzten ist das absolut bewusst, so dass immer weniger diese Aufgabe übernehmen wollen.

Der Internist, Diabetologe und Palliativmediziner Dr. *Matthias Girke* sagt: »Wenn man mit Chirurgen spricht, die Transplantationen vornehmen, erfährt man, dass sie sehr gern implantieren, aber ungern explantieren. Offenbar erleben sie selbst eine Art innerer Unsicherheit:

Dürfen wir das machen? Dürfen wir eine solche fremdnützige und nicht mehr im therapeutischen Sinn auf den Spender konzentrierte Maßnahme vornehmen?

Denn diese Maßnahmen, die nach allen Regeln intensivmedizinischer Kunst erfolgen, sind ja so ausgerichtet, als würden sie den Patienten am Leben erhalten wollen, als würden sie ihn therapeutisch unterstützen. Man spricht hier interessanterweise nicht mehr von einer Therapie an einem Schwerstkranken, sondern von ›Spender-Konditionierung‹ [☞ Kapitel 1, S. 24f.]. Es sind Maßnahmen, die nicht mehr heilen wollen im Sinne des Heilerwillens für diesen Menschen, sondern ihn für eine Organspende ›konditionieren‹, vorbereiten, bereitmachen.

Als Hirntoten, aber irgendwie doch noch Lebenden bringen wir ihn in den Operationssaal, als Gestorbener kommt er aus ihm wieder heraus.

Dürfen wir das als Ärzte? In welcher ethischen Verbindung stehen wir zu diesem Spender?«[44]

Es ist ja unstrittig, dass ein Arzt, der einem Hirntoten Organe entnimmt, juristisch legal und politisch gewünscht handelt. Nach unserer Überzeugung ist es aber ebenso unstrittig, dass er dadurch den Patienten, der ansonsten noch geraume Zeit künstlich am Leben gehalten werden und in sehr seltenen Fällen eines Tages sogar noch aufwachen und genesen könnte, tötet. Ein Arzt, der zumindest ein wenig spirituell oder religiös gesinnt ist und ein Leben nach dem Tod nicht ausschließt, wird in seinen Seelentiefen möglicherweise durch die Frage, wie sich seine Tat auf sein nachtodliches Leben auswirken könnte, gequält. Diese Gedanken muss er verdrängen. Ansonsten könnte er seiner Aufgabe nicht nachkommen.

Es ist davon auszugehen, dass das Explantieren schon in naher Zukunft flächendeckend von durch Künstliche Intelligenz gesteuerte Roboter übernommen wird. Freilich werden diese von einem menschlichen Wesen zu ihrem Tun veranlasst. Für den Patienten ist es vermutlich noch entsetzlicher, wenn er wahrnimmt, dass er von einer Maschine ausgeschlachtet wird.

Welche Folgen könnten im nachtodlichen Leben auf einen Explanteur zukommen?

Zunächst einmal ist von entscheidender Bedeutung, mit welcher inneren Einstellung bzw. mit welchem Bewusstsein ein Chirurg diese Aufgabe wahrnimmt. Es macht einen großen Unterschied, ob er es aus opportunistischen Gründen macht, weil er dadurch besonders gut verdienen kann oder weil es ihm vielleicht sogar eine gewisse Befriedigung verschafft, an einem lebenden Menschen herumzuschneiden, oder ob er es mit einer gewissen Würde und in dem Bewusstsein, dadurch das Leben mehrerer anderer Menschen zu retten, ausführt. Des Weiteren dürfte es eine Rolle spielen, wie er sich gegenüber den Angehörigen verhält, ob er ihnen auf die Frage, ob der Patient tot sei und nichts mehr mitbekomme, nach bestem Wissen und Gewissen die Wahrheit sagt oder ob er sie belügt.

Wie wir in Kapitel 4 geschrieben haben, durchläuft jeder Mensch nach dem Tod im Kamaloka noch einmal sein komplettes Erdenleben. Bei dieser so wichtigen Auseinandersetzung mit seiner Biografie erlebt er alles nicht aus seiner Perspektive, sondern aus der seiner Mitmenschen. Er steckt gewissermaßen in ihnen drin. So durchlebt er alle Gefühle, die seine Taten und Worte bei anderen Menschen ausgelöst haben. Selbstverständlich durchlebt ein Explanteur auch jede einzelne Organentnahme, die er jemals durchgeführt hat. Er erlebt es aus der Perspektive des Patienten und dessen Angehörigen, mit denen er vorher gesprochen hat. Man kann also davon ausgehen, dass er alles das, was der Patient während der Explantation erlebt und durchlitten hat, jetzt selbst empfindet. Auch wird er die Gefühle der Angehörigen, denen gegenüber er sich womöglich takt- und pietätlos verhalten hat, selbst verspüren.

In seiner nächsten Inkarnation muss ein Explanteur gewiss auch für den karmischen Ausgleich an den Menschen, denen er Organe entnommen hat und mit denen er aufgrund der Schicksalsfäden, durch die er mit diesen verbunden ist, wieder zusammenkommen wird, sorgen.

Dass die Folgen für diejenigen Explanteure, die wissentlich einen zum Zwecke der Organentnahme ermordeten Menschen ausschlachten – wie das in China in großem Stil praktiziert wird –, weitaus gravierender sind, liegt auf der Hand.

Bei den Ärzten, die Organe *implantieren*, muss man zu anderen Bewertungen kommen. Da hat man es ja mit einer Heilung zu tun!

Karmisch gesehen, *kann* es sich dabei um einen Ausgleich bzw. eine Wiedergutmachung handeln.

5.8 Kann es ›gute‹ Gründe für eine ›postmortale‹ Organspende geben?

N ach allem, was wir über die medizinischen und insbesondere über die spirituellen Hintergründe und möglichen Konsequenzen einer ›postmortalen‹ Organspende geschrieben haben, fällt es nicht ganz leicht, gute Gründe anzuführen, warum sich jemand als Organspender zur Verfügung stellen sollte, zumal – wie wir im nächsten Kapitel noch sehen werden – auch die Folgen für den Organempfänger nicht unbedingt ausnahmslos positiv sind, wie es in der Öffentlichkeit propagiert und allgemein angenommen wird.

Auf der anderen Seite könnte man das, was wir über die karmische Dimension einer Organspende geschrieben haben, als Argument dafür auffassen, sich als Organspender zur Verfügung zu stellen. Man könnte ja sagen, dass hiermit schließlich ein guter karmischer Sinn verbunden sei und dass man durch die Spende seiner Organe für einen karmischen Ausgleich sorgen *könnte*. Wie schon erörtert wurde, *könnte* ein solches Hinopfern auch dazu führen, dass der Organspender im nächsten Erdenleben besondere Kräfte erhält, durch die er sein Leben in eine ganz andere Richtung lenkt und Besonderes zu leisten imstande ist. Freilich hat letztlich alles, was geschieht, eine karmische Bedeutung. Da aber von verschwindend wenigen Ausnahmen abgesehen die Menschen ihr Karma nicht kennen und beurteilen können, wäre das eine sehr vage und nicht tragfähige Grundlage, um eine so schwerwiegende Entscheidung treffen zu können.

Dennoch gibt es nach unserem Dafürhalten durchaus einen Grund, sich beizeiten für eine potentielle Spende seiner Organe zu entscheiden. Bei diesem Grund handelt es sich um ein hohes Ideal, das die weitaus meisten Menschen überfordert.

Dieses Ideal besteht darin, dass der Spender damit ganz bewusst und aus absoluter Selbstlosigkeit und größtmöglicher Liebe zu seinen Menschenbrüdern ein außerordentlich großes Opfer für einen Menschen, den er nicht einmal kennt, zu bringen bereit ist. Das setzt aber zwingend voraus, dass er sich im Vorfeld ausführlichst über alle medizinischen und spirituellen Folgen aufklärt. Wenn er nicht weiß, was mit diesem Opfer alles verbunden ist, wenn er womöglich sogar glaubt, dass mit dem Tod seine Existenz enden würde, so wäre es kein Opfer!

Wenn ein potentieller Spender sich irgendwann, nachdem er sich umfassend informiert und alles sorgfältig erwogen hat, in Freiheit für eine Organspende entschieden hat, so ist zu empfehlen, dass er diese Entscheidung immer wieder einmal ins Bewusstsein hebt und sie jedes Jahr neu überdenkt und überprüft und sie eventuell auch wieder revidiert.

Natürlich kann er nicht wissen, wer im Falle eines Falles eines Tages seine Organe erhält. Aber auch wenn er ihn nicht kennt, kann er sich mit dem Empfänger, der aber im Geistigen längst feststeht, gedanklich in Verbindung setzen. Er kann für ihn beten und seinen Engel bitten, dass die mögliche Transplantation erfolgreich verlaufe und dass ihm das Spenderorgan zu einem erfüllten und sinnvollen Weiterleben verhelfen möge.

Wenn sich ein Organspender in der skizzierten Weise auf den Eventualfall vorbereitet hat, wird er sich – wenn es eines Tages tatsächlich dazu kommen sollte – auch noch während der Explantation an seinen Opferwillen erinnern. Er wird wissen, dass er bereit war, dieses brüderliche Opfer zu erbringen. Dann wird er vermutlich auch den leidvollen Prozess der Organentnahme besser ertragen können und die Konsequenzen im nachtodlichen Leben akzeptieren.

Allerdings ist zu empfehlen, dass er im Vorfeld auf eine Vollnarkose besteht oder dass seine Angehörigen das einfordern.

Es wäre im Übrigen selbstverständlich völlig inkonsequent und absolut egoistisch, wenn ein Mensch bereit wäre, sich ein krankes

Organ durch ein Spenderorgan ersetzen zu lassen, selbst aber einer Organspende nicht zustimmen würde. Kein vernünftiger Mensch wird einem anderen Menschen eine Organspende zumuten, ohne dazu selbst bereit zu sein.

5.9 Wie ist eine Lebendspende zu bewerten?

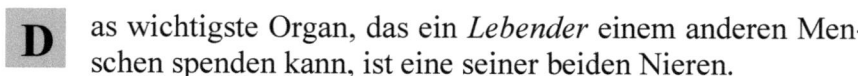 **D** as wichtigste Organ, das ein *Lebender* einem anderen Menschen spenden kann, ist eine seiner beiden Nieren.

Bei einer Lebendspende kann gewiss aus Sicht des Spenders von einem selbstlosen Akt der Nächstenliebe gesprochen werden. In den wohl meisten Fällen kennen sich Spender und Empfänger, die oftmals sogar aus derselben Familie kommen. Somit ist es wirklich ein Liebesgeschenk an den *Nächsten*.

Bei einer solchen Spende werden die sehr bedenklichen Folgen, über die wir in diesem Kapitel geschrieben haben, nicht auf den Spender zukommen.

Für den Empfänger des Organs macht es aber nur bedingt einen Unterschied, ob er eine Niere oder einen Teil einer Leber von einem Lebenden oder einem Hirntoten bekommt.

Mit den meisten Folgen, über die wir im nächsten Kapitel schreiben werden, muss auch er rechnen.

Mögliche Folgen im weiteren Erdenleben sowie im nachtodlichen Leben des Organempfängers

*Wer heilen will,
muss sich zuerst von seinen Irrtümern heilen lassen.*

Martin Gerhard Reisenberg

*I*n diesem Kapitel liegt der Schwerpunkt der Betrachtungen auf dem, was den Empfänger eines Organs – insbesondere sein weiteres Schicksal und sein späteres Leben zwischen Tod und neuer Geburt – betrifft. Nach der üblichen Anschauung ist der Organempfänger der große Gewinner in der ›Transplantations-Lotterie‹.

Wie wir im Folgenden sehen werden, lässt sich das allerdings keineswegs so uneingeschränkt sagen.

Auch können wir uns jetzt an eine Erklärung für die merkwürdigen Phänomene, von denen zahlreiche Organempfänger berichten und über die wir in Kapitel 3 geschrieben haben, herantasten.

6.1   Eine schicksalsträchtige Entscheidung

Selbst für einen Patienten, der seit geraumer Zeit weiß, dass ein bestimmtes seiner Organe stark geschädigt ist und nicht mehr seine Aufgabe in vollem Umfang erfüllen kann, kommt dann eines Tages die Mitteilung seines Arztes, dass er unbedingt ein neues Organ benötige, um überhaupt noch am Leben bleiben zu können oder um es zumindest noch in erträglichem Maße weiterführen zu können, doch recht überraschend.

Man kann sich leicht vorstellen, dass ihn diese ärztliche Diagnose sehr schockieren und erschüttern kann. Der Patient und seine

Familienmitglieder werden sich geraume Zeit in einem seelischen Ausnahmezustand befinden.

Aber langsam muss die folgenschwere Entscheidung reifen, ob er sich diesem Eingriff unterziehen will. Diese Entscheidung ist ganz wesentlich von seinem Weltbild abhängig.

Wenn er materialistisch gesinnt ist und den Tod als das unwiderrufliche Ende seines Daseins betrachtet, wird er sich viel eher an diesen Strohhalm klammern und dem Organaustausch zustimmen. Spätestens jetzt sollte er sich gründlich und umfassend mit den medizinischen Risiken und Konsequenzen, die ihn erwarten, befassen und mental auf die Transplantation vorbereiten. Dann beginnt eine oftmals monate- oder gar jahrelange Wartezeit, bis ein geeignetes Spenderorgan zu Verfügung steht. Diese Zeit des Hoffens und Bangens kann ihn aus zwei Gründen sehr belasten. Zum einen muss er befürchten, dass er stirbt, bevor ihm ein neues Organ zugeteilt werden kann; zum anderen kann ihn das Wissen, dass ein anderer Mensch sterben muss, damit ihm geholfen werden kann, sehr bedrücken. Wenn er empathisch und sensibel ist, kann ihn die Tatsache, dass er auf den Tod eines Menschen, der ihm das benötigte Organ spendet, angewiesen ist, in heftige seelische Konflikte führen. Auch wenn er in einer großen Notsituation ist und weiß, dass der potentielle Spender vermutlich freiwillig der Spende zugestimmt hat, so ist diese Tatsache doch recht dramatisch und muss absolut bewusst gemacht werden.

Ein spirituell gestimmter Patient, der über gewisse geistige Erkenntnisse verfügt, der also weiß, dass sein Leben nicht mit dem Tod endet, sondern dass er danach wieder in seine geistige Heimat zurückkehrt, der etwas vom Karmagesetz und somit auch über die Ursachen sowie den Sinn von Krankheiten weiß, wird eher andere Antworten auf solche Grenzfragen des Daseins finden können und sich möglicherweise anders entscheiden.

Vielleicht war es ja sein Schicksal, mit einem kranken Organ und den damit verbundenen Einschränkungen zu leben. Auch wenn das für materialistisch gesinnte Zeitgenossen sehr herzlos und unsinnig klingen mag, könnte es sein eigener im Vorgeburtlichen gefasster

Plan gewesen sein, um dadurch in seiner geistig-seelischen Entwicklung voranschreiten zu können.

Wie wir in Kapitel 4 erläutert haben, ist das Durchmachen einer Krankheit so etwas wie ein ›Erzieher‹, der uns in der Entwicklung vorwärts bringt.

Selbstverständlich darf das – völlig unabhängig von der konkreten Erkrankung – niemals zu einer fatalistischen Einstellung führen, dass man sich etwa sagt: »Die Krankheit hat ja einen guten Sinn. Also müssen wir auch nicht versuchen, eine Heilung herbeizuführen! Selbst wenn der Patient stirbt, hat es ja eine gute Berechtigung.« Therapeutische Maßnahmen müssen selbstverständlich ergriffen werden, solange Aussicht auf Genesung besteht! Auch die Implantation eines Spenderorgans ist ja ein auf Heilung bzw. Lebensverlängerung abzielender Vorgang. Oftmals ist eine Heilung oder wenigstens eine Besserung aber auch ohne eine Transplantation möglich.

Stellen wir uns noch die entscheidende Frage, wovon es letztendlich abhängt, ob es bei einer Krankheit, die einen Menschen ereilt, zu einer Heilung kommen kann. Denken Sie etwa an Krebs. In vielen Fällen wird diese Krankheit schon recht bald zum Tode führen; in manchen Fällen tritt jedoch eine Heilung ein, und der betreffende Mensch lebt noch viele Jahre weiter. Auch hier kann wieder – um beim Thema zu bleiben – an einen Menschen gedacht werden, der ein neues Organ benötigt.

Selbstverständlich liegt es im Karma des Erkrankten, ob es – weitgehend unabhängig von der konkreten Krankheit – zu einer Heilung kommt oder nicht. Die Krankheit hat den Menschen ereilt, um ihn zu fördern und ihn in seiner geistig-seelischen Entwicklung weiter voranzubringen. Zu einer Heilung wird es nur kommen wenn sie ›Sinn‹ macht. Sinn macht sie nur, wenn der Geheilte durch die neuen Kräfte, die er sich durch die Krankheit und deren Überwindung errungen hat, sowie durch das während des Krankheitsverlaufes Erkannte *in diesem Leben* noch weiterkommen und zum eigenen Nutzen und dem anderer Menschen wirken kann.

»Nehmen wir an, die Sache liege so, dass der Mensch in dem Leben, das er noch zubringen kann, vermöge seiner sonstigen Organisation und seines übrigen Karma die Kräfte hat, mit dem, was er durch die Krankheit errungen hat, in diesem Leben selbst weiterzukommen. Dann hat die Heilung einen Sinn. Dann tritt Heilung ein und der Mensch hat in diesem Falle das errungen, was er erringen sollte und was sich an dem Vorhandensein der Krankheit zeigte. Durch das Überwinden der Krankheit hat er sich instand gesetzt, dort vollkommene Kräfte zu haben, wo er früher unvollkommene Kräfte hatte. Ist er durch sein Karma mit solchen Kräften ausgerüstet und durch die günstigen Umstände seines früheren Schicksals so in die Welt gesetzt, dass er die neuen Kräfte anwenden kann und wirken kann, um sich und andern von Nutzen zu sein, dann tritt die Heilung ein; dann windet er sich durch die Krankheit hindurch.«[1]

Es kann nun auch so sein, dass zwar eine Heilung eintritt, der Mensch aber aus seiner unterbewussten Weisheit heraus trotzdem den Entschluss fasst, durch die Pforte des Todes zu gehen.

Lassen wir wieder den großen Eingeweihten Rudolf Steiner zu Wort kommen: »Nehmen wir nun an, die Sache liege für den Menschen so, dass er die Krankheit überwindet und die Heilkräfte entwickelt und nunmehr vor einem Leben stünde, welches an ihn Anforderungen stellen würde, die mit dem Maß, das er sich jetzt schon errungen hat an Vollkommenem, nicht erfüllt werden können: Er würde zwar einiges erringen durch die geheilte Krankheit, aber es wäre doch nicht möglich, dass er so viel erringt – weil sein übriges Karma das nicht zulässt –, dass er mit dem, was er sich errungen hat, den andern zum Heile werden kann.

Dann tritt das ein, dass sein tieferes Unterbewusstsein sagt: Hier hast du keine Gelegenheit, die volle Kraft von dem zu empfangen, was du eigentlich haben sollst. Du musstest in diese Inkarnation hineingehen, weil du das Maß an Vollkommenheit gewinnen musstest, das du nur im physischen Leibe durch die Überwindung einer Krankheit erringen kannst. Das musstest du erringen; aber weiter ausbilden kannst du es nicht. Nun musst du in die Verhältnisse gehen, wo dein physischer Leib und andere Kräfte dich nicht stören und wo du frei verarbeiten kannst, was du in der Krankheit gewonnen hast. –

Das heißt, es sucht eine solche Individualität den Tod, um zwischen Tod und neuer Geburt das weiterzuverarbeiten, was sie im Leben zwischen Geburt und Tod nicht verarbeiten kann. Es geht eine solche Seele durch das Leben zwischen Tod und neuer Geburt durch, um jetzt mit umso stärkeren Kräften, die sie beim Überwinden der Krankheit gewonnen hat, ihre Organisation weiter auszubilden, damit sie im neuen Leben umso mehr wirken kann. In dieser Weise kann förmlich durch die Anwesenheit einer Krankheit eine Art Abschlagszahlung bewirkt werden, die dann erst ergänzt wird nach dem Durchgehen durch den Tod zu dem, was sie sein soll.«[2]

Wie wir in Kapitel 1 geschildert haben, ist die Sterberate der Organempfänger im ersten Jahr nach der erfolgten Transplantation immer noch nicht unerheblich, so dass man in diesem Fall nicht von einer Heilung sprechen kann. Zu einer Heilung und somit zu einer deutlich höheren Lebenserwartung wird es nur kommen, wenn sie gemäß obigen Ausführungen Sinn macht.

6.2 Gründe für die Abstoßung des gespendeten Organs

Es wurde bereits erwähnt, dass eine Organtransplantation – also die Explantation des kranken Organs und die anschließende Implantation des Spenderorgans – heutzutage zu den Routine-Operationen gehört, die in nahezu allen Fällen gelingt.

Allerdings sind damit die Probleme des Organempfängers nicht gelöst. Vielmehr wird er in vielen Fällen jetzt mit anderen und vielleicht völlig unerwarteten Problemen konfrontiert.

Zunächst einmal hören die Konflikte, die ihn schon in der Entscheidungsphase gequält haben, nach dem erfolgten Austausch des Organs nicht unbedingt auf. Sie können vielmehr noch heftiger werden. Er kann aufgrund tiefer Schuldgefühle – man spricht hier von »Überlebensschuld«, wie sie oftmals auch bei Menschen auftritt, die zu den wenigen gehören, die eine große Naturkatastrophe überlebt haben – in eine tiefe Depression fallen und im extremsten Fall den Wunsch haben, dem Spender in den Tod zu folgen. Außerdem wird ihn sein Leben lang die Frage quälen, wie lange das neue Organ seine Dienste tut.

Dann ist häufig die Rede davon, dass das Organ gut oder schlecht angenommen worden sei. Im Grunde kann aber von einem »Annehmen« kaum gesprochen werden. Die weitaus meisten Empfänger eines Spenderorgans – unabhängig davon, ob dieses von einem hirntoten oder von einem lebenden Menschen gespendet wurde, haben lebenslang damit zu kämpfen, dass – wie man so zu sagen pflegt – der Körper das Organ abzustoßen versucht. Nur durch die Verabreichung von Immunsuppressiva kann diese Abstoßung in den meisten Fällen verhindert werden.

Man muss sich fragen, wodurch diese Abstoßung zustande kommt, wer oder was versucht, das neue Organ abzustoßen.

Die heutige Schulmedizin sieht in den Organen rein *materielle* Bestandteile des menschlichen Körpers. Gleiche Organe zweier Menschen unterscheiden sich gemäß ihrer Anschauung im Grunde nur durch messbare physiologische Eigenschaften wie etwa Größe, Gewicht sowie unterschiedliche Gewebemerkmale. Die wesentlichen Unterschiede basieren aber darauf, dass die Organe ganz entscheidend durch das Ich des Menschen gestaltet und bis in jede einzelne Zelle geprägt werden. Somit können etwa zwei Herzen gewaltige Unterschiede aufweisen, selbst wenn sie äußerlich nahezu identisch sind. Professor Volker Fintelmann sagte dazu: »Das Ich prägt bis in den Stoff hinein. Es gibt keine einzige Zelle im Organismus des Menschen – es sei denn, es ist eine Krebszelle –, die nicht unter dieser Ich-Prägung arbeitet. Auf diesem Hintergrund sind wir beim Thema der Organtransplantation, und hier entsteht auch das große Missverständnis: Obwohl man absolut sicher weiß, dass jedes Organ ein einmaliges Organ ist, bis in die einzelne Zelle hinein, tut man so, als wäre jedes Organ einigermaßen leicht austauschbar. Das geht aber nur, weil man die erkennende Funktion des Immunsystems unterdrückt. Jeder Mensch hat also seine eigene Leiblichkeit, die überhaupt nicht kopierbar ist, aber das wird im Zusammenhang mit der Organtransplantation vollständig ausgeblendet. Es wird einfach so getan, als sei Leber Leber und Niere Niere.«[3]

Ein Leser, der dieses Buch bis hierhin aufmerksam gelesen hat, wird schon wissen oder wenigstens ahnen, dass man jetzt insbesondere den Ätherleib berücksichtigen muss. Dieser ist der große >Baumeister<, der den einzelnen Organen und den einzelnen Organgeweben die jeweilige Gestalt und Form gibt und der sie zeitlebens durchpulst und belebt.

Wie bereits mehrfach erwähnt besitzt jedes physische Organ ein entsprechendes Ätherorgan, ohne das in ersterem kein Leben sein könnte. Bevor dem Empfänger das Spenderorgan eingepflanzt werden kann, muss sein eigenes krankes Organ herausgeschnitten werden. Das entsprechende Ätherorgan hingegen bleibt – wie im vorigen Kapitel bereits erläutert – in der ätherischen Organisation an der Stelle, an der das alte physische war, erhalten. Dann wird das gespendete Organ eingesetzt. Dieses erkennt das Ätherorgan als etwas an, an dessen Bildung und Belebung es nicht beteiligt war. Es ist etwas Fremdes, das es loswerden möchte. Darin mag man die tieferen Gründe für die häufige Abstoßung oder Abstoßungsversuche des transplantierten Organs sehen.

Man kann sich dieses Phänomen vielleicht anhand eines etwas plakativen Vergleichs verdeutlichen: Stellen Sie sich einen Maler vor, der seit langer Zeit Tag für Tag an einem monumentalen Gemälde arbeitet. Nun will er eines Morgens an dem Kunstwerk weiterarbeiten. Es ist aber nicht mehr da! Stattdessen steht dort ein anderes, an dem ein anderer Künstler lange gearbeitet hat. Dieses stellt zwar dasselbe Motiv dar und ähnelt seinem eigenen sehr stark, weist aber doch einige Unterschiede auf. So hat es etwas andere Abmessungen, die Farben sind nicht ganz dieselben, einige Details sind anders dargestellt usw. Wie soll sich der Maler nun verhalten? Soll er jetzt an dem fremden Gemälde weiterarbeiten, wie wenn es sein eigenes wäre, oder soll er die Arbeit einstellen? Wenn er etwas auf sich hält, wird er höchstwahrscheinlich nicht an dem fremden Werk weiterarbeiten und es möglicherweise sogar wegwerfen. Die Medikation durch Immunsuppressiva könnte man

– um in diesem Beispiel zu bleiben – damit vergleichen, dass dem Maler bewusstseinsdämpfende Substanzen verabreicht werden, so dass er bisweilen gar nicht mehr bemerkt, dass ihm ein fremdes Gemälde vorgesetzt wurde.

Wenn es um die Abstoßung des Spenderorgans geht, muss man laut Professor Fintelmann auch das Ich berücksichtigen. Es sei die Frage, ob der Empfänger mit seinem Ich die Stofflichkeit des fremden Organs so ergreifen könne, dass er daraus etwas machen könne, was ihm wirklich entspricht. Er könne sich das schwer vorstellen, weil das Ich eigentlich durch die Immunsuppressiva davon abgehalten werde.[4]

Es ist im Übrigen möglich, dass Kinder ein implantiertes Organ nach vielen Jahren tatsächlich annehmen, so dass sie nicht lebenslang Immunsuppressiva nehmen müssen. Das liegt daran, dass ihre Leiblichkeit noch nicht ›fertig‹ ist. So ist beispielsweise die Leber eines Kindes noch nicht ganz seine eigene Leber. Es ist immer noch ein mütterlicher und väterlicher Anteil in diesem Organ.[5]

6.3 Mögliche Folgen für das weitere Leben des Empfängers

D ie permanente Gefahr, dass das implantierte Organ abgestoßen werden könnte sowie die vielen Nebenwirkungen der Immunsuppressiva sind aber nicht die einzigen Probleme, mit denen der Organempfänger zurechtkommen muss.

Da das *eigene* physische Organ entfernt wurde, also nicht mehr in der Leibesorganisation vorhanden ist, kann das Ätherorgan seine eigentliche und ursprüngliche Arbeit nicht mehr ausführen. Man kann hier wieder das Beispiel mit dem Maler bemühen. So wie das Gemälde, an dem er lange gearbeitet hat, nicht mehr da ist, ist das physische Organ, an dem das zugehörige Ätherorgan jahrelang schaffend und belebend tätig war, nicht mehr da. Ähnlich wie der Maler sein eigenes Bild schmerzlich vermisst, kann es bei dem Patienten dazu führen, dass er bisweilen die bereits geschilderten Phantomschmerzen (☞ Kapitel 5, S. 164f.) verspüren kann.

Wie wir in Kapitel 3 ausführlich geschildert und mit Fallbeispielen belegt haben, zeigt sich bei einer durchaus erheblichen Anzahl von Organempfängern – insbesondere bei denen, die ein neues Herz bekamen –, dass sie anschließend plötzlich Eigenschaften annahmen, die dem Organspender eigen waren. Sie nahmen einige seiner Neigungen, Vorlieben, Gewohnheiten, Interessen und dergleichen an, die nichts mit ihrem eigenen Wesen zu tun haben. Wie bereits erwähnt bemerken sie selbst diese Veränderungen bisweilen gar nicht. Allerdings nehmen ihre Angehörigen oftmals wahr, dass sie etwa ungeduldiger, zorniger, aufbrausender usw. geworden sind.

Diese Wesensveränderungen sind nicht zu leugnen. Manche Mediziner glauben, dass Erinnerungen, Gefühle, Neigungen, Vorlieben usw. nicht allein im Gehirn, sondern auch in anderen Körperteilen, etwa im Herzen gespeichert werden. Man spricht hier vom »Zell-Gedächtnis«. Demzufolge wäre es also möglich, dass durch eine Transplantation Wesensmerkmale vom Spender auf den Empfänger übertragen werden. Diese These wurde im Jahr 2000 in einer Studie untersucht. Der Neuropsychologe Prof. Dr. *Paul Pearsall* (1942 bis 2007) von der Universität Hawaii hatte mit seinem Team Dutzende Patienten, denen ein neues Herz eingepflanzt wurde, befragt. Bei vielen stellten sie in der Tat auffällige Wesensveränderungen fest. Das Forscherteam dokumentierte zehn Fälle, in denen die Herzempfänger plötzlich bis zu fünf Verhaltensmuster der Spender zeigten. Sie hielten es für möglich, dass diese Merkmale mit den Organen ›übertragen‹ wurden.

Auch der US-amerikanische Psychologe und Parapsychologe *Gary E. Schwartz*, Professor der Universität Arizona, geht davon aus. Er ist sich sicher, dass es ein Zell-Gedächtnis gibt: »Wenn das Organ beim Empfänger eingesetzt wurde, werden Informationen und die Energie, die darin gespeichert sind, übertragen.«[6]

Die Mehrheit der Wissenschaftler und Mediziner erkennen diese Theorie allerdings nicht an. Sie kritisieren, dass Pearsalls Befragungen methodisch nicht korrekt ausgeführt worden seien. Zudem fehlten ihrer Ansicht nach weitere Studien und insbesondere echte wissenschaftliche Beweise.

Wie auch immer – es kann keinen Zweifel an der Tatsache geben, dass ein Organempfänger mit dem neuen Organ nicht nur *körperlich* zurechtkommen muss, sondern auch *seelisch* – selbst dann, wenn sich sein Wesen nicht so auffallend verändern sollte, wie es bei vielen der Fall ist.

Besonders erstaunlich mutet die Tatsache an, dass einige sich sogar – zumindest fragmentarisch – an Ereignisse oder Erlebnisse erinnern können, die nicht aus ihrer eigenen Biografie, sondern aus der des Spenders stammen. Einige Experten sprechen bei diesem Phänomen von »Gedächtnis-Transplantation«. Auch dazu haben wir bereits einige Fallbeispiele angeführt.

Wir wollen hier noch einen ganz besonderen Fall, der unglaublich und geradezu skurril anmutet, aus dem 2016 erschienenen Buch *»Organspende – Übertragen Organe Bewusstsein?«* des niederländischen Pfarrers und Schriftstellers *Hans Stolp* zitieren. Dieser Fall hat Ende des 20. Jahrhunderts in den USA für großes Aufsehen gesorgt.

> Einer Frau wurde ein Spenderherz erfolgreich implantiert.
>
> In der Zeit danach wurde sie von höchst merkwürdigen »Bildsequenzen« gequält, die immer wieder vor ihrem inneren Auge auftauchten.
>
> Einige Zeit später stellte sich heraus, dass es sich nicht etwa um fiktive Szenen, sondern um ganz reale *aus dem Leben des Organspenders* handelte. Dieser war gewaltsam ums Leben gekommen.
>
> Aufgrund der detaillierten Beschreibungen der Frau konnten die Mörder des Organspenders verhaftet werden.

Noch erstaunlicher ist das, was Etschewit sagte. Auf die Frage, was sich konkret im Leben eines Organempfängers ändere, antwortete er: »Meistens braucht man hier eine Einzelfallbetrachtung. Aber ich versuche es einmal zu generalisieren. Er bekommt andere Gedanken, vor allem bekommt er andere Gedanken, wenn das implantierte Organ das Herz ist. Er bekommt Schicksalsanteile des

Spenders, die er abstoßen oder integrieren kann. Es ist auch eine Mischung aus beidem möglich. Der Empfänger bekommt im Regelfall sogar andere Fähigkeiten, vor allem dann, wenn man ihm ein Herz implantiert. Es kann sogar möglich sein, dass er eine andere Sprache beherrscht. Auf jeden Fall ändert sich der Organempfänger grundlegend. Seine Beziehung zum Schutzengel, die Beziehung zu den Wesen, die vor allem durch das Herz hindurch wirken, wird eine andere.«[7]

Wenn sich die Organempfänger selbst all dieser merkwürdigen Veränderungen bewusst werden, kann das zu Selbstfindungsproblemen bis hin zu einer Bewusstseinsspaltung führen.

Eine Organtransplantation hat auch karmische Auswirkungen – nicht nur für den Spender, sondern auch für den Empfänger. Auf die Frage, ob sich im Karma etwas ändere, antwortete Etschewit: »Ja, von seinem [gemeint ist der Organspender] Karma geht etwas weg. Es entstehen Karmalücken. Andererseits gibt es beim Organempfänger Karmazusätze. Es kann ganz deutlich sein, dass der Empfänger ein Stück des Karmas des Spenders abarbeiten muss, weil er sich diesen Karmazusatz über das entsprechende Organ herangeholt hat.«[8]

Der Empfänger muss also möglicherweise Erfahrungen machen, die nichts mit seinem Lebensplan zu tun haben. Vermutlich wird ihm das selbst dann, wenn er etwas vom Karma versteht, gar nicht recht bewusst werden. Er wird sich allenfalls wundern, dass er plötzlich Dinge macht, die er früher nie gemacht hätte, oder Aufgaben übernimmt, die er vor der Transplantation nie übernommen hätte.

Insbesondere wenn es sich um die Verpflanzung eines Herzens handelt, können die Auswirkungen drastisch sein. Der Empfänger bleibt nicht nur ätherisch, sondern auch astralisch bzw. seelisch eng mit dem Spender verbunden. Diese Verbindung wurde in einem Zitat, das wir in Kapitel 3 angeführt haben und hier noch einmal wiederholen wollen, besonders deutlich:

»Susan bekam ein fremdes Herz. Über den Spender sagte sie: ›Ich fühle mich an ihn gebunden wie an einen Zwillingsbruder. Er begleitet mich ständig. Wir sind einander verpflichtet. Manchmal habe ich das Gefühl, als hörte ich ihn atmen. Oder wenn ich unter einem Baum sitze, hängt er oben im Geäst.‹

Als nach zwei Jahren das Herz wieder ausgetauscht werden sollte, sagte sie: ›Jetzt sterben wir zusammen, ich werde ihn nicht verlassen.‹«[9]

Wenn ein Empfänger eines Tages auf irgendeinem Weg erfährt, dass sein Spender grausam getötet wurde, so kann ihn das bis an sein Lebensende gewaltig belasten. Es ist sogar möglich, dass er unterschwellig noch die Qualen des Spenders spürt.

6.3.1 Wie kann man diese Phänomene aus spiritueller Warte erklären?

Bei all diesen geschilderten Phänomenen handelt es sich ja um etwas, was mit dem Ätherleib zusammenhängt. Neigungen, Gewohnheiten und dergleichen haben ihren Sitz im Ätherleib. Sie stecken auch – vielleicht sogar insbesondere – in den Ätherorganen. Die Erinnerungen sind zwar ganz wesentlich im Äthergehirn konzentriert, sie erstrecken sich im Grunde aber auf den gesamten ätherischen Leib und somit auch auf die einzelnen Organe. Das karmische Netz des Menschen ist ebenfalls in den ätherischen Leib hineinverwoben. Gewisse Anteile von alldem werden offensichtlich auf irgendeine Art und Weise vom Spender auf die ätherische Organisation des Empfängers übertragen.

Nun wäre es ein Einfaches, diese Übertragung und somit die Wesensveränderungen, fremden Erinnerungen und zusätzlichen Karmaanteile des Empfängers zu erklären, wenn das *komplette* Ätherorgan des Organspenders sozusagen mit dem entnommenen physischen Organ mitgehen und dann nach der Implantation in der ätherischen Organisation des Empfängers bliebe. Dann hätte der Empfänger zwei Ätherorgane, die sich irgendwie arrangieren müssten, was vermutlich kaum möglich wäre. Wie bereits erläutert entspricht dieses Szenario aber nicht der Realität. Das Ätherorgan des Spenders bleibt in dessen Ätherleib, der sich mit seinem Astralleib und seinem Ich in die höheren Welten erhebt.

Allerdings darf als sehr wahrscheinlich angenommen werden, dass zumindest gewisse ätherische Qualitäten auf das Ätherorgan des Empfängers übergehen und sich mit diesem vermischen. Wie ebenfalls bereits erwähnt müssen ja gewisse Anteile oder Essenzen des ätherischen Organs des Spenders bei dem physischen verbleiben, da dieses ansonsten auf dem Weg zum Empfänger die Lebenskräfte verlöre und somit nicht mehr zur Implantation verwendet werden könnte. Wir wollen bei dem gewiss unpräzisen Begriff ›ätherische Restaktivität‹ bleiben, die in dem explantierten Organ noch enthalten ist und nach der Implantierung in das entsprechende Ätherorgan des Empfängers übergeht und dort verbleibt. Je stärker diese Restaktivität ist bzw. je mehr Anteile übertragen werden, desto mehr können dann gewisse Eigenschaften oder Erinnerungen auf den Empfänger übergehen. Hans Stolp spricht von einer ›Prägung‹ der Organe, die bei der Entnahme und Weiterverpflanzung erhalten bleibe und übertragen werde. Diese Anteile fehlen dann in der ätherischen Organisation des Spenders, was zu den geschilderten Problemen in dessen nachtodlichem Leben führen kann.

Insbesondere wenn es sich um eine Herztransplantation handelt, wird der Empfänger eine enge Verbindung zu einem Teil des Äther- und auch Astralleibes des Spenders haben. Dadurch können sich nicht nur ätherische sondern auch astralische Qualitäten bzw. Eigenschaften auf den Empfänger übertragen. Der Empfänger kann also plötzlich Wesenszüge annehmen, die mit seinem eigenen Wesen gar nichts zu tun haben. Hierzu gehören nicht nur Gewohnheiten, Neigungen und Erinnerungen, sondern möglicherweise auch Begierden und Triebe. Es wohnen also quasi zwei Seelen in seiner Brust.

Selbst wenn es sich dabei um positive und begrüßenswerte Eigenschaften und Wesenszüge handeln sollte, so muss man sehen, dass diese nicht zu der Individualität des Empfängers gehören. Sie gehören nicht in seinen Lebensplan, den er in seiner vorgeburtlichen Zeit ausgearbeitet hat. Schon dadurch dürfte sein Karma in eine gewisse Unordnung kommen. Diese wird noch dadurch verschärft, dass zusätzlich gewisse Karmaanteile des Spenders in sein Karma eingewoben werden. Auch kann es sehr verwirrend sein, wenn Erinnerungen aufblitzen, von denen man gar nicht immer entscheiden kann, ob sie aus dem eigenen Leben stammen oder ob sie nichts mit diesem zu tun haben. Darauf wies auch Professor Fintelmann hin, der einige Lebertransplantierte begleitet hat, bei denen Schwierigkeiten mit der Selbstbestimmung auftraten. »Auf der anderen Seite könnte der Leberempfänger eine Bestimmung bekommen, die nicht seine eigene ist. Man müsste also untersuchen, wie sich die Lebenswege eines Organempfängers verändern.«[10]

6.4 Mögliche Folgen im nachtodlichen Leben und im nächsten Erdenleben

Die Folgen, die sich für einen Organempfänger in seinem späteren Leben zwischen Tod und neuer Geburt sowie in seinem nächsten Erdenleben zeigen, kann man zumindest erahnen.

6.4.1 Mögliche Folgen im nachtodlichen Leben

Unmittelbar nachdem der Empfänger eines gespendeten Organs dann eines Tages durch die Pforte des Todes geschritten sein wird, wird er durch die Lebensrückschau erstmals mit seiner eigenen Biografie konfrontiert (☞ Kapitel 4, S. 110ff.). Da ihm möglicherweise Erinnerungen an konkrete Erlebnisse, die der Spender hatte, übertragen worden sind, sieht er jetzt nicht nur seine eigenen Erlebnisse, sondern auch die des Spenders, die also nichts mit seinem eigenen Leben zu tun haben. In diesem gewaltigen Panorama sind auch diejenigen Erlebnisse einverwoben, die ihm in seinem Erdenleben gar nicht bewusst geworden sind. Man muss wohl davon ausgehen, dass mehr Erinnerungen aus dem Leben des

Spenders auf ihn übertragen worden sein können, als ihm zu Lebzeiten deutlich wurde. Das, was er dann wie in einem großen Tableau sieht, ist somit nicht nur seine eigenes Leben. Das führt zu einer verzerrten Wahrnehmung seiner Biografie. Da die Lebensrückschau sehr wichtig ist, um sein Ich-Bewusstsein bewahren zu können, ist anzunehmen, dass ihm das nicht so leicht gelingen wird.

Etwa drei Tage nach dem Tod, wenn die Bilder des Lebenspanoramas abgeflutet sind, legt ein Verstorbener den größten Teil seines Ätherleibes ab. Da dieser insbesondere der Träger der Erinnerungen ist, könnte man vermuten, dass der Verstorbene danach seine Erinnerungen an sein Erdenleben verlöre. Das ist aber nicht der Fall. Das Erinnern bekommt kurze Zeit nach dem Tod eine andere Gestalt als es im Erdenleben der Fall ist. An die Stelle des gewöhnlichen Erinnerns tritt jetzt das ›Lesen‹ in der Akasha-Chronik, dem großen Weltengedächtnis. In diese Chronik zieht der Ätherleib mit all den aufbewahrten Erinnerungen ein. Nachdem die Erinnerung an den Zusammenhang mit dem Erdenleben schwindet, tauchen alle Ereignisse aus diesem Leben nun so auf, dass sie sich dem Menschen in der Akasha-Chronik entgegenstellen, so dass er der gewöhnlichen Erinnerung nicht mehr bedarf.[11]

Als der Spender des Organs gestorben ist, sind in dieser Chronik Lücken entstanden, die von den auf den Empfänger übertragenen und jetzt fehlenden Erinnerungen sowie auch den Karmaanteilen verursacht worden sind. Erst jetzt, nachdem der Organempfänger auch über die Schwelle des Todes geschritten ist und seine übertragenen Erinnerungen in das Weltengedächtnis geschrieben hat, kann und muss das korrigiert werden.

Etschewit antwortete auf die Frage, ob der Spender warten müsse, bis alle Empfänger seiner Organe gestorben sind: »Ja, und dann müssen sich diese Menschen nachtodlich zusammenfinden, miteinander kommunizieren und in der Akasha-Chronik Ordnung schaffen. Vor allem der Organempfänger muss sich damit auseinardersetzen, denn er schafft Fremdkarma in die Akasha-Chronik. Auf jeden Fall muss alles geordnet werden.«[12]

Durch die Organtransplantation gibt es also sowohl für den Spender als auch für den Empfänger im gemeinsamen nachtodlichen Leben ein großes Thema zu bearbeiten. Sie müssen Ordnung in der Akasha-Chronik herstellen. Die darin aufgezeichneten Erinnerungen an das *eigene* Erdenleben sind für das gesamte Leben zwischen Tod und neuer Geburt von fundamentaler Bedeutung. Die in der Akasha-Chronik fehlenden Erinnerungen des Spenders, die eine Zeit lang mit dem Empfänger gelebt haben, müssen jetzt nachträglich an der ›richtigen Stelle‹ der Akasha-Chronik eingeschrieben werden.

6.4.2   Mögliche karmische Folgen im nächsten Erdenleben

Dass zwischen allen Menschen, die an einer Organtransplantation beteiligt sind, eine enge karmische Beziehung besteht, ist völlig klar. Sollten diese Verbindungen nicht schon in einem früheren gemeinsamen Erdenleben bestanden haben, so werden die karmischen Fäden durch diesen Prozess erstmals geknüpft.

Somit ist sehr wahrscheinlich, dass sich insbesondere Empfänger und Spender in der folgenden Inkarnation wieder begegnen werden. Sie werden in irgendeiner Form wieder zusammenkommen. Schon vor dieser Inkarnation – also in der geistigen Welt – wird dem Empfänger offenbar werden, dass er die Opfertat des Spenders ausgleichen muss. Er wird sich fest vornehmen, ihm wieder zu begegnen und ihm – trivial gesprochen – zu danken. Was die konkrete Art des karmischen Ausgleichs betrifft, sind etliche Möglichkeiten denkbar. In jedem Fall wird er den ehemaligen Spender zu fördern bemüht sein. Das verhält sich im Grunde nicht anders, wie wenn jemand aus völlig anderen Gründen an einem Mitmenschen etwas gutzumachen hat.

Anders schaut es aus, wenn der Spender – so wie es beispielsweise in Afrika und insbesondere in China sehr häufig vorkommt (☞

Kapitel 1, S. 29f.) – auf grausame Art getötet wurde, damit ihm Organe entnommen werden konnten. Wenn nun der Empfänger, der meistens irgendwo in Europa oder in den USA lebt, sich *wissentlich* von einem auf diese Weise Ermordeten ein Organ implantieren lässt, so lädt er eine große Mitschuld auf sich. Zu seinem Schicksal sagte Etschewit: »Bei dem, der es weiß, wird die Schuld karmisch, und er muss sehr persönlich aus der geistigen Welt heraus oder im zukünftigen Erdenleben an den Opfern Opfertaten vollbringen, um seine Schuld wieder auszugleichen. Dass muss er ganz individuell vollziehen.«[13]

Aber auch wenn der Empfänger *nicht* weiß, dass der Spender auf eine brutale Art zu Tode kam, kann man ihn nicht von Schuld freisprechen. »Diejenigen, die Opfer des Systems werden, die gutgläubig in ein Krankenhaus gehen und gutgläubig ein Organ bekommen und nicht wissen, dass man ihnen das Organ eines ermordeten Sudanesen implantiert, laden auch Schuld auf sich, denn sie hätten fragen können, sie hätten sich informieren können. Denn wir leben in einer Informationsgesellschaft, und wer sich informieren will, der kann sich informieren. Aber er ist nicht so sehr mit einem persönlichen Karma belastet, muss nicht dem Opfer begegnen, sondern er wird ein allgemeines Opfer bringen müssen, sich in sozialen Organisationen einbringen müssen, um allgemein der Menschheit irgendwo zu helfen. Das ist jetzt nur ganz allgemein gesprochen, im Individuellen kann das ganz anders sein.«[13]

6.5 Empfehlungen für Organempfänger

S elbstverständlich ist es der Freiheit eines Patienten anheimgestellt, sich für ein Spenderorgan zu entscheiden. Je mehr Bewusstsein er von der Existenz der geistigen Welt hat, umso leichter wird es ihm fallen, Grenzfragen dieser Art für sich selbst zu beantworten. Wenn er eine solche Entscheidung trifft, nachdem er sich gründlich und umfassend über alle Modalitäten und Folgen einer Organtransplantation informiert hat, ist grundsätzlich nichts dagegen einzuwenden. Allerdings ist es aus spiritueller Warte alles andere als unwichtig, mit welcher Gesinnung und inneren Einstellung jemand diese Entscheidung trifft und wie er anschließend sein weiteres Leben ergreift.

Wenn sich jemand nur um des nackten Überlebens willen, wenn er sich an jeden Tag, den er dank seines neuen Organs eventuell länger auf der Erde weilen kann, wie an einen Strohhalm klammert, so ist das aus menschlicher Sicht zwar nachvollziehbar, aus spiritueller Sicht jedoch nicht die richtige Motivation.

Leider haben die meisten Zeitgenossen ein materialistisches Weltbild und jeden Kontakt zu ihrer geistigen Heimat verloren. Hinzu kommt die große Angst vor dem Tod, den sie für das unwiderrufliche Ende ihrer Existenz halten. So gelingt es ihnen nicht, ihr Schicksal anzunehmen und zu bejahen. Stattdessen nehmen sie alle erdenklichen Möglichkeiten in Anspruch, die ihnen die Aussicht schenken, noch etwas länger auf der Erde leben zu können, selbst dann, wenn diese gewonnene Zeit nicht mehr viel mit Lebensqualität zu tun hat.

Jemand, der wünscht, dass ihm ein Organ implantiert wird, sollte sich zunächst einmal dessen bewusst sein, dass in vielen Fällen sein weiteres Leben mit erheblichen Einschränkungen verbunden ist, dass sich sein Leben von Grund auf ändern wird. Selbst wenn dank der Immunsuppressiva, die er vermutlich bis an sein Lebensende nehmen muss, das fremde Organ von seinem Organismus nicht abgestoßen wird und seine Funktion weitgehend erfüllt, kann meistens keine Rede davon sein, dass er nun ein normales und unbeschwertes Leben führen kann. Wie wir in Kapitel 1 bereits geschrieben haben, können die Immunsuppressiva nicht nur drastische Nebenwirkungen nach sich ziehen, sondern auch süchtig machen. Etschewit sagte zu dieser Sucht: »Es ist allerdings eine Sucht, die man nicht bearbeiten kann. Nicht bearbeiten ist allerdings nicht ganz richtig, denn man kann durch Meditation seine Ätherorgane so stärken, dass man immer weniger Immunsuppressiva benötigt. Das wäre eine Bearbeitungsmöglichkeit, die im Alltag aber nur sehr schwer zu bewältigen ist, ohne geistig tätig zu sein. Denn wenn man die Immunsuppressiva fortlässt, stirbt man meist. Insofern hat man keine Chance, sich von dieser Art der Sucht zu befreien. Hier hat eine Suchttherapie, wie bei der Alkoholsucht, keine Chance.«[14]

Aufgrund der Tatsache, dass ein Organempfänger meistens lebenslang Immunsuppressiva nehmen muss, kann man davon sprechen, dass er eine *neue* Krankheit hat, die vermutlich nicht in seinem ursprünglichen Schicksalsplan lag.

Überhaupt wird sich – wie bereits erläutert wurde – die Implantation auf sein Karma auswirken. Ohne das neue Organ wäre er in vielen Fällen schon recht bald – zum *möglicherweise* ›richtigen‹ Zeitpunkt – über die Todesschwelle geschritten. So kann er aber sein Leben noch oftmals über viele Jahre fortsetzen. Etschewit sagte dazu: »Durch sein längeres Leben wird er möglicherweise gezwungen, karmische Schritte durchzumachen, die er vielleicht erst in einem nächsten Erdenleben hätte machen müssen. Er gewinnt ja Lebenszeit. Er hat dann zwei Möglichkeiten – entweder setzt er sich aufs Sofa und versucht, ohne irgendeine karmische Bemühung weiterzuleben, oder er nimmt das neue Schicksal an und versucht, mit den gewonnenen Jahren, die ihm durch das neue Organ geschenkt worden sind, einen Teil des zukünftigen Karmas positiv zu leben. Es fehlen ihm natürlich die Lernschritte, die man zwischen Tod und neuer Geburt macht.«[15]

Nun ergeben sich einige konkrete Empfehlungen, die man jedem Organempfänger geben kann. Diese werden einem materialistisch gesinnten Zeitgenossen, der nur das gelten lässt, was man mit den äußeren Sinnen und dem an das physische Gehirn gebundenen Verstand wahrnehmen kann, wie ein großer Unsinn erscheinen.

Mit der ersten Empfehlung wenden wir uns an einen Patienten, der sich nach reiflicher Überlegung für eine Transplantation entschieden hat und jetzt darauf wartet, dass ihm ein Spenderorgan zugeteilt und eingepflanzt werden kann.

Schon in dieser Zeit des Wartens sollte er sich gründlich darauf vorbereiten. Es wäre gewiss nicht die richtige Gesinnung, wenn er darauf hoffen und möglicherweise sogar darum beten würde, dass bald ein ›geeigneter‹ Mensch sterbe, dessen Organ er dann bekommen könne. Das wäre ein aus purem Selbsterhaltungstrieb rührender krasser Egoismus. Vielmehr sollte er sich schon jetzt mit der Seele des späteren Spenders in eine geistige oder gedankliche Verbindung setzen. Das mag absurd klingen, da ja zu diesem Zeitpunkt noch gar nicht bekannt ist, welcher Mensch ihm später ein Organ spenden wird. Aber im Geistigen ist diese Entscheidung längst gefallen. Auch der Spender wird es in den unbewussten Seelentiefen wissen.

Wer mit dieser Einstellung sowie mit Bitten und Gebeten – auch für den späteren Spender –, mit denen er sich der geistigen Welt zuwendet, an die Transplantation herantritt, wird diese mit hoher Wahrscheinlichkeit besser vertragen. In sehr extremen Fällen könnte es sogar zu einer Heilung des kranken Organs kommen, so dass eine Transplantation gar nicht mehr erforderlich wäre.

Die wichtigsten Empfehlungen beziehen sich jedoch auf die Zeit, nachdem ihm das neue Organ bereits implantiert wurde.

6.5.1   Dem Organspender danken

Zunächst einmal ist es wichtig, dass der Organempfänger versucht, eine Beziehung zu der Seele des Spenders, die jetzt in den übersinnlichen Welten weilt, aufzubauen. Das könnte vermutlich besonders leicht und gut gelingen, wenn er wüsste, welcher konkrete Mensch ihm dieses Geschenk gemacht hat. Dann könnte er sich mit den Angehörigen austauschen und so einiges über die Biografie des Spenders erfahren. Des Weiteren könnte er sich in ein Foto, das den Spender zeigt, vertiefen oder sogar ein Video ansehen, in dem auch dessen Stimme zu hören ist. Dadurch könnte er so etwas wie eine ›Brücke‹ haben, die ihm die Verbindung zu der Seele des Spenders erleichtert. Leider sind aber in Deutschland unter dem Deckmäntelchen des Datenschutzes, der ansonsten vielfach keine Rolle mehr spielt, die Daten des Spenders anonym. Somit ist es in unserem Land praktisch kaum möglich, die Angehörigen des Spenders zu ermitteln, wenngleich es einigen findigen Menschen gelungen ist.

Aber auch ohne konkrete Informationen über den Spender kann eine geistige Verbindung, die auch der Schutzengel ermöglichen kann, wenn er darum gebeten wird, durchaus gelingen. Der Empfänger sollte dem Spender in jedem Fall von Herzen für die Lebensverlängerung danken, die durch dessen Opfer, das er vielleicht sogar bewusst erbracht hat, ermöglicht wurde. Dadurch *könnte* es sogar möglich sein, dass die Abstoßungsreaktionen gemildert werden.

Wolfgang Weirauch sprach Etschewit auf einen ihm bekannten Fall an, bei dem ein Mensch, der ein Herz implantiert bekam, das neue Herz ganz bewusst in seinen Organismus zu integrieren versuchte und für den verstorbenen Organempfänger regelmäßig betete. Darauf sagte Etschewit: »Es wäre ein wichtiger Punkt, dass man die Organempfänger auf einen solchen Schritt vorbereitet, indem sie z.B. ein solches Ritual durchführen. Das ist ganz positiv, was dieser Mensch recht spontan gemacht hat. Auf jeden Fall ist es wichtig, dass der Organempfänger eine möglichst große Dankbarkeit empfindet, und damit macht er es allen geistigen Wesen, die sich mehr um ihn bemühen müssen, leichter, ein Organ zu integrieren. Vor allem sind Gebete für den Verstorbenen richtig und wichtig.«[16]

Bei einer Lebendspende ist es häufig so, dass der Organempfänger den Spender, der oftmals aus der eigenen Familie stammt, kennt. Dann ist es natürlich viel direkter möglich, dass er ihm seine Dankbarkeit zeigen kann.

6.5.2 Das Leben neu ergreifen

Dass das Leben eines Organempfängers aufgrund äußerer Tatsachen und Umstände zwangsläufig gewaltige Veränderungen erfahren wird, haben wir bereits ausführlich erörtert. Das unterliegt auch nur bedingt der Freiheit des Empfängers. Vielmehr handelt es sich um eine Notwendigkeit.

Aus geistiger Sicht wäre es wünschenswert, dass er sich schon im Vorfeld ganz bewusst vornimmt, nach der Transplantation sein bisheriges Leben von Grund auf zu ändern. Damit meinen wir nicht die äußeren Änderungen, die in seinem Leben mit dem neuen Organ aus medizinischer Sicht zwangsläufig sind. Vielmehr ist gemeint, dass er seinem Leben neue Ziele gibt, dass er es jetzt ganz anders ergreift, dass er es in eine spirituelle Richtung lenkt. Auch Taten, die einem oder mehreren anderen Menschen helfen, die diese noch weiter und noch mehr unterstützen können, sind empfehlenswert. Wie wir schon erläutert haben, kann Heilung grundsätzlich immer dann eintreten, wenn sie Sinn macht, wenn man dadurch sein Leben zum Guten verändert.

Man sollte also nicht aus Angst vor dem Tode nach einer Organspende verlangen, sondern vielmehr, weil man in der dadurch geschenkten Lebenszeit noch etwas Wichtiges vollbringen möchte, für das man alle mit der Transplantation verbundenen Probleme und Konsequenzen in Kauf nimmt.

Auf die Frage, wie ein Organempfänger seine gewonnene Lebenszeit am sinnvollsten gestalten sollte, gab Etschewit zur Antwort: »Auf jeden Fall gehört die Begleitung des Spenders dazu. Auch den Lebendspender sollte man innerlich begleiten, aus Dankbarkeit. Auch aus einer geistigen Notwendigkeit heraus. Alles, was du auf der Erde bearbeitest, brauchst du nach dem Tod nicht mehr im Kamaloka zu bearbeiten. Allgemein wäre es selbstverständlich sinnvoll, wenn ein Organempfänger seinem Leben eine positive Wende gibt, sich z.B. Christus zuwendet, das Gebetsleben und ein Meditationsleben pflegt oder allgemein ein besserer Mensch wird. Das wäre sinnvoll! Diese positive Wende könnte tendenziell eher dazu führen, dass man nicht so viele Immunsuppressiva benötigt [...]«[17]

Kapitel 7

Die Widerspruchslösung droht!

Die Hightech-Medizin ist der
Standby-Modus des hippokratischen Eides.

Reiner Klüting

Noch gilt in Deutschland bezüglich der Organspende die »Entscheidungs-« bzw. »Zustimmungslösung«. Das bedeutet, dass jeder Mensch eigenverantwortlich die Entscheidung treffen kann, ob er sich als Organspender zur Verfügung stellt – oder auch nicht. Diese Entscheidung kann er in einem Organspendeausweis oder in einer Patientenverfügung dokumentieren.

Wenn jemand für hirntot erklärt wird, der nicht auf eine dieser beiden Arten sein Einverständnis erteilt hat, so werden die Ärzte die Angehörigen nach dem mutmaßlichen Willen des Patienten befragen. Sofern sie der Organspende nicht zustimmen, dürfen keine Organe entnommen werden.

Bereits im Jahre 2020 wurde in Deutschland versucht, die »Widerspruchslösung«, wie sie in mehreren europäischen Ländern gilt, gesetzlich zu verankern. Den dazu nötigen Gesetzesentwurf hatte der Bundestag jedoch abgelehnt. Nun nimmt das Thema wieder Fahrt auf. Am 5. Juli 2024 hat der Bundesrat mit großer Mehrheit eine Gesetzesinitiative zur Einführung der Widerspruchslösung beschlossen. Das Narrativ lautet: »Die Widerspruchslösung kann Leben retten!« Es darf als äußerst wahrscheinlich betrachtet werden, dass im nächsten Jahr ein entsprechendes Gesetz verabschiedet wird.

In diesem Fall dürfen jedem hirntoten Menschen alle noch brauchbaren Organe entnommen werden, sofern er dem nicht in einem Spendeausweis, einer Patientenverfügung oder dem neu eingerichteten Organspende-Register explizit *widersprochen* hat. Der Grund für diese Lösung ist die Tatsache, dass es viel zu wenig Spenderorgane gibt. Man möchte eine »Kultur der Organspende«.

Geplant sind große Aufklärungskampagnen, die vermutlich wie schon in der Vergangenheit nichts mit Aufklärung zu tun haben, sondern vielmehr als Propaganda-Aktionen bezeichnet werden müssen. Mit diesen will man die Bürger wieder einmal auf die ›alternativlose‹ Entscheidung, ihre Organe zu spenden, hinweisen und sie dazu bringen, *nicht* zu widersprechen – oder wie bisher üblich – explizit zuzustimmen. Hinzu kommt noch, dass die Willenserklärung zur Organspende nicht mehr so wie derzeit erst mit dem vollendeten 16. Lebensjahr, sondern bereits ab dem 14. Lebensjahr abgegeben, geändert oder widerrufen werden kann.

Wie soll ein Mensch in diesem jungen Alter – ob er nun 16 oder 14 Jahre ist, macht keinen großen Unterschied – in der Lage sein, eine so schwere und schicksalsträchtige Entscheidung zu treffen?!

Die Werbeaktionen, mit denen man uns bald bombardieren wird, werden gemäß Schätzungen etwa 180 Millionen Euro verschlingen. Wie auch schon in den letzten Jahren und Jahrzehnten haben sie zum Ziel, möglichst viele Bürger für eine Organspende zu gewinnen. Natürlich geht man hierbei auch das Risiko ein, dass dadurch einige Menschen sensibilisiert werden und explizit widersprechen. Aber das wahre Motiv für die Widerspruchslösung ist, dass sich die Anzahl der Organspender drastisch erhöht, weil davon auszugehen ist, dass ein Großteil der Bürger sich überhaupt nicht mit dem Thema beschäftigt und somit – selbst wenn sie eindeutig keine Organe spenden möchten – nicht widersprechen, weil sie nichts über die Modalitäten und Folgen einer Organtransplantation wissen oder weil sie sich auf den Standpunkt stellen, dass es sie niemals betreffen würde.

Die fatalen – und politisch gewollten – Folgen liegen auf der Hand: Man wird mittelfristig Tausenden von Patienten Organe explantieren, obwohl sie das nicht wollen. In diese Situation mit all denjenigen fürchterlichen spirituellen Folgen, die wir in Kapitel 5 erläutert haben, geraten sie, weil sie sich damit nie befasst und somit keinen Widerspruch formuliert haben.

Wie bereits erwähnt ist ja gegen eine bestimmte Form der Werbung nichts einzuwenden. Allerdings sollte sie informativ und objektiv und nicht manipulativ und suggestiv sein. So könnte man beispielsweise jeder Werbebroschüre so eine Art ›Beipackzettel‹, wie er bei Medikamenten verpflichtend ist, anhängen. Der Text *könnte etwa* folgendermaßen lauten:

Wenn Sie sich für eine Organspende entscheiden, können Sie das Leben mehrerer Menschen retten!

Beachten Sie aber, dass ein Patient bei einer Organentnahme nur hirntot, also nicht biologisch tot ist. Die Wahrscheinlichkeit, dass ein Hirntoter eines Tages noch aufwachen könnte, ist jedoch so minimal, dass man es als nahezu ausgeschlossen bezeichnen kann.

Dass ein hirntoter Patient den Vorgang der Explantation, durch den er letztlich getötet wird, in irgendeiner Form wahrnehmen kann, dass er mitbekommen kann, was mit ihm geschieht, dass er womöglich Schmerzen empfinden könnte, ist gemäß dem heutigen Stand der medizinischen Forschung völlig unmöglich. Allerdings müssen wir einräumen, dass die Mediziner nicht wirklich wissen können, was in der Seele des Patienten vorgeht.

Esoteriker, die an ein Leben nach dem Tod glauben, gehen davon aus, dass sich das nachtodliche Dasein für den Spender sehr schwierig gestalten könne. Aber das ist natürlich nur eine These, die wissenschaftlich nicht belegt ist.

Die Entscheidung für oder gegen eine Organspende sollten Sie, nachdem Sie sich ausführlich und umfassend über alle Modalitäten und Risiken informiert haben, in absoluter Freiheit und nach ernsthafter Gewissensprüfung treffen!

Es sei noch kurz erwähnt, dass in einigen Kreisen hinter vorgehaltener Hand über eine »Organspende*pflicht*« nachgedacht wird. Diese Leute bemerken offensichtlich nicht einmal, dass dieser Begriff ein Widerspruch in sich ist, dass sie von einem ›schwarzen Schimmel‹ sprechen. Eine *Spende* ist etwas, was man freiwillig und meistens sogar gerne macht. Wenn dies zur *Pflicht* wird, ist es nicht mehr freiwillig und somit keine Spende mehr.

Es wird also immer notwendiger, dass sich *jeder* gründlich mit den Modalitäten, Hintergründen und insbesondere mit der spirituellen Dimension einer Organspende auseinandersetzt. Wie bereits erwähnt ist es in unserem Zeitalter eine Holschuld, sich die entsprechenden Informationen zu beschaffen.

Jeder Mensch ist ein freies Ich-Wesen. Nur nach reiflicher Überlegung und gründlicher Gewissensprüfung sollte er sich in absoluter Freiheit, ohne Autoritäten aus Politik, Kirche und Wissenschaft blind zu folgen, für oder gegen eine Organspende entscheiden.

Zu dieser Entscheidungsfindung möchte dieses Buch einen Beitrag leisten.

Anhang

Wer sind Etschewit und Kordon?

Wir haben in den vorausgegangenen Kapiteln mehrmals Aussagen der Geistwesen »Kordon« und insbesondere »Etschewit« zitiert. Wir wollen in diesem Anhang erläutern, um welche Wesen es sich handelt und wie ihre Aussagen zustande gekommen sind.

Neben den erwähnten geistigen Wesen der höheren Hierarchien gibt es unzählige weitere astralische und devachanische Wesenheiten, die auch für den Menschen sehr wichtig sind. Wir können uns hier im Wesentlichen auf die sogenannten *»Elementarwesen«* bzw. *»Naturgeister«* von denen es verschiedene Arten gibt, beschränken. Diese befinden sich nicht nur in der Natur, sondern auch *im Menschen*. Rudolf Steiner sagte einmal, dass der Mensch verrückt würde, wenn er wüsste, wie viele Wesen in ihm stecken und wirken. In jedem Menschen stecken in der Tat ungeheuer viele Elementarwesen der verschiedensten Arten. Dann hat der Mensch einen *»Körperelementargeist«*, welcher die einzelnen Elementarwesen führt und deren Tätigkeiten koordiniert. Dieser sitzt zwischen physischem Leib und Ätherleib und sorgt letztlich dafür, dass alle Funktionen des menschlichen Körpers, die der Mensch selbst noch nicht willentlich und bewusst steuern kann – wie etwa den Prozess der Verdauung – in der rechten Weise aufrechterhalten werden können.

Dann gibt es die »Körperelementargeist-Hirten«, die alle Körperelementargeister von Menschen, die in einem gewissen geographischen Gebiet leben, leiten. Um einen solchen hohen Körperelementargeist handelt es sich bei Kordon.

Die Wesenheit, die sich mit dem Namen Etschewit vorstellte, ist ein geistiges Wesen, das im weitesten Sinne mit dem Element Wasser und dem Leben zu tun hat. Sein Bewusstsein reicht bis in höhere Bereiche der geistigen Welt.

Diese Wesen haben eine ungleich größere Weisheit als Menschen. Ihnen können die geistigen Zusammenhänge und Hintergründe eines Menschen und der Menschheit offenbar werden.[1]

Mit diesen beiden Wesen führte Wolfgang Weirauch, Herausgeber der »*Flensburger Hefte*« ein ›Gespräch‹. Freilich können sich Wesen wie Etschewit und Kordon nicht jedem Menschen mitteilen. Nur solche, die eine mediale Veranlagung haben, sind in der Lage, ihre Botschaften empfangen zu können. So übernahm die anthroposophisch orientierte Ingenieurin *Verena Staël von Holstein*, die begabt ist, mit geistigen Wesen zu kommunizieren, diese Aufgabe. Sie kann das, was sie im Geistigen empfängt, simultan in eine Menschensprache übersetzen. Die weitaus meisten Medien können Botschaften von einem geistigen Wesen nur in einem Zustand tiefer Trance empfangen. Ihr normales Tages-Bewusstsein ist in dieser Zeit ausgeschaltet oder zumindest stark herabgedämpft. Sie bekommen also von dem, was da geschieht, nichts mit. Ihr kritischer Verstand muss schweigen, was gewisse Probleme und Gefahren mit sich bringt.

Das ist bei Verena Staël von Holstein anders. Sie ist bei der Übersetzung aus dem Geistigen in keiner Weise bewusstseinsmäßig herabgedämpft, sondern vielmehr hellwach. »Folglich ist sie weder Medium noch Orakel, sondern sie hat die Fähigkeit, die Sprache, in der sich übersinnliche Wesen ausdrücken, in menschliche Worte zu kleiden.«[2]

Die Tatsache, dass geistige Wesen überhaupt auf menschliche Fragen antworten, mag vielen ungewöhnlich erscheinen und auf eine innere Ablehnung stoßen. Wer das komplette Interview, das in der sehr empfehlenswerten Ausgabe 116 der Flensburger Hefte mit dem Titel »*Vom Wesen der Organe – Spirituelle Hintergründe der Organtransplantation*« auf knapp 100 Seiten abgedruckt ist, vorurteilsfrei liest, wird die Aussagen dieser beiden Geistwesen seriös und glaubhaft finden und sie als einen großen Schatz betrachten.

In diesem Interview kommen übrigens neben dem Thema der Organspende noch weitere zur Sprache.

Quellennachweis

Bei den Werken Rudolf Steiners sind im Quellennachweis die offiziellen Nummern der Gesamtausgabe (GA-Nr.) angegeben worden. Titel und Erscheinungsjahr aller Werke finden sich im Literaturverzeichnis.

Angaben zu den Quellen der Sprüche, mit denen wir die einzelnen Kapitel eingeleitet haben, finden sich unter dem Link:

https://www.aphorismen.de/thema/Medizin

Kapitel 1: Organtransplantation – Modalitäten, Daten und Fakten

1 vgl. GESUNDHEIT AKTIV, S. 49
2 vgl. GESUNDHEIT AKTIV, S. 48f.
und vgl. https://dso.de/organspende/fachinformationen/organspendeprozess/leitfaden-f%C3%BCr-die-organspende/09-organentnahme (07.08.2024)
3 https://www.ruhr-uni-bochum.de/chirurgie-kk-bochum/pressespiegel/2012.08.08%20RP%20-%20So%20teuer%20ist%20eine%20Transplantation.pdf (07.08.2024)
4 vgl. https://www.sueddeutsche.de/thema/Organspende-Skandal (07.08.2024)
und FLENSBURGER HEFTE, S. 162f.
5 vgl. FLENSBURGER HEFTE, S. 163ff.

Kapitel 2: Wann ist ein Mensch tot? – Die Crux mit dem Hirntod

1 vgl. GESUNDHEIT AKTIV, S. 28
2 https://www.bild.de/news/ausland/organspende/hirntote-patientin-wacht-in-klinik-wieder-auf-25914394.bild.html (07.08.2024)
3 https://www.spiegel.de/panorama/organspende-patient-zu-frueh-fuer-tot-erklaert-a-476860.html
4 https://www.heute.at/s/hirntoter-erwacht-wenige-minuten-vor-der-organentnahme-100226338 (07.08.2024)
5 vgl. GESUNDHEIT AKTIV, S. 30
6 https://www.deutschlandfunk.de/dieter-birnbacher-vs-wolfram-hoefling-organspende-reicht-100.html (07.08.2024)
7 vgl. https://de.wikipedia.org/wiki/Hirntod (07.08.2024)
8 https://www.welt.de/vermischtes/article176130327/Hirntod-diagnostiziert-13-Jaehriger-erwacht-vor-Organspende-ploetzlich-aus-Koma.html (07.08.2024)
9 https://www.fr.de/wissen/student-juengst-noch-hirntot-11358220.html (07.08.2024)
10 https://www.deutschlandfunk.de/medizin-die-untoten-100.html (07.08.2024)

11 GESUNDHEIT AKTIV, S. 65
12 https://www.epochtimes.de/politik/deutschland/bundesrat-plant-organspende-reform-altersgrenze-soll-von-16-auf-14-herabgesetzt-werden-a4772686.html?utm_source=social&utm_medium=evaherman (07.08.2024)
13 https://www.rnd.de/panorama/mutter-31-fur-hirntot-erklart-monate-spater-wacht-sie-auf-KX4J5US4FJCGLOZOUINOYO4DJI.html (07.08.2024)
14 https://www.krone.at/3390879 (07.08.2024)
15 Alexander, S. 19f.
16 Alexander, S. 55ff
17 Ladwein, S. 155f.
18 https://www.der-familienstammbaum.de/mementomori/nahtoderfahrung-pam-reynolds/ (07.08.2024)
19 https://www.nna-news.org/news/article/organspende-als-schwierige-und-persoenliche-entscheidung (07.08.2024)
20 vgl. https://www.aerzteblatt.de/archiv/59810/Non-Heart-Beating-Donors-Herztote-Organspender (07.08.2024)
21 GESUNDHEIT AKTIV, S. 74
22 vgl. https://gesundheitsberater.de/wp-content/uploads/Organspende-Sonderdruck12_2018-Einzelseiten.pdf / (07.08.2024)
23 vgl. https://www.sterbehilfe-debatte.de/neues/aktuell-2023/24-01-23-studie-organspende-sterbehilfe/ (07.08.2024)

Kapitel 3: Wenn zwei Herzen in einer Brust schlagen…

1 https://www.sueddeutsche.de/wissen/leben-mit-einem-fremden-organ-mit-dem-herzen-eines-fischers-1.908173 (07.08.2024)
2 https://sciencefiles.org/2024/06/01/kompendium-all-dessen-was-ueber-organspende-nicht-erzaehlt-wird-denn-organhaendler-lauterbachs-will-wieder-an-ihre-organe-kommen/ (07.08.2024)
3 https://archive.org/details/spirituelle-aspekte-der-organspende-und-organtransplantation (07.08.2024)
4 Hanne, S. 18
5 vgl. https://web.de/magazine/wissen/mystery/theorie-zell-gedaechtnis-organtransplantationen-eigenschaften-uebertragen-32136114 (07.08.2024)
6 vgl. https://www.focus.de/gesundheit/news/teils-mit-fremden-erinnerungen-gruselige-studie-organtransplantation-kann-persoenlichkeit-veraendern_id_259955172.html (07.08.2024)
7 https://www.beobachter.ch/gesundheit/medizin-krankheit/augenzeugin-stephanie-otz-ein-herz-ist-mehr-als-ein-muskel (07.08.2024)
8 vgl. GESUNDHEIT AKTIV, S. 40

Kapitel 4: Das Wesen und das Ziel des Menschen aus Sicht der anthroposophisch orientierten Geisteswissenschaft *(Exkurs)*

1 vgl. Steiner, GA 175, S. 172f.
2 http://forschungskreis-heilkunde.de/Die_Organspende_und_die_Bedeutung_einer_wirklichen_Aufkl%C3%A4rung.pdf (07.08.2024)

3 vgl. Steiner, GA 13, S. 58f.
4 Zeitschrift »Der Europäer« (Jahrgang 21, Nr. 12, Oktober 2017)
5 Prediger 12, 6
6 Steiner, GA 143, S. 49f.
7 Goethe-Zitat entnommen aus Reuschle, S. 15
8 https://www.aphorismen.de/zitat/63154 (04.03.2024)
9 Steiner, GA 53, S. 76f.
10 Steiner, GA 239, S. 188
11 Steiner, GA 34, S. 405
12 Steiner, GA 157a, S. 11
13 vgl. Steiner, GA 120, S. 58f.
14 Steiner, GA 34, S. 404f.
15 von Halle: »Das Wort in den sieben Reichen der Menschwerdung«, S. 2.215
16 Steiner, GA 120, S. 90
17 Steiner, GA 140, S. 152
18 Steiner, GA 238, S. 72
19 von Halle: »Anna Katharina Emmerick«, S. 143
20 vgl. Steiner, GA 157, S. 188
21 Paxino, S. 37
22 Paxino, S. 36f.
23 Steiner, GA 224, S. 57
24 Steiner, GA 99, S. 38
25 Paxino, S. 55
26 Steiner, GA 243, S. 64
27 Steiner, GA 94, S. 151
28 Ladwein, S. 67
29 Högl, S. 67
30 Ladwein, S. 68
31 https://www.kersti.de/O000708.HTM (09.08.2024)
32 Ladwein, S. 287
33 Kübler-Ross, S. 104
34 Steiner, GA 239, S. 106
35 Steiner, GA 227, S. 249f.

Kapitel 5: Wahrnehmungen eines hirntoten Organspenders und mögliche Folgen in seinem nachtodlichen Leben

1 Moody, S. 52
2 Sabom, S. 48
3 Moody, S. 75
4 Sabom, S. 71
5 Högl, S. 46f.
6 Ritchie, S. 46ff.
7 Steiner, GA 161, S. 240f.
8 Alexander, S. 122
9 Ritchie, S. 45
10 Sabom, S. 55

11 Moody, S. 42

12 Moody, S. 65

13 https://taz.de/Anmerkungen-zur-Organtransplantation/!5111156/ (13.08.2024)

14 https://www.nzz.ch/schweiz/aerzte-wollen-die-organentnahme-bei-hirntoten-komplett-verbieten-ld.1470564 (13.08.2024)

15 https://www.welt.de/fernsehen/article13666467/Wie-stark-ist-der-Schmerzreiz-noch-bei-Hirntoten.html (13.08.2024)

16 Sabom, S. 37

17 Moody, S. 45

18 Moody, S. 51f.

19 Moody, S. 90

20 FLENSBURGER HEFTE, S. 154

21 Grill, S. 21f.

22 Hanne, S. 33

23 FLENSBURGER HEFTE, S. 152

24 vgl. FLENSBURGER HEFTE, S. 153

25 https://dso.de/organspende/fachinformationen/organspendeprozess/leitfaden-f%C3%BCr-die-organspende/09-organentnahme (13.08.2024)

26 Paxino, S. 55f.

27 https://www.aerzteblatt.de/archiv/108346/Angehoerigenbetreuung-von-Organspendern-Respekt-und-Fuersorglichkeit (13.08.2024)

28 https://www.nzz.ch/schweiz/aerzte-wollen-die-organentnahme-bei-hirntoten-komplett-verbieten-ld.1470564 (13.08.2024)

29 http://www.dober.de/ethik-organspende/orgerfahr.html (13.08.2024)

30 https://www.anthroposophie-lebensnah.de/fileadmin/wortgetreu/user_upload/2_organtransplantation.pdf (13.08.2024)

31 https://gesundheitsberater.de/organspende-nie-wieder-organtransplantation-aus-der-sicht-einer-betroffenen/ (13.08.2024)

32 vgl. Steiner, GA 94, S. 64

33 FLENSBURGER HEFTE, S. 161

34 vgl. Steiner, GA 107, S. 68

35 FLENSBURGER HEFTE, S. 141

36 FLENSBURGER HEFTE, S. 158

37 FLENSBURGER HEFTE, S. 55

38 FLENSBURGER HEFTE, S. 75f.

39 FLENSBURGER HEFTE, S. 101f.

40 FLENSBURGER HEFTE, S. 162

41 Steiner, GA 99, S. 69

42 vgl. Steiner, *»Der Tod – die andere Seite des Lebens«* (Sonderausgabe), S. 28

43 Steiner, GA 157a, S. 71

44 GESUNDHEIT AKTIV, S. 40

Kapitel 6: Mögliche Folgen im weiteren Erdenleben sowie im nachtodlichen Leben des Organempfängers

1 Steiner, GA 120, S. 89

2 Steiner, GA 120, S. 89f.

3 FLENSBURGER HEFTE, S. 41
4 vgl. FLENSBURGER HEFTE, S. 56
5 vgl. FLENSBURGER HEFTE, S. 38f.
6 https://web.de/magazine/wissen/mystery/theorie-zell-gedaechtnis-organtransplantationen-eigenschaften-uebertragen-32136114 (14.08.2024)
7 FLENSBURGER HEFTE, S. 184f.
8 FLENSBURGER HEFTE, S. 159
9 Hanne, S. 18
10 FLENSBURGER HEFTE, S. 75f.
11 vgl. Steiner, GA 107, S. 94
12 FLENSBURGER HEFTE, S. 160
13 FLENSBURGER HEFTE, S. 163
14 FLENSBURGER HEFTE, S. 188
15 FLENSBURGER HEFTE, S. 188f.
16 FLENSBURGER HEFTE, S. 185
17 FLENSBURGER HEFTE, S. 189

Anhang

1 vgl. FLENSBURGER HEFTE, S. 105 und
https://www.hinweis-hamburg.de/interview/mit-naturgeistern-sprechen/ (14.08.2024)
2 FLENSBURGER HEFTE, S. 105f.

Diese Publikation enthält Links auf Webseiten Dritter, für deren Inhalte keine Haftung übernommen wird. Auf Veränderungen, die nach den angegebenen Zeitpunkten der Überprüfung liegen, hat der Autor keinerlei Einfluss.

Literaturverzeichnis

I. Werke von Rudolf Steiner

Alle Werke von Rudolf Steiner wurden herausgegeben von der »*Rudolf Steiner-Nachlassverwaltung*« und sind im »*Rudolf Steiner Verlag*«, Dornach/Schweiz erschienen. Dort kann auch der »*Katalog des Gesamtwerks*« angefordert werden.

Die bisher im Rahmen der Gesamtausgabe des Werkes Rudolf Steiners erschienenen Bücher sind im Internet unter

https://steiner.wiki/Die_Rudolf_Steiner_Gesamtausgabe

frei verfügbar. (Stand 24.08.2024)

Im Folgenden sind nur diejenigen Werke aufgeführt, die der Verfasser für dieses Buch herangezogen hat.

GA	13	*Die Geheimwissenschaft im Umriß.* (1910) 1989
GA	34	*Lucifer-Gnosis.* (Grundlegende Aufsätze zur Anthroposophie und Aufsätze aus den Zeitschriften »Lucifer-Gnosis« von 1903 bis 1908) 1987
GA	53	*Ursprung und Ziel des Menschen. Grundbegriffe der Geisteswissenschaft.* (1904/05) 1981
GA	94	*Kosmogonie. Populärer Okkultismus. Das Johannes-Evangelium. Die Theosophie an Hand des Johannes-Evangeliums.* (1906) 2001
GA	99	*Die Theosophie des Rosenkreuzers.* (1907) 1985
GA	107	*Geisteswissenschaftliche Menschenkunde.* (1908/09) 1988
GA	120	*Die Offenbarungen des Karma.* (1910) 1992
GA	140	*Okkulte Untersuchungen über das Leben zwischen Tod und neuer Geburt.* (1912/13) 2003
GA	143	*Erfahrungen des Übersinnlichen – Die drei Wege der Seele zu Christus* (1912) 1994
GA	157	*Menschenschicksale und Völkerschicksale.* (1914/15) 1981
GA	157a	*Schicksalsbildung und Leben nach dem Tode.* (1915) 1981
GA	161	*Wege der geistigen Erkenntnis und der Erneuerung künstlerischer Weltanschauung.* (1915) 1999
GA	175	*Bausteine zu einer Erkenntnis des Mysteriums von Golgatha. Kosmische und menschliche Metamorphose.* (1917) 1996
GA	224	*Die menschliche Seele in ihrem Zusammenhang mit göttlich-geistigen Individualitäten. Die Verinnerlichung der Jahresfeste.* (1923) 1992
GA	227	*Initiations-Erkenntnis. Die geistige und physische Welt- und Menschheitsentwickelung in der Vergangenheit, Gegenwart und Zukunft, vom Gesichtspunkt der Anthroposophie.* (1923) 2000

GA   238   *Esoterische Betrachtungen karmischer Zusammenhänge, Vierter Band.*
(1924) 1991

GA   239   *Esoterische Betrachtungen karmischer Zusammenhänge, Fünfter Band.*
(1924) 1985

GA   243   *Das Initiaten-Bewusstsein. Die wahren und die falschen Wege der geistigen*
Forschung. (1924) 2004

II. Werke anderer Autoren

Alexander, Eben: *Blick in die Ewigkeit – Die faszinierende Nahtoderfahrung eines*
Neurochirurgen. München: Heyne 2016

Greinert, Renate: *Unversehrt sterben! Konfliktfall Organspende – Der Kampf einer*
Mutter. Kösel-Verlag 2009

Grill, Heinz: *Die Seelsorge für die Verstorbenen.* Reihe: Initiatorische Schulung in
Arco. 2. Auflage. Lammers-Koll-Verlag, 2005

von Halle, Judith: *Das Wort in den sieben Reichen der Menschwerdung.*
Dornach: Verlag für Anthroposophie 2022

von Halle, Judith: *Anna Katharina Emmerick – eine Rehabilitation.*
Dornach: Verlag für Anthroposophie 2013

Hanne, Werner: *Organwahn – Heilung durch Fremdorgane? – Ein fataler Irrtum!*
opensource 2023

Högl, Stefan: *Leben nach dem Tod – Menschen berichten von ihren Nahtod-*
Erfahrungen. Rastatt: Moewig 1998

Kübler-Ross, Elisabeth: *Über den Tod und das Leben danach.*
Güllesheim: Die Silberschnur 2021

Ladwein, Michael: *Unsterblich – Über das Leben nach dem Tod.*
Stuttgart: Urachhaus 2022

van Lommel, Pim: *Endloses Bewusstsein: Neue medizinische Fakten zur*
Nahtoderfahrung. Patmos Verlag 2023

Moody, Raymond A.: *Leben nach dem Tod- Die Erforschung einer unerklärlichen*
Erfahrung. Reinbek: Rowohlt Verlag 2021

Paxino, Iris: *Brücken zwischen Leben und Tod – Begegnungen mit Verstorbenen.*
Stuttgart: Freies Geistesleben 2018

Reuschle, Frieda Margarete: *Tod wird Leben.* Stuttgart: J. Ch. Mellinger 1994

Ritchie, George G.: *Rückkehr von morgen.* Marburg: Francke 2021

Sabom, Michael B.: *Erinnerungen an den Tod.* München: Wilhelm Goldmann 1982

Stolp, Hans: *Organspende: Übertragen Organe Bewusstsein?* Crotona-Verlag 2016

Sylvia, Claire: *Herzensfremd.* Bastei Lübbe 1999

III. Schriften bzw. Broschüren

FLENSBURGER HEFTE (FH 116): *Vom Wesen der Organe – Spirituelle Hintergründe*
der Organtransplantation. Flensburg: 2016

GESUNDHEIT AKTIV – Anthroposophische Heilkunst e.V.
Organspende: Sie entscheiden! Berlin: 2014

Buchempfehlungen

Um den Rahmen, den wir uns mit dem vorliegenden Buch gesetzt haben, nicht zu übersteigen, konnten die Themen *»Reinkarnation und Karma«* sowie *»Leben nach dem Tod«* nur in recht kurzer und mehr aphoristischer Form behandelt werden.

Einem Leser, der zu diesen Themen umfassende und detaillierte Informationen wünscht, kann dieses Buch empfohlen werden:

Die spirituelle Seite des Todes

**Reinkarnation und Christentum.
Leben nach dem Tod und
Sinn des Lebens**

© Justen, Josef F. (2024)
BoD-Books on Demand, Norderstedt
ISBN: 978-3-7597-4954-3
Paperback; 582 Seiten (17 × 22 cm);
21,99 € (E-Book: 8,99 €)

Inhaltsübersicht

1 Einleitung
2 Geistige Erkenntnisse
3 Reinkarnation und Karma
4 Der Mensch aus anthroposophischer Sicht
5 Das Leben nach dem Tod – Chronologie
6 Das Leben nach dem Tod – besondere Aspekte
7 Spirituelle Begleitung Sterbender und Verstorbener
8 Schlussbetrachtung

Das folgende Buch kann jedem empfohlen werden, der sich ausführlich mit den höchst erstaunlichen Ergebnissen der Nahtod- sowie der Sterbeforschung beschäftigen möchte.

Blick hinter die Schwelle des Todes

Sterbeerlebnisse, Nahtod-Erfahrungen und Leben nach dem Tod aus geisteswissenschaftlicher Sicht

© Justen, Josef F. (2023)
BoD-Books on Demand, Norderstedt
ISBN: 978-3-7597-5009-9
Paperback; 308 Seiten (17 × 22 cm)
15,99 € (E-Book: 7,99 €)

Zum Inhalt

Für dieses Buch haben wir die Nahtod-Berichte von rund 400 Persönlichkeiten studiert, nach ihren wichtigsten Motiven geordnet und analysiert. Das wohl Einzigartige dieses Buches ist, dass wir diese Schilderungen mit den Erkenntnissen verglichen haben, die wir Geistessehern – allen voran *Rudolf Steiner* – über dasjenige, was der Mensch nach dem tatsächlichen und unwiderruflichen Tod in den übersinnlichen Welten erlebt, erfährt und durchzumachen hat, verdanken.

Das ganz eindeutige Fazit, das wir ziehen konnten, lautet: Die weitaus meisten Nahtod-Berichte stehen mit den geisteswissenschaftlichen Forschungsergebnissen über das Leben des Menschen nach dem Tod in Einklang. Somit können uns diese Schilderungen sehr ausführliche und stimmige Einblicke in die Welt der Toten sowie in dasjenige, was diese in den höheren Welten erleben und zu leisten haben, geben.

Das Buch ist so konzipiert, dass es auch als eine Einführung in das Thema »*Leben nach dem Tod*« aufgefasst werden kann.

Verschaffen Sie sich selbst einen ersten Eindruck, indem Sie die sehr ausführlichen Leseproben auf unserer Autoren-Website studieren.

www.Justen-Buecher.com

Dort finden Sie auch umfassende Informationen zu allen anderen Büchern von Josef F. Justen